U0917005

基于贸易附加值测算的
中国制造业
全球价值链升级研究

程文先 著

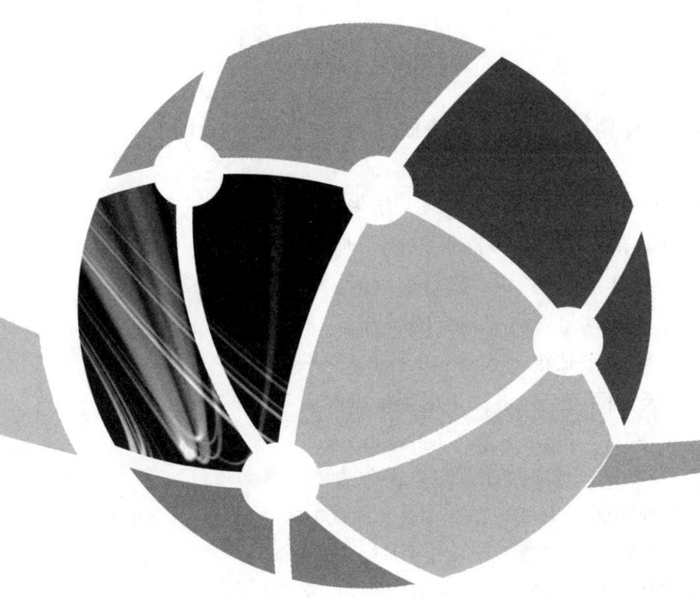

中国财经出版传媒集团

经济科学出版社
Economic Science Press

图书在版编目（CIP）数据

基于贸易附加值测算的中国制造业全球价值链升级研究/程文先著．—北京：经济科学出版社，2021.4
ISBN 978-7-5218-2183-3

Ⅰ.①基… Ⅱ.①程… Ⅲ.①制造工业-工业发展-研究-中国 Ⅳ.①F426.4

中国版本图书馆 CIP 数据核字（2020）第 248124 号

责任编辑：程辛宁
责任校对：靳玉环
责任印制：王世伟

基于贸易附加值测算的中国制造业全球价值链升级研究
程文先 著
经济科学出版社出版、发行 新华书店经销
社址：北京市海淀区阜成路甲 28 号 邮编：100142
总编部电话：010-88191217 发行部电话：010-88191522
网址：www.esp.com.cn
电子邮箱：esp@esp.com.cn
天猫网店：经济科学出版社旗舰店
网址：http://jjkxcbs.tmall.com
北京时捷印刷有限公司印装
710×1000 16 开 13.5 印张 230000 字
2021 年 4 月第 1 版 2021 年 4 月第 1 次印刷
ISBN 978-7-5218-2183-3 定价：68.00 元
（图书出现印装问题，本社负责调换。电话：010-88191510）

前　言

中共十九大报告提出了中国经济要提质增效，提高出口产品国际市场竞争力，由贸易大国向贸易强国转变。但中国获得的真实贸易收益远远与其贸易规模的增长率不成比例，贸易强国之路任重道远。以中美两国贸易为例，1998 年中国对美国的贸易收益率为 78.5%，之后逐年下滑。对中国制造业而言，由于租金要素成本上涨，劳动力“红利”优势的逐步丧失，“加工贸易”特别是小型加工贸易企业国际订单量下降幅度较大，同时发达国家通过新材料、新技术等优势生产环节，对全球价值链进行“重构”，进一步打压了发展中国家在全球价值链中的“话语权”，这些都对中国制造业价值链升级构成了“挑战”。因此，客观揭示中国贸易附加值分布、来源及其影响因素，已成为促进中国制造业价值链升级亟待研究的重大实践课题。

这一实践课题在理论上涉及贸易附加值测算和全球价值链下中间投入品的科学评估这两个基本问题，而这两个问题目前都尚无统一定论。贸易附加值测算中，微观企业层面测算研究缺乏，企业间异质性是导致这种现象出现的主要原因；宏观层面测算虽然研究较多，但测算精确度不高，没有将直接消耗系数矩阵 *A* 与世界投入产出表架构结合是导致这种现象的主要原因。中间投入品科学评估存在的主要问题在于中间产品结构与全球价值链分工地位和贸易收益发生了密切联系，但既有评估局限于出口视角的测量，缺乏进口中间产品价值的考虑。因此，本书拟在现有研究基础上，基于中间产品结构、贸易附加值测算的理论拓展与实证分析，深入系统的研究我国制造业价值链升级问题。

本书内容共分七章，核心内容包括第 3 章至第 6 章共四章。第 3 章中间产品结构、贸易附加值与制造业价值链升级。重点规范分析了三个问题：一是中间产品结构差异如何影响一个国家（地区）贸易收益；二是中间产品结构与制造业全球价值链定位的相关关系；三是制造业价值链升级与中间产品结构和贸易附加值三者之间的内在逻辑。第 4 章贸易附加值测算方法改进。基于 Cobb-Douglas 生产函数，提出了克服企业间生产效率异质性对贸易附加值测算的干扰条件，从微观企业层面对贸易附加值进行了测算。宏观层面，通过将直接消耗系数矩阵 *A* 与世界投入产出表架构结合构建 MRIO 分析框架，简化里昂惕夫逆矩阵计算量的同时，提高了贸易附加值测算的精确度。第 5 章基于贸易附加值测算的制造业价值链升级。运用第 4 章提出的贸易附加值测算方法对中国制造业贸易附加值进行具体测算，并依据测算结果提出了基于贸易附加值测算的制造业价值链升级方案。第 6 章基于中间产品贸易附加值优化度指数的制造业价值链升级。从探究微观企业价值链升级的动力源入手，构建了行业及国家中间产品贸易附加值优化度指数，据此提出基于中间产品结构的制造业价值链升级方案。

本书创新点如下：

(1) 基于 Cobb-Douglas 生产函数对贸易附加值测算方法进行了改进，提出了将企业价格－成本边际值统一为常数的设想，以克服企业生产效率异质性对贸易附加值测算的干扰。目前大多数文献考虑了贸易代理商、中间产品间接进口和资本品进口对贸易附加值率测算问题的影响。但是，作为微观企业层面贸易附加值测算研究，企业间异质性问题一直制约其发展。本书尝试提出克服企业生产效率异质性对国内增加值测算干扰的条件。

(2) 构建了中间产品贸易附加值优化度指数，弥补了以往中间产品出口技术复杂度指标无法揭示全球价值链下各国出口中间产品贸易收益的不足。研究全球价值链分工地位和分工模式时，大多数国内文献经常采用出口技术复杂度相关指标，但是结合制造业全球价值链分工特征来看，出口技术复杂度可能包含了大量上游发达国家生产的中间投入品，这些半成品包含了价值量较高的国外技术要素价值。因此，出口技术复杂度指标无法揭示全球价值链分工下各国出口中间产品贸易收益。为此，本书通过构建以贸易附加值为基础的出口中间产品优化度指数，以反映各国制造业出口中间产品结构特点和贸易收益特征。

（3）构建了 MRIO 分析框架，简化了里昂惕夫逆矩阵计算量并提高了贸易附加值测算精确度。目前文献中，贸易附加值测算主要是利用世界投入产出表（WIOTs），但是大多数国内文献都忽略了直接消耗系数矩阵 A 的计算过程，更没有将直接消耗系数矩阵 A 与世界投入产出表的架构结合起来放到 MRIO 框架进行分析运算。为此，本书将直接消耗系数矩阵 A 与世界投入产出表架构结合起来放到 MRIO 框架进行分析运算，并将直接消耗系数矩阵进行 n 维扩展，简化了里昂惕夫逆矩阵的计算量，提高了贸易附加值测算精确度。

（4）结合中国制造业全球价值链分布特征，深入到“国外增加值”指标具体要素类型，弥补以往“国外增加值”指标无法从生产要素层面来揭示其对制造业价值链升级影响的缺陷。以往国内文献主要是集中于“国外增加值”测算方法的改进和测算结果的分析，很少有国内文献结合中国制造业全球价值链分布特征来分析“国外增加值”指标包含的要素类型。为此，本书提出我国制造业“国外增加值”指标中包含的技术要素以及其对制造业价值链升级的影响，据此提出相应升级方案。

目　录

第1章
绪　　论

1.1　研究背景和意义

1.1.1　研究背景

中共十九大报告指出，中国经济进入新常态，经济提质增效，加快制造业转型升级是必然之举。从中国对外贸易总量上来看，2016年我国货物贸易进出口额达到24.3万亿元人民币，中国货物贸易进出口总额稳居世界第一。[①] 但中国获取的贸易附加值率却很低，以中美两国贸易为例，1998年中国对美国的贸易收益率为78.5%，之后逐年下滑，至2011年中国对美国的贸易收益率已经降为68%。因此，中国贸易强国之路重点在于提高贸易附加值、改善中间产品结构，走内涵式外贸发展道路，摆脱中国制造业被发达国家“低端锁定”，这些都依赖于中国制造业向全球价值链高

① 中研网海关统计数据库，http：//www.chinairn.com/news/20170505/162452889.shtml。

端环节不断攀升。全球价值链主导下的国际贸易分工改变传统贸易分工格局，以往国际贸易分工强调“行业及产业整体”方式转移，发达国家通过不断剥离其“边际产业”和“夕阳产业”，释放生产资源流向生产效率及价值量较高的“核心产业”和“朝阳产业”，由于发展中国家制造业技术水平和人口规模等因素限制，只能被迫接受发达国家淘汰的落后产能。而这轮全球价值链主导下的国际贸易分工强调“产品内分工”，它是依赖于跨国公司全球经营以及产品内生产环节分散化特点。发达国家制造业更多关注于“产品设计、技术研发、品牌战略、售后服务”等价值量较高的生产环节，发展中国家自然就承担了利润微薄的“加工组装”等劳动密集型生产环节，该环节技术投入量低，而且创造价值量相对于最终产品价值量来说，比重很低，这就使得该生产环节可替代性较强，产业转移门槛低。而且，发展中国家之间的竞争程度较以往来说更加激烈，为了争夺承接跨国公司转移的生产环节，某些国家制定了更加优惠的产业政策。洪银兴（2016）认为，目前中国经济面临更严峻的无效率生产的结构性问题，要么生产关键领域无法形成有效产出，要么是某些生产领域结构性过剩，资源错配严重，经济扭曲程度高。随着国际经济增长放缓以及欧洲部分国家爆发了主权债务危机，还有一些发达经济体推出了“再工业化”和“工业 4. 0”，鼓励本国制造业回流，这些进一步压缩了本已经低迷的国际出口市场，这些不利因素妨碍了中国制造业产品国际竞争力提升，制造业价值链升级面临更加严峻的内外部环境，这些都对中国制造业价值链升级构成了“挑战”。为此，可以从以下两个方面来看：

首先，从贸易附加值角度上来看，全球价值链分工模式下，中国制造业往往处于简单的加工、组装等环节，嵌入的国内要素价值量占产成品总价值量的比重低，贸易“对外依赖度”高，易受到上游价值链厂商的控制，“低端锁定”现象越发严重。改革开放，特别是加入世界贸易组织（WTO）以来，中国贸易量持续走高，发达国家甚至抛出“中国贸易威胁论”，而实际中国贸易附加值和海关统计的出口贸易收入是有差别的，导致中国实际贸易收益“虚高”，认识到问题之后，中国制造业开始注重引进技术，希望通过技术溢出效应以及各种合资经营方式改善本国制造业技术水平，一些地区为了招商引资甚至采用了“市场换技术”政策，效果如何，自不待言。真正的核心技术是引进不了的，或者引进后也无法消化吸收，外源式的技术升级相对来说缺乏内在动力。发达国家通常高度重视本国制造业技术保护，并制定了一系列的法律、法规，即使企业自身想出售一些非核心技术，也要通过非常严苛的司法程序，技术转移成本很高。另外，由于中国一部分制造业基础落后，一些技术投放到中国企业后难以转化运用，降低了技术溢出收益。

其次，从中间产品结构角度上来看，全球价值链分工模式下，中国制造业处于全球价值链低端环节，出口中间产品贸易附加值低。例如，河南省富士康集团承接 iPhone 手机全球价值链生产，是典型“低端锁定”的生产模式。2016 年河南省进出口 4714.7 亿元人民币，其中富士康占据七成，仅 2016 年上半年向世界出口 4.59 亿部手机，每部手机出口价格为 800 美元左右，但是中国从出口手机中获取的贸易附加值却很低，每部手机只有 29.04 美元，占整部 iPhone 手机价值的 3.63%。因此，基于中间产品结构的制造业价值链升级亟待优化。从发达国家出口中间产品结构来看，发达国家凭借自身技术优势，往往占据全球价值链的上游环节，出口中间产品形态常常以技术、无形资产、专利等形式向全球价值链中下游国家出口；而发展中国家拥有自然资源及劳动力禀赋优势，基于“产品内贸易分工”处于全球价值链下游，出口产品结构往往是产成品或者是接近于产成品的中间产品，贸易附加值低。因此，全球价值链定位不可避免与各国出口中间产品结构密切相关。

本书介绍的制造业价值链升级与一般意义上的产业升级和产业结构升级是不同的概念。产业升级是指微观企业主体升级，可以涵盖产品结构升级、产品技术价值升级以及产品质量升级，它是企业生产率提高的必然结果。而产业结构升级是指企业所在的行业升级，是产业结构从低级向高级不断优化的结果。产业结构升级是以产业升级为基础，涵盖两个方面：一是产业间的升级，是由第一产业主体向第二或第三产业主体进行的升级；二是产业内升级，常常伴随行业整体技术水平的提高，从简单劳动密集型要素投入转向技术密集型要素的生产过程升级。而本书着重关注的制造业价值链升级是以产品内贸易分工为基础，依赖于全球价值链下国际贸易分工的变化。从生产要素禀赋的形成过程来看，发展中国家普遍具有丰裕的劳动力资源、自然矿产资源，但资本技术资源相对缺乏，而发达国家具有技术上的比较优势。因此，生产要素禀赋差异理论依然是推动跨国公司主导下全球价值链分工的主要驱动力，只不过贸易分工的形式变化而已，发展中国家在国际贸易领域被动、受牵制及贸易利得的不利局面没有发生根本性变化。

具体可以从中国对外贸易发展状况来看：1981 年，中国出口额仅为 220.11 亿美元，到 2006 年时迅速增加到 9690.73 亿美元，20 多年间增长了 40 多倍，此后出口额一直保持较高的增长势头。加工贸易的形式也在发生变化，从简单的来料加工转变为进料加工，标志我国已经融入全球价值链分工之中。但是我国加工贸易企业大多数处于全球价值链的下游环节，零部件和原材料有相当一部分是从国外进口，本地采购率很低，国内增加值较低，对外贸易依赖度很高，而国外增加值却处于较高水平，更多反映全球价值链上游企业嵌入的技术要素价值。如果以出口技术复杂度来看，中国出口技术复杂度高，但是真实贸易利得却很低。郑丹青和于津平（2016）认为中国出口技术复杂度高有利于制造业产品出口竞争力提升，改善了贸易收益。这类研究忽视了价值链上游的发达国家出口中间投入品嵌入的技术要素价值。如果剔除进口中间投入品价值后，可能实际贸易利得并不乐观。另外，由于统计方面存在一定的差异，中国海关统计的出口总额中没有将上游发达国家的中间投入品价值扣除，以海关统计的出口总额数据作为中国贸易收益是不科学的。因此，贸易收益核算法就成了学术界研究的热点及难点问题。难点一，联合国颁布的《国民经济核算体系》是以原产地为基础的传统总量贸易统计，更多的反映产业贸易、产成品贸易，但是对于一件商品由多个国家或地区生产时，原产地标准如何确立以及“实质性改变”的标准变得相对模糊。难点二，中间产品价值量较难确定，因为国家以及行业中间产品贸易是以微观企业中间产品贸易为基础，但是跨国公司主导下的全球价值链，某些中间产品价值量是作为跨国公司的内部数据，并且作为中间产品技术价值量很难脱离最终产成品价值量来单一核算，因此技术价值量较难核算。难点三，传统贸易核算脱离贸易实践，特别是当一国出口产品经他国加工后再回流到本国时，传统贸易核算对此失真。难点四，依据传统贸易核算很难制定有效的贸易政策，如外汇政策制定、出口产品结构、贸易乘数都需要准确的贸易数据作为支撑，如果以失真的贸易数据作为政策制定依据，难以取得预期效果。

为此，本书在以下几个方面进一步展开讨论：第一，构建基于中间产品结构与贸易附加值测算的制造业价值链升级研究框架。随着中国制造业参与全球价值链的程度不断加深，中国制造业虽然在贸易总量和规模上取得巨大成就，但产业对外依赖度高、贸易附加值低的问题没有得到根本解决，同时，中国制造业处于产品内生产环节分工的底端环节，出口产品中包含了上游发达国家生产的中间投入品，虽然出口产品中技术复杂度高，但反映我国制造业真实贸易利得可能并不乐观。因此，本书希望构建基于中间产品结构与贸易附加值测算的制造业价值链升级研究框架，来分析中国制造业价值链升级路径。第二，贸易附加值测算理论改进。学界普遍关注贸易附加值宏观研究，即利用世界投入产出表来分析发展中国家和发达国家贸易收益状况，对于微观企业层面贸易附加值研究仅仅是关注了影响因素，通过实证分析判断哪些因素会影响贸易附加值以及影响大小，这对于贸易附加值研究来说显然是不够的，“影响因素”研究无法取代“测算问题”研究。本书希望构建微观企业层面贸易附加值测算理论，并尝试对企业、行业以及国家三个层面贸易附加值进行测算推演，弥补国内文献对于贸易附加值微观研究不足。在宏观方面将直接消耗系数矩阵的计算与世界投入产出表的架构结合起来放到 MRIO 框架进行分析，简化了里昂惕夫逆矩阵的计算量并提高了贸易附加值测算精确度。第三，构建基于贸易附加值测算结果和中间产品贸易附加值优化度指数的制造业价值链升级。通过贸易附加值测算，可以对中国制造业贸易收益状况基本了解，但是如何基于贸易附加值测算结果来提出中国制造业价值链升级方案，则需要结合具体测算结果来分析。同时关于中间产品结构指数设计也是本书难点，该指标设计既要反映出各国制造业出口中间产品结构特点，也要适当剔除上游生产环节嵌入的中间投入品价值。

1.1.2　研究意义

本书以中间产品结构、贸易附加值为视角，系统地阐述了全球价值链分工的动因、贸易附加值测算及基于中间产品结构和贸易附加值测算的中国制造业全球价值链升级。国内文献对于微观企业层面贸易附加值测算研究明显不足，主要受制于以下方面：首先，微观企业层面数据收集难，一些企业数据往往作为企业内部资料，难以获取；其次，微观企业间表现出较强的企业间异质性因素，这些因素对贸易附加值测算的干扰程度较强；最后，微观企业的生产函数较难确定，很难用一般的生产函数来描述所有企业生产特点。

基于此，本书首先着重关注了微观企业层面贸易附加值研究，特别是以企业向行业及国家层面进行贸易附加值推演时，企业规模和企业国内增加值率相关性是导致行业乃至国家整体贸易附加值测算偏误的主要原因。其次，基于贸易附加值测算理论的我国制造业价值链升级研究中，本书重点关注全球价值链升级的内源性驱动力，即如何从供给端发力提高我国制造业产品质量、性能以及品牌知名度。最后，本书也对全球价值链定位进行研究，发现各国出口中间产品结构是全球价值链定位的重要影响因素，因此可以从优化出口中间产品结构角度来研究本国制造业在全球价值链升级问题。

在中国制造业价值链升级的关键时期，也不能完全忽视外部影响，发达国家跨国公司主导下的全球价值链分工，使得发达国家获取了大量贸易收益。中国制造业价值链升级必然会改变全球价值链内部平衡，使得部分发达国家贸易收益受到影响。因此，郑琼娥和林峰（2012）认为，这部分发达国家通过全球价值链的销售终端以及“国际产品定价权”对我国制造业采取“俘获效应”和“纵向压榨效应”，使中国制造业价值链升级受到干扰。同时，中国制造业价值链升级也并非像库兹涅茨提出的“需求结构效应”和罗斯托提出的“经济增长阶段论”描述的那样，制造业价值链升级是自然而然的自发性过程。虽然融入全球价值链后，中国制造业供货柔性能力得到提升，工艺升级和产品多样性升级得到提升，但是品牌建设以及自主研发的核心技术没有得到加强，这些都是对外贸易依赖症留下的病根。因此，中国制造业出口贸易附加值、中间产品结构及其价值链升级问题，亟待从理论与实践相结合的高度进行深入系统的全面研究，其不仅对于中国当前供给侧改革的去产能、促进产业升级等实践问题具有极为重要的政策意义，同时对于推进贸易附加值、中间产品结构及其价值链升级问题的研究具有极为重要的理论意义。

1.1.2.1 政策意义

（1）本书按照中共十九大报告提出中国经济提质增效的理念，结合中国制造业全球价值链分布特征，提出中国制造业价值链升级方案。

（2）构建基于中间产品结构和贸易附加值测算的制造业价值链升级一般框架。目前国内文献将关注的焦点集中于贸易附加值率的测算和实证研究，缺乏针对中国制造业全球价值链升级一般框架分析，没有将中间产品结构差异、贸易附加值率以及制造业价值链升级作为一个完整的系统来研究。通过一般框架的系统性研究，对我国出口贸易附加值偏低的原因展开深层次的分析，提出改善中国制造业出口产品国际竞争力，提高出口贸易附加值的方法。

（3）随着国际经济增长放缓以及欧洲部分国家爆发了主权债务危机，这些进一步压缩了本已经低迷的国际出口市场，中国制造业传统比较优势下滑速度较快，因此，必须从优化中间产品结构角度来改善不利的全球贸易分工地位，解决制造业领域的结构性问题。

（4）中国制造产业重实物资本配置，忽视人力资本作用，造成了生产资源错配，制造业价值链升级“后劲不足”，因此，必须构建形成以我国为主的制造业全球价值链分工体系。

1.1.2.2　理论意义

（1）本书通过对 Cobb-Douglas 生产函数贸易附加值测算方法改进，提出了将企业价格 - 成本边际值统一为常数的设想，以克服企业生产效率异质性对贸易附加值测算的干扰。在宏观贸易附加值测算方面的改进是将直接消耗系数矩阵的计算与世界投入产出表的架构结合起来放到 MRIO 框架进行分析，简化了里昂惕夫逆矩阵的计算量并提高了精确度。

（2）关于中间投入品的科学评估的主要问题在于中间产品结构与全球价值链分工地位和贸易收益发生了密切关系，为此本书需要构建反映各国出口中间产品结构特点的指数，同时也要反映出相应的贸易利得，该指数设计可以弥补以往出口技术复杂度指标不能很好地揭示全球价值链下各国出口中间产品贸易收益的不足。

（3）构建基于中间产品结构优化度指数的制造业价值链升级实则是为我国争取全球价值链治理权提供可操作性的方案。国内文献涉及的全球价值链升级只能滞留于产业集群升级，这类研究将制造业价值链升级简单地概括为生产者驱动型价值链升级和购买者驱动型价值链升级两种类型，弱化了全球价值链升级的内涵和外延。

（4）构建基于贸易附加值测算的制造业价值链升级。目前国内文献对贸易附加值研究主要局限于测算和影响因素分析，更重要在于认识到问题之后所能提供的解决性方案。为此，本书从“国内增加值”和“国外增加值”两个方面切入，扩展了国内文献对于贸易附加值测算分析的范式。

1.2 研究目的和研究方法

1.2.1 研究目的

（1）目前国内外文献对贸易附加值测算研究普遍采用的是世界投入产出数据库（World Input-Output Database，WIOD），并结合各国全球贸易相关数据，汇总形成世界投入产出表（World Input-Output Tables，WIOTs）。但是针对贸易附加值测算结果并对制造业价值链升级提出方案的国内文献较少，这是本书研究目的之一。

（2）贸易附加值测算法改进。微观企业层面上主要是企业间异质性制约了贸易附加值测算的改进。在宏观层面上没有将直接消耗系数矩阵 A 与世界投入产出表的架构结合起来放到 MRIO 框架进行分析，以往研究使得里昂惕夫逆矩阵计算变得困难且贸易附加值测算精确度不高。本书尝试对贸易附加值测算从微观和宏观两个方面进行拓展与改进，这是本书研究目的之二。

（3）关于中间投入品的科学评估的主要问题，在于中间产品结构与全球价值链分工地位和贸易收益发生了密切关系，一国制造业出口中间产品结构会对全球价值链定位产生影响。因为，全球价值链分工最主要的特征就是“产品内贸易分工”，一国制造业在全球价值链定位与其出口中间产品结构密切相关。它们之间的内在逻辑是怎样以及如何从中间产品结构视角来研究制造业价值链升级等问题，鲜有国内文献对此进行系统性论述。为此，提出基于中间产品结构的制造业价值链升级方案，以期解决关于中间投入品的科学评估的相关问题，这是本书研究目的之三。

（4）关于全球价值链主导下的国际贸易分工，一国进口的中间投入品可能嵌入了多国生产要素价值，在国际贸易福利分析时，必须能够有效地评价贸易给交易双方国家做出的福利贡献。为此，本书拟构建中间产品贸易附加值优化度指数，弥补以往出口技术复杂度不能充分揭示各国制造业全球价值链分工下贸易收益的不足，同时能够客观描述各国制造业出口中间产品结构特点。

1.2.2 研究方法

（1）关注微观企业贸易附加值测算法并尝试提出克服企业异质性因素对贸易附加值测算干扰的前提条件。全球价值链分工下中国制造业贸易附加值研究一直是国际贸易的前沿方向，具有实践性和指导性。客观评价一国贸易收益是制定有效的贸易政策依据。目前国内鲜有文献对贸易附加值进行从微观企业向国家层面所进行的理论推演，如果只集中于宏观层面的研究，就缺少了微观理论的支撑。本书不仅对微观企业贸易附加值进行测算，还尝试提出克服企业异质性因素对贸易附加值测算干扰的前提条件。

（2）本书采用 H-O 贸易理论和新贸易理论的研究方法，从生产要素禀赋差异入手来研究全球价值链升级及驱动因素。从贸易附加值研究的角度来看，贸易附加值测算法从 HIY 方法向 MRIO 宏观分析框架过度。HIY 方法运用投入产出表分析法考察一国产品中进口成分（VS）以及该国出口的产品作为其他国家进口中间投入品（VSI）。但是 HIY 方法有个较为严格的假设条件，即：出口产品和国内生产的最终消费品中要素的使用密集度是相同的。因此，较为严格的假设条件限制了 HIY 方法的运用。MRIO 分析框架区分了一国的加工贸易和一般贸易，利用世界投入产出表，将一国出口贸易收益核算指标进行划分，分别为直接出口国内增加值、间接出口国内增加值、国内增加值折返，并给出了核算出口国外增加值的计算方法，提升了贸易附加值计算的精确度。

（3）从国内增加值和国外增加值两个角度拓展分析制造业价值链升级。提高出口国内增加值是提升一国贸易收益的主要手段，全球价值链主导下的国际贸易分工将广大的发展中国家锁定在一个相对低端的贸易附加值生产环节，通过融入全球价值链，发展中国家贸易总额以及经济增长都得到提升，但是相当一部分收益被低端生产要素所掠走，高级生产要素的经济价值没有实现。因此，全球价值链升级缺乏了高级生产要素，也使得发展中国家制造业被“低端锁定”相对固定。培育高级生产要素是中国制造业全球价值链升级的关键，因此也需要从国外增加值角度分析制造业价值链升级。

（4）计量主要采用了面板数据分析法，利用了 FGLS 法克服了异方差和自相关问题，对于模型的内生性问题，本书采用了工具变量法，同时也对实证部分进行了稳健性检验，增强了实证结论的可靠性。

1.3 研究内容和研究框架

1.3.1 研究内容

根据上述内容，本书将主要内容按章节设计如下：

第1章，绪论。对本书的主要研究背景进行介绍，提出研究的核心问题，即通过阅读理论章节，能够明确本书的研究背景和意义、研究目的、研究方法、研究内容、研究框架、研究的创新点、术语概念界定等内容。

第2章，理论与相关文献综述。首先对国际贸易分工进行文献梳理，明确以往贸易分工模式下，各国贸易模式的发展历程：从产业间分工、产品间分工到产品内分工过程的转变，特别是全球价值链主导下的国际贸易分工便是以产品内贸易分工为基础，通过对文献进行系统性梳理后，发现贸易分工的特点和一般性规律，为我国制造业价值链动态升级提供理论借鉴。同时，全球价值链主导下的国际贸易分工，各国间中间产品贸易量大幅度上升，贸易收益核算成了理论上的热点和难点问题。本章对发展中国家以及发达国家出口的中间产品结构差异和贸易附加值测算相关文献进行分析，特别是从垂直专业化核算法一直到目前各类测算法的介绍，从而揭示贸易附加值测算发展历程，并对中国制造业贸易附加值状况进行了梳理和评述。

第3章，中间产品结构、贸易附加值与制造业价值链升级。全球价值链分工的最基本特征就是“产品内贸易分工”，由于各国制造业分属于全球价值链不同的生产环节，形成了大量的中间产品贸易。发达国家利用自身技术优势占据全球价值链的上游生产环节，向下游发展中国家出口中间产品，因此，越接近于全球价值链上游的国家，出口中间产品更倾向于技术、无形资产、专利等形式，下游发展中国家出口中间产品结构更倾向于最终产品或接近于产成品的中间产品。本章主要分为四个部分：第一部分研究各国出口中间产品结构与贸易利得的关系，通过对各国出口中间产品结构特点来分析其对贸易附加值的影响。第二部分研究中间产品结构与各国在全球价值链定位之间的关系，而全球价值链定位本身就涵盖了一国制造业在全球价值链中分工地位问题。处于不同分工地位的国家，通过改善其出口中间产品结构从而提升本国制造业在全球价值链中的分工地位。第三部分研究贸易附加值与价值链升级之间的关系，处于全球价值链不同生产环节的国家，参与全球价值链获取的贸易附加值亦不同，而全球价值链升级成功与否以及一国产品国际竞争力归根到底都可以由贸易收益的角度反映出来。第四部分为中间产品结构与贸易附加值测算一般分析框架的构建，通过构建一般框架分析图，进一步展示中间产品结构、贸易附加值与制造业价值链升级的内在逻辑关系。

第 4 章，贸易附加值测算方法改进。本章以微观企业贸易附加值为基础进行了测算推演，分别展示了行业贸易附加值和国家层面贸易附加值测算法，本章也对宏观层面国家间贸易附加值进行 MRIO 模型构建，分别提出了直接国内增加值、间接国内增加值、国内增加值折返以及国外增加值计算法。

第 5 章，基于贸易附加值测算的制造业价值链升级。本书在第 4 章介绍了贸易附加值率测算法，但是依据测算法而得出的测算结果没有论述。本章结合世界投入产出数据库运用相应方法计算贸易附加值结果及相应分解结果，并以中美贸易为例对行业贸易附加值进行分解分析。本章包含两大部分：第一部分是以测算结果中的“国内增加值”为基础，提出内源式制造业价值链升级；第二部分为“国外增加值”，则需结合国外增加值的内涵及中国制造业在全球价值链中的分工地位，明确“国外增加值”包含的技术要素禀赋，提出外源式制造业价值链升级。

第 6 章，基于中间产品贸易附加值优化度指数的制造业价值链升级。各国出口中间产品结构一方面反映出各国制造业全球价值链定位，另一方面也反映出全球价值链下游环节企业进口中间产品结构与其生产率有关。本章主要分为三部分：第一部分研究微观制造出口企业参与全球价值链的“动力源”，即进口中间产品结构、贸易规模的企业 TFP 分析；第二部分研究行业层面出口中间产品贸易附加值优化度指数构建及测算分析，以此通过中间产品贸易附加值优化度指数来研究行业价值链升级；第三部分为国家层面中间产品贸易附加值优化度指数构建及测算，以此提出国家层面上价值链升级。

第 7 章，结论与展望。主要包括三个部分：第一部分为主要结论；第二部分为对策启示，主要是结合全书结论对中国制造业价值链升级提出对策建议；第三部分为研究展望。

1.3.2 研究框架

根据上文所述，本书的内容框架设计如图 1－1 所示。

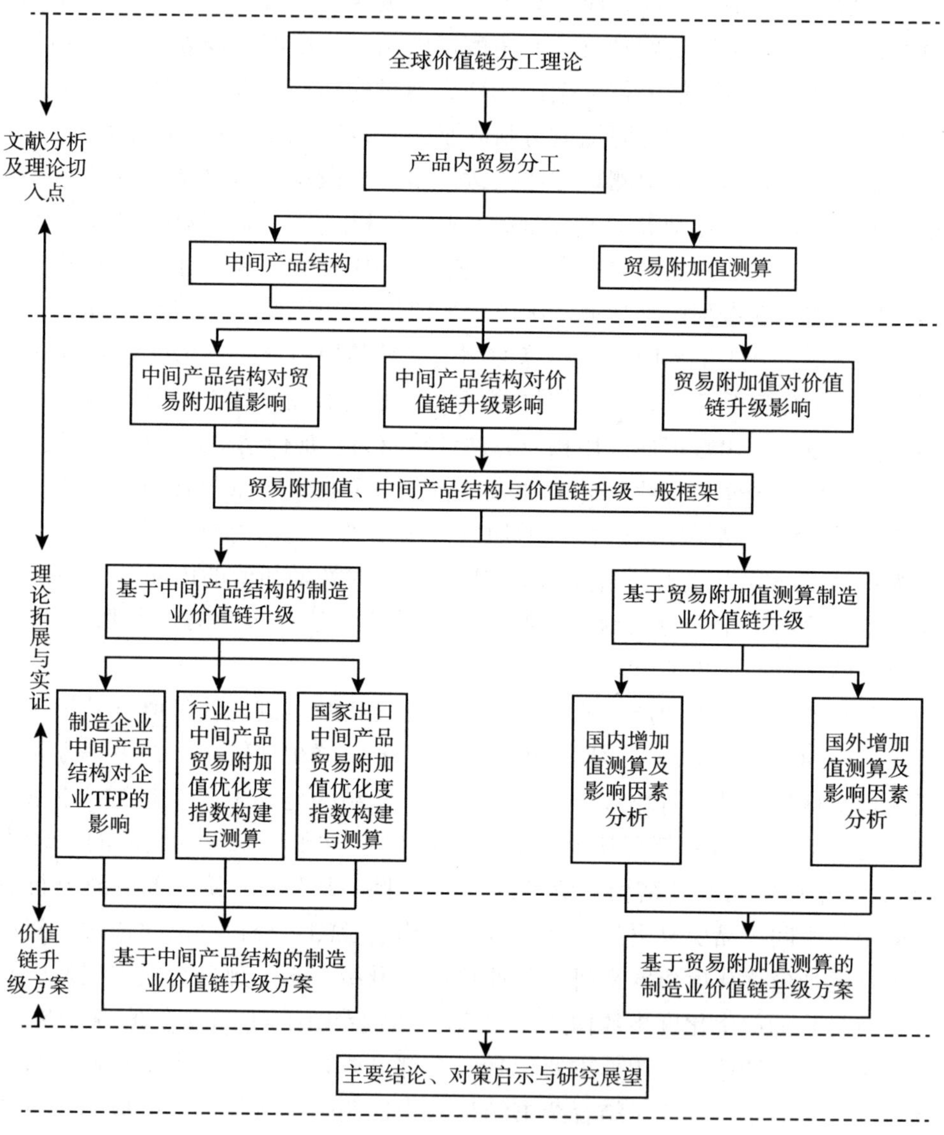

图 1－1　本书内容框架设计

1.4　研究创新之处

（1）基于 Cobb-Douglas 生产函数对贸易附加值测算方法进行了改进，提出了将企业价格 - 成本边际值统一为常数的设想，以克服企业生产效率异质性对贸易附加值测算的干扰。目前大多数文献，例如，张杰等（2013）、樊秀峰和程文先（2015）、库普曼等（Koopman et al.，2010）、罗长远和张军（2014）考虑了贸易代理商、中间产品间接进口和资本品进口对贸易附加值率测算问题的影响。但是，作为微观企业层面贸易附加值测算研究，企业间异质性问题一直制约其发展，本书尝试提出克服企业生产效率异质性对国内增加值测算干扰的条件：在短期条件下，企业价格 - 成本边际值会对企业出口国内增加值率测算产生影响，较高的价格 - 成本边际值会有着较高的企业国内增加值率。价格 - 成本边际值也是企业生产效率的关键指标，有着较高价格 - 成本边际值的企业通常生产效率也较高。因此，如果能够使企业价格 - 成本边际值统一为常数，就可以将企业生产效率所表现出的异质性对贸易附加值测算影响减小到最低程度。

（2）构建了中间产品贸易附加值优化度指数，弥补了以往中间产品出口技术复杂度指标无法揭示全球价值链下各国出口中间产品贸易收益的不足。研究全球价值链分工地位和分工模式时，大多数国内文献，例如，刘维林等（2014）、余姗和樊秀峰（2016）经常采用出口技术复杂度相关指标，但是结合制造业全球价值链分工特征来看，出口技术复杂度可能包含了大量上游发达国家生产的中间投入品，这些半成品包含了价值量较高的国外技术要素价值，因此，出口技术复杂度指标无法揭示全球价值链分工下各国出口中间产品贸易收益。为此，本书通过构建以贸易附加值为基础的出口中间产品优化度指数，以反映各国制造业出口中间产品结构特点和贸易收益特征。

（3）构建了 MRIO 分析框架，简化了里昂惕夫逆矩阵计算量并提高了贸易附加值测算精确度。目前文献中，贸易附加值测算主要是利用世界投入产出表（WIOTs），但是大多数国内外文献，例如，张杰等（2013）、黎峰（2015）、苏庆义（2016）及蒙塔尔巴诺等（Montalbano et al.，2016）都忽略了直接消耗系数矩阵 A 的计算过程，更没有将直接消耗系数矩阵 A 与世界投入产出表的架构结合起来放到 MRIO 框架进行分析运算。本书将直接消耗系数矩阵 A 与世界投入产出表架构结合起来放到 MRIO 框架进行分析运算，并将直接消耗系数矩阵进行 n 维扩展，简化了里昂惕夫逆矩阵的计算量，提高了贸易附加值测算精确度。

（4）结合中国制造业全球价值链分布特征，深入到“国外增加值”指标具体要素类型，弥补以往“国外增加值”指标无法从生产要素层面来揭示其对制造业价值链升级影响的缺陷。以往国内外文献主要是集中于“国外增加值”测算方法的改进和测算结果的分析，例如，库普曼等（Koopman et al.，2014）、程大中等（2015）、王岚和盛斌（2014），很少有国内文献结合中国制造业全球价值链分布特征来分析“国外增加值”指标包含的要素类型。针对上述问题，本书提出我国制造业“国外增加值”指标中包含的技术要素以及其对制造业价值链升级的影响，据此提出相应升级方案。

| 第2章 |

理论与相关文献综述

全球价值链主导下的国际贸易分工是以产品内分工为特征，但是其分工理论的基础以及演化过程是深刻理解本轮全球价值链分工的理论铺垫。因此，本章理论与文献综述的开始部分，笔者想通过对国际贸易分工的演进过程进行文献梳理，以期达到对该领域内的文献进行系统性的归纳和评述，并全面了解全球价值链贸易分工理论的动态性发展历程，为后文进一步研究全球价值链贸易分工模式以及制造业价值链升级奠定文献理论基础。

2.1 国际贸易分工理论演进

2.1.1 产业间分工理论

产业间分工是资本主义初级阶段国际贸易领域商品交换的主要贸易形式，它是以产业和产业之间交换为特征，亚伯拉罕和泰勒（Abraham & Taylor，1993）认为具体表现为一种明显的资源掠夺性特征，国际贸易分工的不平等是明显和直观的。例如，资本主义国家与其殖民地和半殖民地的贸易往来。具有代表性理论包括绝对优势理论、比较优势理论和生产要素禀赋理论等。

2.1.1.1 绝对优势理论

亚当·斯密提出的绝对优势理论是当时欧洲各国奉行的“重商主义”无情的批判。斯密认为，如果每个人都从事他所擅长的产品生产，劳动生产率会大幅度提高，然后生产出的产品用来交换自己不擅长生产的产品，这对于交换双方来说都是有益的。因为，首先生产产品专业化可以提高劳动者技能的熟练程度。其次，劳动力技能转换成本提高，可以减少劳动力工作转换带来的效率损失。最后，机械工具的广泛使用可以减少重复性的劳动，劳动者可以集中更多的时间来研究更多的生产技能，从而大幅度提高劳动生产率。亚当·斯密认为这个视角观点不仅可以运用于产品生产，还可以扩宽到国家之间的生产和交换上。每个国家利用自己独有的生产要素禀赋优势进行专业化的生产，然后和别的国家交换自己不擅长的产品，这样交易双方国家都可以改善其国内消费福利，达到全球范围内生产要素资源利用效率的最大化。斯密认为，绝对优势理论对于国家间贸易政策和政治形势会产生巨大的变化，如果一国占有巨大的自然资源，其他国家再也无须采用战争等暴力手段来攫取自然资源财富，只要让该国充分利用优势资源生产产品即可，然后通过贸易交换，双方国家福利均得到改善。因此，阿恩特（Arndt，1997）认为，绝对优势理论提出降低了国家间战争的风险。

本书认为绝对优势理论提出相对于重商主义来说是理论上的巨大进步，然而绝对优势理论过分强调劳动分工带来的绝对优势，强调这种优势改变各国的产业结构和贸易方式，但却忽略了这种绝对优势理论是来源于什么？或者说，是什么因素产生了各国生产上的绝对优势，这在绝对优势理论中没有明确指出。绝对优势理论带有鲜明的政治色彩，希望欧洲国家放弃重商主义，倡导自由贸易，避免贸易管制，发挥各国生产上的绝对优势，以此增强各国贸易福利。

2.1.1.2 比较优势理论

大卫·李嘉图对亚当·斯密提出的绝对优势理论进一步发展，提出了举世闻名的比较优势理论。李嘉图认为，每个国家不需要按照绝对优势理论来生产并且和他国家交换产品，国际分工其实是以各国生产产品的比较成本差异为前提。同时，他认为国际贸易使得世界产出增长的原因是：它允许每个国家专门生产自己有比较优势的产品。如果一个国家在本国生产一种产品的机会成本低于其他国家生产该产品的机会成本时，则这个国家在生产该种产品上具有比较优势。

我们用表 2－1 来说明基于比较优势下，国际贸易分工的特点以及它与绝对优势理论的差别。首先，在本国生产大米的机会成本是 $a_{LC}/a_{LW}=1/2$；外国生产大米的机会成本是 $a_{LC}^{*}/a_{LW}^{*}=2$，可见，依据比较优势理论，本国生产大米的机会成本低于外国，所以本国生产大米，外国生产白酒。如果依据绝对优势理论，本国应该同时生产两种产品，因为本国生产大米以及白酒所需的劳动投入均低于外国，因此不需要与外国进行国际贸易。下面我们将验证，比较优势理论比绝对优势理论更能改善本国贸易时产生的福利。

表 2－1　　生产某种产品时单位产品所需的劳动投入

区域	大米	白酒
本国	$a_{LC}=1$ 小时/公斤	$a_{LW}=2$ 小时/斤
外国	$a_{LC}^{*}=8$ 小时/公斤	$a_{LW}^{*}=4$ 小时/斤

首先假定世界市场均衡时，1 公斤大米换取 1 斤白酒，因此 $P_c/P_w=1$。如果按照绝对优势理论，本国不进行贸易，自主生产两种产品，1 小时劳动只能生产 1 公斤大米或者 1/2 斤白酒。如果本国只生产大米，通过贸易和外国交换白酒，那么本国用 1 公斤大米换取了 1 斤白酒，显然，这比绝对优势理论提出的同时生产两种产品，1 小时劳动所能生产的 1/2 斤白酒整整多出了一倍。同时，外国也通过了贸易交换获得了福利改善，具体来看，如果外国只生产白酒，每小时产出 1/4 斤白酒，通过贸易交换，外国获得了 1/4 公斤大米。但是贸易交换前，外国 1 小时劳动只能产出 1/8 公斤的大米。可见，通过贸易交换比自主生产整整多出了 1 倍的大米。因此，贸易交换提高了贸易双方国家的福利，是一种双赢的局面。

英国古典经济学家大卫·李嘉图提出的比较优势理论不仅可以运用于产

业间贸易分工理论，它也可以运用于产业内、产品内分工。当两个国家分别只生产本国比较优势产品时，两个国家都能从贸易交换获取福利，该理论决定了哪些国家生产哪些种类的产品，从而可以用于交换。世界市场均衡时的价格是由相对需求曲线（relative demand curve）与相对供给曲线（relative supply curve）交点确定。同时，李嘉图指出：国际贸易的决定因素是由国际间劳动生产率差异所决定。

2.1.1.3 生产要素禀赋理论

比较优势的提出对理论界产生了强烈的震动，一些学者开始思考比较优势的来源问题。是什么原因使得一国具有生产某种产品的比较优势？俄林在1933年出版了《区际贸易和国际贸易》一书，该书的理论渊源是来自于赫克歇尔提出的主要观点，在此基础上创立了系统性的生产要素禀赋理论（factor endowment theory），也被学界称为赫克歇尔－俄林理论（H-O理论），这个理论的提出旨在解决各国比较优势的来源问题。即生产要素禀赋差异理论是各国比较优势形成的主要原因。

H-O理论指出，一件产品不可能同时具有劳动密集型产品性质又具有资本密集型产品的性质。也就是说，我们可以明确区分一件产品是劳动密集型还是资本密集型。在给定生产要素价格时，生产某种产品所需劳动－资本比率来判断。一国通常出口本国要素充裕的产品，通过贸易交换，进口本国要素稀缺的产品。各国比较优势的来源是生产要素充裕程度不同导致的。通过研究该理论，我们得到如下结论：首先，要素的跨国流动会使得各国要素价格朝向均等化程度迈进，要素稀缺国家通过进口产品，抑制了本国要素价格大幅度上涨的空间。要素充裕的国家通过出口产品降低了本国要素价格大幅度下跌的可能。由于贸易持续性，各国要素禀赋结构和贸易前相比发生了较大的变化，当国家之间因要素跨国流动使得要素结构均等化，那么和贸易前的状态相比，贸易量和贸易额都会萎缩。其次，因各国要素相对均等化，各国的比较优势的差异程度会减小。

本书认为，H-O理论虽然解决了比较优势来源的问题，但是其内在的不合理性也被学界广泛争议。里昂惕夫通过实证研究美国1947年200个行业贸易数据，结果发现了美国大部分行业进口资本密集型产品，出口劳动密集型产品，如果按照H-O理论，美国制造业属于低端的劳动密集型行业，显然与事实不符。其次，通过世界贸易组织数据，世界各国贸易量及贸易额并没有随着时间的推移大幅度降低，各国比较优势也没有因贸易而大幅度变化。因此，H-O 理论对于解释各国贸易现状及趋势较为乏力。本书认为，H-O 理论提出的要素禀赋学说虽然对现实解释能力不强，但是研究的视角非常独到，能够从更加微观的领域来解释宏观现象，研究的思路方向是正确的。但是现实生产要素的概念可能与传统理论定义的概念有所区别，特别是新型生产要素不断加入传统要素之中，改变了传统要素性能、结构和价值。例如，改良后的机械、电脑运用，这些新型生产要素作用没有在 H-O 理论中反映出来，也是 H-O 理论失真的一个原因。同时，H-O 理论对于全要素生产率也没有很好地解释，技术革命对于各国贸易的影响也没有在 H-O 理论中反映出来，这无疑又是 H-O 理论失真的另一个原因。

2.1.2 产业内贸易分工理论

产业内贸易分工是伴随着技术创新逐步形成而来，技术革命使得过去传统贸易分工形式和发展方向产生了较大的变化，部门间由于所能获取的技术水平产生了较大的差异，一些部门比另一些部门能获得更加先进的技术。因此，这种部门级差迅速向部门内专业化方向发展，即使生产同一产品的不同部门，由于所掌握的技术水平不同，产品性能、质量、价格都会发生较大的差异，从而形成不同价格、不同品牌的同类型产品，产品的多样化程度和以往相比，得到了极大的提升，也满足了不同收入、偏好的消费者多样化的需求。例如，瑞（Rui，2001）、瑞和斯旺（Rui & Swann，1998）记载在 1997 年仅是家用汽车，美国的品牌和不同型号的汽车就高达 170 多种。

同类型产品不同部门间的专业化分工的条件是不同国家生产类似产品部门间技术水平差异化所致。一是由于各国所能获取的资金来源不同，拥有充裕资金的国家，部门内可以充分研发一些专有技术、专有设备，从而可以达到专业化的生产，也更加容易形成产业内的规模经济。二是各国科学技术研发水平的能力不同，科学技术水平高的国家，部门内可以对产品进行不断地改良，形成各具特色的产品。由于每个国家消费者收入有高有低，消费者偏好差异化就形成了同种类型产品消费者需求的多元化，从而催生了本国消费多样性。据此，形成了国家间同种类型产品大量的进出口贸易。例如，美国汽车生产商普遍生产宽敞和大排量的汽车，然而美国有些消费者受到预算约束，他们只能够选择经济和节能型的汽车，但是这种类型的汽车，美国本土汽车厂商是不生产的，于是美国开始向日本进口经济节能型汽车，产生了国家间贸易。产业内贸易分工最突出的标志是国家间贸易产品均是以最终产成品进行交换，这与后文涉及的产品内贸易分工产生了明显的区别。这种产成品贸易的前提条件是同一类型产成品所表现出的产品异质性。例如，同一产品型号、款式、性能、品牌等。

产业内贸易分工具体形式主要有两种类型。第一种类型是指同一产品具有不同功能、性质所产生的贸易分工，学界称为水平型分工。例如，日本生产小型节能型汽车、美国生产大排量和宽敞型的汽车，由于消费者多样性存在，日本既向美国出口汽车的同时也向美国进口汽车。第二种类型是指同一产品具有不同质量及价格差异化所形成的贸易分工，学界称为垂直型分工。例如，消费者受到预算约束，即使喜欢高端品牌汽车，但也不得不选择价格更加低廉的汽车。瑞和斯旺（Rui & Swann，1998）认为，产业内的垂直型分工是为不同收入群体提供同类型产品而引发的贸易分工。水平型的产业内分工多数是由规模经济及不完全竞争市场所解释，垂直型产业内分工多数是由不规模经济及竞争较为充分的市场所解释。

2.1.2.1 水平型产业内分工

规模经济最大的优势就是在保证产品质量和性能的前提条件下满足消费者的多样性需求，通过水平型产业内分工，国内消费品种类大幅度上升，价格相对下降，不仅有助于国内就业，同时消费者剩余和生产者剩余都有所提高。克鲁格曼（Krugman，1979）专门建立模型来研究水平型产业内贸易分工，通过模型分析证实了上述理论，即水平型产业内贸易分工对生产者、消费者以及国家福利提升产生了促进作用。

对水平型产业内贸易分工，消费行为研究的还有兰卡斯特（Lacaster，1980），其认为消费者之所以选择某种商品消费是因为商品的综合属性所产生的结果。正是消费者多样化的需求促进了产业内贸易分工的发展，一个国家受到文化、环境及自然资源禀赋的约束，不能提供所有种类商品的生产服务，正是由于国际贸易的存在，在不失消费者多样化需求的前提下，通过规模经济可以以更低的成本生产高质量的产品，而且在不完全的竞争市场环境中总有一些厂商可以用更快的速度形成生产上的规模经济，而在完全竞争市场上，厂商想利用规模经济降低成本不符合理论及现实条件。

对于水平型产业内分工必须深入研究到市场环境以及厂商和消费者函数。布兰德和克鲁格曼（Brander & Krugman，1980）对此进一步深入研究，假设在寡头垄断市场环境中，消费者消费函数和生产者生产函数在国内外相同，两国政治制度也相同，两国市场被分割开来，即便如此，寡头厂商的任何销售策略变化，同质产品的产业内分工也会因“相互倾销”而展开。

2.1.2.2 垂直型产业内贸易分工

高质量的产品价格较高，低质量的产品价格较低，垂直型产业内贸易分工正是为了向受到预算约束的消费者提供物美价廉的类似商品。福尔威（Falvey，2016）和凯克基斯（Kierzkowski，2001）联合提出 F-K 模型，该模型把赫克歇尔 - 俄林提出的 H-O 理论与产业内贸易进行有机的结合，研究表明：由于初始要素禀赋的不同，国家间的资源存量差异较大，受到资本约束的国家对于商品生产选择以劳动力来代替技术资本投入，生产的产品性能和质量都比较低，产品售价也较低；而资本充裕的国家，能够拥有更多的资本去研发，生产过程中倾向于用资本与技术去取代劳动，不仅劳动生产率高，产品和性能都得到极大的提升。与国家类似，消费者也面临预算约束，价格因素直接决定消费者能否购买商品。F-K 模型理论同时强调一国产业内贸易分工形式以及国际贸易类型主要有三个因素决定，分别是收入、生产要素禀赋、技术。

对于技术的深入研究就会发现 H-O 理论对于产品质量差异的解释能力较为欠缺，为此提出 S-S 模型来研究技术异质性对于产品质量造成的影响，从而揭示垂直型产业内贸易分工的驱动因素。研究发现：市场分割是垂直型产业内贸易分工的前提条件，当两个企业生产质量不同的产品，只要销售市场被分割开来，垂直型产业贸易分工便会产生。

产业内贸易分工是产品内贸易分工的“前哨站”，深入研究产业内贸易分工对于加深理解全球价值链主导下的贸易分工研究至关重要。产业内贸易分工的特点是以最终产成品贸易为特征，把规模经济、预算约束、消费者偏好、技术水平、生产要素禀赋等因素综合考虑来分析贸易分工的驱动因素以及各国消费者福利的变化。

2.1.3 产品内贸易分工理论

随着经济全球化的推进，跨国公司全球经营使得产品内贸易分工成为可能。某些国家资本、技术较为充裕，因此可以生产技术复杂型的零部件与半成品，而劳动力较为丰裕的国家就可以生产劳动密集型的中间投入品，生产环节的分散化可以形成各国制造业中间产品生产的规模经济。

以 iPhone 手机产品内分工为例，从表 2－2 可知，产品内贸易分工是指一件产品的生产由不同国家来协作完成，而生产环节创造的价值依据各国要素禀赋而有所不同，美国和日本在 iPhone 手机产品内贸易分工获取价值最大，一部 iPhone 手机价值大约七成被美国、日本拿走，中国仅收获了 iPhone 手机价值的 3.63%，因此，我们并不像西方发达国家所说通过产品内贸易分工获得了巨大收益，中国贸易威胁论不成立。

表 2－2　　iPhone 手机的产品内分工

国家	生产环节及中间投入品	价值比重
美国	软件许可证、蓝牙、iOS 软件	33.79
日本	高清屏幕、光学硬件、闪存、内存	32.97
德国	GPS、WiFi、无线设备	16.76
韩国	芯片	12.85
中国	加工组装	3.63

资料来源：根据黎峰（2014）相关研究整理。

关于产品内贸易分工是指一件具体的产品其生产过程及工序在物理空间上被分散开来，由不同国家协作完成，每个国家只关注于本国生产环节，因此更容易形成生产环节的规模经济。因此，国家间贸易由传统的产品贸易转向半成品、零部件等中间投入品（田文，2005）。

阿恩特（Arndt，1997）分析产品内贸易分工国家的贸易福利问题，利用 H-O 理论的分析框架对全球价值链下贸易外包和转包等国际分工现象进行了深入研究，发现无论国家处于产品内分工的哪一环节，只要参与产品为贸易分工就可以改善本国就业及消费，改善社会福利，创造双赢。

格罗斯曼和赫尔普曼（Grossman & Helpman，2003）对于劳动生产率引发的产品内贸易分工进行研究，发现在不完全契约理论下，行业中企业间劳动生产率异质性是形成一国制造产业比较优势的来源，劳动生产率直接决定一国参与贸易分工的形式，劳动生产率高会倾向于选择对外直接投资，然后劳动生产率次之的国家可能选择外包及国内投资。

对于产品内贸易分工的驱动因素研究，卢锋教授（2004）认为：产品内贸易分工之所以会快速形成：一是归功于跨国公司的全球经营；二是各国间制造业仍然存在比较优势的问题；三是生产环节的规模经济也会促进产品内贸易分工形成。

克鲁格曼（Krugman，2010）认为比较优势的来源问题，赫克歇尔－俄林试图解释分析，但是他们忽略了技术对贸易的影响。近年来，国外学者开始关注技术对产品内分工的影响，典型代表为安东内利（Antonelli，2014），他们认为技术创新是推动产品内贸易分工的主要来源，并将技术创新分为两类：一类是原发性技术创新（original technological innovation），另一类是模仿性技术创新（imitation technology innovation）。原发性技术创新有时也被称为内源性技术创新，主要是依靠国家自主创新和科研能力的培养，通过内源性技术创新达到提高出口产品竞争力，改善贸易收益。产品内贸易分工形成主要是依赖于各国要素禀赋条件，某国之所以能够从事价值量较高的生产环节很大一部分原因是因为该国原发性技术创新能力强。模仿性技术创新有时候也被称为外源性技术创新，即通过参与产品内贸易分工可以对先进国家的技术进行模仿、学习及改良并在此基础上提升本国制造业技术水平。但是产品内贸易分工主要形成因素并不是由外源性技术创新决定的，因为真正的核心技术很难模仿和转化。为此，曾繁华等（2016）认为必须从原发性技术创新去提升中国制造业技术水平。本书认为应该在以下几个方面努力：第一，必须加强基础教育工作，任何一项技术的原发性创新都要求研究工作者具有扎实的基础理论功底。第二，加强以市场为导向的技术创新，技术创新要以市场导向为支撑，加快成果转化运用，提高科技工作者的积极性。第三，加强校企合作，企业有市场、有需求但是科研能力后劲不足，高校有技术、有人才但往往无法接触实战，无法顺利进行成果转化，加强校企合作可以提高企业生产效率、提高高校科研教学人员参与市场的积极性。

为了具体深入研究产品内贸易分工对国际贸易的影响，需要建立模型进行分析，为此在迪尔多夫（Deardorff，1997）的理论基础上，进一步把产品内贸易分工引入标准的模型中，通过研究发现，产品内贸易分工可以改善贸易双方国家的福利水平，各国要素价格朝向均等化迈进。同时，如果产品内贸易分工无法改变最终商品售价，那么这种类型贸易分工就能够增加贸易双方国家的福利水平；反之，降低各国福利水平。但是曾卫锋（2014）认为这种研究可能与现实不符，因为基于产品内贸易分工形成的全球价值链，“国际产品定价权”往往掌握在价值链地位较高的国家手中，这些国家往往是全球价值链的实际操控者，他们会因产品内贸易分工而受益，但是对于全球价值链下游的发展中国家而言贸易的福利分析可能更加困难。发展中国家有没有从参与全球价值链下的产品内贸易分工而受益？本书认为，虽然中国没有从参与全球价值链分工获取巨大的贸易收益，但是中国的福利水平却因此提高，中国无论是从贸易总量和国际收支的角度来看，通过参与这种类型分工改善了本国消费福利水平以及提高了产品多样化的程度。

产品内贸易分工是全球价值链最主要的特征，虽然它是最新的国际贸易形式，但是传统的比较优势理论及要素禀赋学说仍然可以运用及分析，因为产品内贸易分工是由传统贸易分工的形式演化而来，其本质仍然是实现各自领域内生产上的规模经济。如果在贸易分工前，中国制造业处于边际收益大于边际成本环节中，深度参与产品内贸易分工是大有裨益；但是当中国制造业生产处于边际收益小于边际成本的时候，我们必须从内源性来思考中国制造业转型升级的问题。提贾亚和费萨尔（Tijaja & Faisal，2015）、塔格里奥妮和温克勒（Taglioni & Winkler，2016）认为如何重塑全球价值链，如何争取全球价值链的治理权都要深入思考。付子墨（2012）、贺正楚和潘红玉（2015）认为必须要结合供给侧结构性改革及“中国制造 2025”的思路来推进中国制造业价值链升级。

2.2 全球价值链分工与制造业价值链升级相关研究

格里芬（Griffin，2001）最早完整的提出了全球价值链这个概念，它是一种新的生产和组织特征形式，以产品生产的网络化分工为特征，形成以国际性生产和协作的方式来考察全球产业链特征，揭示是谁创造价值，价值量高低在各国间是如何分配等问题。

格里芬对全球价值链的定义是基于全球商品链理论，对产品分工的组织形式进行了深入的考察，类似的研究还有卡普林斯基和莫里斯（Kaplinsky & Morris，2012）指出全球价值链是以生产环节分散化为特征，每个生产环节所拥有的价值量或者说是所创造的价值量是不同的，谁创造了 GVC 的最大价值量，谁就掌握了全球价值链中最核心的战略环节，因此受益相对来说也就最多。利默和斯托珀（Leamer & Storper，2001）研究生产工序化分工，全球价值链分工实际上是以生产工序分工（process division）为基础。上述文献着重关注了全球价值链分工的组织形式及生产工序分工，但是全球价值链分工理论尤其是产品内分工有待进一步深入研究。

英国的萨塞克斯大学（Sussex）非常关注全球价值链分工理论，它将全球价值链定义为从生产到最后使用价值耗尽的整个过程，是价值增值的活动轨迹。这种活动轨迹可以在企业外，也可以在企业内，不受地理范围的约束。

价值链理论的提出一直发展到制造业价值链升级理论的形成主要经历了四个阶段。第一阶段是以波特提出以企业竞争优势为基础的微观企业价值链理论，该理论认为企业生产某种产品的活动不是独立和单一的生产过程，需要不同企业进行相关合作，通力完成产品生产，包括设计、采购、生产、销售、品牌、宣传等一系过程。同时由于市场有限，企业与企业之间也会产生竞争，这种竞争往往会牵涉到整个产品供应链之间的竞争，所以波特的企业价值链理论更多反映的是产品生产上下游形成的供应链之间竞争，由竞争提高企业制造生产效率。第二阶段是科古特（Kogut，1985）提出的“片段化”价值链理论，该理论认为企业从事价值链分工生产环节其目的是为获取价值增值的过程，企业会动用自身的技术、劳动力及生产要素，努力形成价值增值的最大生产环节，之后把价值增值从企业主体转向国家（地区）为主体，形成以商品链向价值链过渡。第三阶段以格里芬为代表提出的全球商品价值链理论，对跨国公司进行了深入研究揭示了以产品生产工序分工为基础形成的生产环节价值增值过程，形成了“生产工序”上的规模经济，从而带动制造业价值链升级。第四阶段以萨塞克斯大学研究机构为代表的全球价值链理论，该理论跳出跨国公司内部组织形式，直接将研究重点深入到产品内分工，以产品内分工为基准来研究跨国公司组织形式，产品价值增值以及国家贸易收益状况，分析了国家间因全球价值链分工而形成贸易福利问题。

2.2.1 新型全球价值链分工的驱动因素

全球价值链分工的基础及驱动因素大致可以分为以下四种观点。

（1）认为 H-O 理论仍然可以解释全球价值链分工的动因。例如，迪克西特和格罗斯曼（Dixit & Grossman，1982）、琼斯和凯克基斯（Jones & Kierzkowski，1988）及阿恩特（Arndt，1997）认为产品内贸易分工仍然按照李嘉图提出的比较优势进行，各国生产要素禀赋决定了某国的生产环节，这种生产环节的分散化完全依赖于本国要素状况，而生产环节的规模经济强化了这种分工形式；桑亚尔和琼斯（Sanyal & Jones，1982）把市场环境因素、中间产品类型纳入 H-O 理论分析中，研究发现在规模报酬不变的情况下，基于要素禀赋所形成的比较优势对产品内贸易分工产生重要的影响；格罗斯曼和赫尔普曼（Grossman & Helpman，2003）认为要素价格均等化是无法实现的，否则就无法解释各国间贸易量大幅增加的情况，生产中投入的要素密集程度的不同决定了各国在产品内分工下所处于的生产环节也是不同的；拉尔和阿尔巴拉德杰（Lall & Albaladejo，2004）认为生产中投入的要素比例是不同的，这是全球价值链分工的基础，当生产环节规模经济形成的要素禀赋收益可以弥补各国间要素所产生的运输及交易费用，那么全球价值链分工就有了内在的驱动力。国内学者的研究结论与国外学者类似，例如，卢锋（2004）认为，世界贸易开展使得各国贸易运输费用及交易成本大幅度下降，比较优势及规模经济对于产品内贸易分工起了促进作用；曾铮和张亚斌（2005）认为全球价值链分工基础受到三个因素影响，分别是要素禀赋结构、技术水平及人力资本市场结构。

（2）认为跨国公司全球经营也是全球价值链分工的微观驱动因素。全球价值链分工将产品生产工序在物理空间上分散开来，每个国家都从事价值量不同的生产环节，从而可以达到产品生产环节上的规模经济。赫梅尔斯等（Hummels et al.，2016）认为，全球价值链分工主要有三个前提条件：首先，一件商品生产工序需要被拆分；其次，至少有两个或两个以上国家参与产品内分工，从而协作完成整件产品的生产；最后，至少有一个国家从其他国家进口中间投入品。那么对于全球价值链分工为何能够如此顺利地推进？所以，也对全球价值链分工驱动因素进行了研究，研究认为以跨国公司为主体的全球化经营成为推动全球价值链分工的微观动力源。跨国公司经营的特点也是完全符合全球价值链分工要求的前提条件。首先，跨国公司是一个法人为主体的工商企业，企业的实体分布在两个或两个以上国家经营，这为全球价值链产品内贸易分工提供了载体条件。其次，跨国公司的实体公司无论有多少家，但是总有一个母公司提供重大的决策支持，其子公司也要围绕中央决策经营。因此，产品内贸易分工就有了微观层次上的“指挥官”。最后，各子公司可以根据中央决策原则来制定子公司的生产策略，在不失统一性的前提下保持政策的灵活性，可以明确责任。

跨国公司的全球经营带来科学技术的迅猛发展，增加了就业人数。因此，广大发展中国家为解决本国技术、资本及就业问题，为跨国公司子公司入驻提供了优惠措施和便利条件，客观来说，这也为产品内贸易分工顺利推进提供了帮助。跨国公司出于全球资源的优化配置也乐于对东道国进行投资，根据东道国要素禀赋特征从而分配不同的生产环节。技术资本密集型的国家往往从事于生产环节价值量较高的生产步骤，由于这些步骤所创造的价值增加额较大，也称为全球价值链核心战略环节；而普遍发展中国家多属于劳动密集型且工人技术水平较低，因此往往从事于价值链较低的生产环节，也称为全球价值链的从属环节。埃斯凡迪亚里和凯卡（Esfandiari & Keikha，2017）、哈格梅杰和古德西（Hagemejer & Ghodsi，2016）、哈基米普尔等（Hakimipoor et al.，2016）、胡小娟和何新群（2016）及胡小娟和龙敏杰（2016）认为跨国公司主导下的生产环节分散化，有利于每一个生产步骤上的专业化生产，资源利用的效率明显提高，那么国家间贸易除了传统形式上的产成品进出口外，产品内分工形成的中间产品成为全球贸易的新形势。由于产品生产环节的分散化，下游生产环节的国家需要从上游生产环节的国家进口中间投入品来组织生产，最终再出口至最后一道生产工序上的国家来完成产品组装环节，该环节一般是劳动密集型环节，所能够嵌入的国内要素价值量有限。因此，从上述分析中可以看出，国与国之间传统贸易分工让步于企业间产品内贸易分工，通过价值链分解，跨国公司母公司只控制那些具有战略意义且创造价值量较高的环节并形成了该生产环节上的垄断优势，这些优势通过专利、知识产权法、技术壁垒等阻碍发展国家企业去模仿和学习，因此跨国公司主导的产品内分工将广大的发展中国家牢牢锁定在价值链低端，胡雪娇

(2016)、安哲罗普洛斯等（Angelopoulos et al.，2017）、贝尔德等（Baird et al.，2016）、高杨等（Gao et al.，2015）及哈德和凯塔（Ha & Kiyota，2015）等所称的“低端锁定”机制。

（3）认为无论是比较优势理论还是要素禀赋学说，产品内分工最终表现形式为各国相对生产效率差异（例如，汤二子和刘海洋，2011）。假设世界上有两个制造业大国，分别设为A国和B国，制造业部门设为P，生产两种产品分别为X和Y，X为高附加值产品，Y为低附加值产品，两国初始要素禀赋分别设为K_A和K_B。价值链分工前，由于没有贸易存在，产品专业化生产无法实现。因此，每一个国家必须同时生产X和Y两种产品，全球价值链分工后，由于生产规模经济的要求，每个国家可以组织本国生产要素资源进行专业化生产并进行贸易交换。

第一，价值链分工前国内生产分工。

在全球价值链分工前，根据假设，A国和B国同时生产两种产品X和Y，形成自给自足，A国在产品X上的生产效率为F_X，在产品Y上的生产效率为F_Y，生产效率可以定义为单位生产要素所产生的国内增加值，B国在X上的生产效率为f_X，在产品Y上的生产效率为f_Y，根据假设X为高附加值产品，因此，单位生产要素中投入了更多的技术资本，生产效率也相对较高，故$F_X > F_Y$且$f_X > f_Y$。

假定A国初始要素禀赋中包含了较多的资本技术要素，那么A国可以看成是发达国家。B国初始要素禀赋中包含了较多的粗放型劳动力要素，那么B国可以看成是发展中国家，假设发达国家在两种产品X和Y生产上都具有生产效率，即$F_X > f_X$，$F_Y > f_Y$。另外，假定A国在X上投入的要素比例为α，在Y的生产中投入的要素比例为$1-\alpha$；同理，B国在X上投入的要素比例为β，在Y的生产中投入的要素比例为$1-\beta$，那么A国在生产X和Y时投入的要素为$\alpha K_A + (1-\alpha)K_A$，B国在生产X和Y时投入的要素为$\beta K_B + (1-\beta)K_B$，在全球价值链分工前，不存在贸易交换，A、B两国必须同时生产两种产品。因此：A国生产部门P总共创造的国内增加值为$\alpha K_A F_X + (1-\alpha)K_A F_Y$；B国生产部门$P$总共创造的国内增加值为$\beta K_B f_X + (1-\beta)K_B f_Y$。

第二，价值链分工后国内生产分工。

在引入全球价值链分工后，必须以机会成本的角度重新分析两种产品的生产情况：在A国，单位国内增加值所能生产的产品X的机会成本为F_Y/F_X，这个含义是生产单位增加值产品 X 所必须放弃 Y 产品生产；同理，B 国单位国内增加值所能生产的产品 X 的机会成本为 f_Y/f_X；假定 A 国在生产高附加值产品 X 上具有比较优势，那么用机会成本表示是 $F_Y/F_X < f_Y/f_X$，含义是发达国家 A 在生产高附加值产品 X 上机会成本更小。由于 $F_Y/F_X < f_Y/f_X$，两边同时取倒数，那么 $F_X/F_Y > f_X/f_Y$，这意味着与 A 国相比，B 国在生产低附加值产品 Y 上机会成本更小。按照国际分工的惯例，A 国（发达国家）专业化生产产品 X（高附加值），B 国（发展中国家）专业化生产产品 Y（低附加值），然后通过国际贸易交换来满足多样化需求。根据上述分析，各国相对生产效率差异是比较优势形成的来源，进而推动全球价值链分工，本例仅是以两种产品为例，深入到产品内分工原理是一样的。因此，各国相对生产效率差异是推动全球价值链分工的又一驱动力。

（4）认为全球价值链分工的推进因素是由于贸易收益多寡引起，全球价值链分工后，受益最多的国家往往是积极推动全球价值链分工的国家层面的因素力量（例如，郑国杰和杨立科，2016）。

以上第 4 种观点是第 3 种观点的进一步深入和延伸，因此，将继续沿用第 3 种观点中所举出的例子。从供给制造端角度来看，当国际商品 X 和 Y 的相对价格为 $P_X^W/P_Y^W < F_Y/F_X$ 时，这两个国家都不会组织本国生产要素来生产 X 商品，因此，世界商品中 X 的供给量为零；当 $P_X^W/P_Y^W \in (F_Y/F_X, f_Y/f_X)$，那么发达国家 A 将只生产产品 X，发展中国家只生产产品 Y，则产品 X 的相对产量为 K_AF_X/K_Bf_Y；当然 $P_X^W/P_Y^W > f_Y/f_X$，两国商品 Y 的供给量为零。

假设全球价值链分工后，A 国专业化生产产品 X，B 国专业化生产产品 Y。发达国家 A 通过专业化生产 X 所获取的国内增加值为 $K_AF_X = \alpha K_AF_X + (1-\alpha) K_AF_X > \alpha K_AF_X + (1-\alpha) K_AF_Y$，这个公式可以利用前面的理论推导出。因此，如果发达国家 A 利用本国资源专业化生产产品 X 比两种产品同时生产所能获取的贸易收益大，那么该国就会积极主动地去推进全球价值链分工。对于 B 国而言，由于 $f_X > f_Y$，从而 $\beta K_Bf_Y + (1-\beta) K_Bf_Y < \beta K_Bf_Y + (1-\beta) K_Bf_X$，因此，发展中国家 B 参与全球价值链分工后，专业化生产所获取的贸易收益更低。

通过上述分析，各国倾向于出口相对生产效率更高的产品而不是依赖于绝对生产效率。但是，在参与全球价值链分工后，发达国家通过出口高附加值产品获取了巨大的贸易收益，而广大的发展中国家刚好相反。因此，从理论上来说，发达国家是推动全球价值链分工的国家层面因素。

发展中国家通过参与全球价值链分工后，贸易收益受损，按照理论来说，发展中国家是否不应该参与全球价值链分工？对于这个问题实际上非常复杂，广大的发展中国家参与全球价值链分工后，收益该如何核算？为什么我们要积极参与全球价值链？我们如何改变贸易收益不利的被动局面？这些都是本书后续章节要重点讨论的问题。发展中国家参与全球价值链分工可以提升本国制造业出口技术复杂度，提升出口产品竞争力，虽然真实贸易收益会有所下降，但是贸易总额却会大幅度上升，对于外汇储蓄增加、国内经济增长有巨大的拉动作用。我国的要素禀赋在没参加全球价值链分工之前，无论是基础设施还是人力资源储备水平都比较匮乏，但是融入全球价值链之后，中国要素禀赋结构发生了变化，特别是全要素生产率提高之后，优化了传统人力资本，技术工人数大幅度增加。刘维林（2015）认为中国不仅要融入全球价值链分工，还要积极参与全球价值链治理，争取中国制造业向全球价值链高端生产环节迈进。

2.2.2 制造业价值链升级的内涵与步骤

升级这个概念是源于竞争力理论，卡普林斯基和莫里斯（Kaplinsky & Morris，2012）及张旭波（1997）认为该理论所谓升级就是高效的制造产品并以提高产品质量和劳动生产率为目标而从事的一系列活动。王岚和李宏燕（2015）从制造业价值链升级的方式来看，目前国内学界主要是集中于行业升级，通过有效地融入全球价值链，从而提升本国制造业产品国际竞争力，并提高出口产品出口贸易附加值率。制造业价值链升级需满足以下的前提条件：一是商品生产环节的分散化；二是至少有两个国家从事产品内制造环节并产生了价值增值；三是至少有一个国家从另一个国家进口中间投入品并将产品出口。

制造业价值链升级的研究起源很早，在全球价值链诞生之日起，学者们就开始关注一国制造业价值链升级问题。格里菲（Gereffi，1999）对东南亚服装生产价值链升级进行研究，发现服装产业全球价值链升级是一个循序渐进的过程，在这个过程中一是企业嵌入全球价值链程度越来越深；二是企业对提高劳动生产率投入了大量资本及技术研发活动。他十分重视全球价值链嵌入对企业制造能力升级的主导作用，通过羊群效应，更多服装贸易企业会加入这一活动，从而提升整个国家服装产业的劳动生产率，进而形成了制造产业链升级。

英国苏塞克斯（Sussex）大学制造业价值链升级团队研究员汉弗莱和施密茨（Humphery & Schmitz，2000）认为制造业价值链升级在一国制造业中具体表现为产业升级（如图 2 –1 所示）。它经历了四种模式分别为：流程升级、产品升级、功能升级及链条整体升级。流程升级的含义是通过采用更先进的技术来改造生产流水线，使得单位生产要素投入生产更多的产品；产品升级就是以提高产品质量和功能为目标引进更先进的生产线而获得产品更高的贸易附加值；功能升级是以产品升级为基础，通过企业技术研发设计提高产品技术复杂度从而获得功能价值更高的产品；链条升级就是在原有价值链基础上添加了更多的技术、资本从而攀升到另一条新的价值链路径上，因此，新的价值链比原有价值链的收益更大。

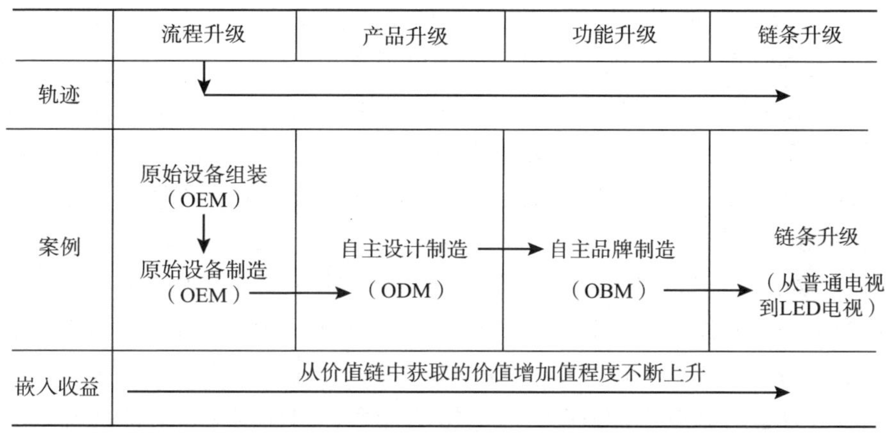

图 2 –1　制造业价值链升级轨迹

制造业价值链升级研究应该把焦点更多的集中于发展中国家如何从价值链低端向全球价值链高端领域攀升，从而提高自身在国际贸易中的地位和实现贸易收入的稳定增长。

一些国外学者认为，发展中国家积极融入全球价值链分工可以实现不间断的升级过程，原因在于发展中国家与发达国家贸易驱动力来源于购买需求，这种发达国家需求质量提升时发展中国家不得不主动升级该国制造业水平。

另外，如图 2 - 1 所示，这种升级过程先从产品生产领域入手然后一直延伸到产品研发设计、品牌建设等高端领域，实现从 OEM→ODM→OBM 价值链自动升级，这种升级过程被归结为“组织的成功”（organizational succession）。

卡普林斯基和莫里斯（Kaplinsky & Morris，2012）认为全球价值链嵌入视角下，发展中国家的制造业价值链升级遵循着流程升级再到产品升级、功能升级等升级轨迹上。联合国工业发展组织（United Nations Industrial Development Organization，UNIDO）出版的《工业发展报告 2002/2003——通过创新与学习竞争》中指出制造业价值链升级的外延非常广泛，基本涵盖了产品生命周期的全过程，特别是强调产品消费环节时售后服务也是价值链升级的关键领域，发展中国家不仅要深入嵌入全球价值链主导下的国际贸易分工中来，更要以世界生产制造的国际标准来规范自己，从而实现发展中国家企业从工序创新（process innovation）、产品创新（product innovation）、功能创新（functional innovation）及链条升级（interchain innovation）。哈和凯塔（Ha & Kiyota，2015）制造业价值链升级并不特指发展中国家参与进出口的企业，受到国内部门垂直一体化的影响，价值链升级甚至牵涉到一国制造业整体，本书也通过对中国、印度尼西亚、日本、韩国等制造业价值链升级案例进行深入研究来验证自己的观点。蒂默和叶（Timmer & Ye，2014）对出口产品中包含的国外要素价值量进行核算，研究发现中国制造业还处于全球价值链的低端水平，制造业价值链升级任务迫切繁重。国内学者王岚和李宏燕（2015）认为全球价值链主导下国际贸易分工对中国制造业摆脱价值链低端锁定起了一定的作用，因此，中国制造业应积极参与全球价值链治理。福斯特 - 麦格雷戈等（Foster-McGregor et al.，2013）运用了 WIOD 数据库，发现一国服务外包对制造业价值链升级的影响最大，因此制造业价值链升级应从现有国际贸易分工体系下的服务外包升级着手。

但是部分国外学者也认为，发展中国家嵌入全球价值链虽然有利于工艺升级及产品升级，但却很难推进功能升级与链条整体升级，在全球价值链分工初期，由于各国生产要素禀赋差异，发展中国家从事价值链分工的“劳动密集型”生产环节，而发达国家从事生产“技术密集型”环节，发展中国家制造业通过融入全球价值链可以迅速提高其产品生产工艺，实现了工序升级及产品升级，这是由于广大的发展中国家在融入全球价值链之前甚至连最简单的生产工艺技术都匮乏，发达国家通过购买力需求来主动帮助发展中国家升级产品和制造工艺，以期达到国际生产标准，但是当发展中国家成功完成了产品升级后，开始转向功能升级及价值链品牌建设，并积极参与全球价值链治理，这势必会影响发达国家掌控全球价值链的能力，也威胁到发达国家产品内分工所获利益，因此发达国家通过购买力约束和资源约束共同阻碍发展中国家制造业价值链升级，而且弗雷德里克等（Frederick et al.，2015）认为广大的发展中国家被牢牢锁定在价值链低端，很难摆脱“低端锁定”，这证明广大的发展中国家想在发达国家主导下进行制造业价值链升级极为困难。

发展中国家制造业长期被发达国家“低端锁定”，例如，通过对巴西圣瓦利（Sinos Valley）皮鞋生产厂商的案例研究发现，当地皮鞋厂商对外贸易依存度很强，订单的多寡直接对厂商的利润造成影响，鞋类厂商因订单数量下降而倒闭的不在少数。同时，克诺林加和施密茨（Knorringa & Schmitz，2000）认为，由于缺乏资本、技术支持，大多数鞋类厂商没有自己的品牌，成为世界鞋类品牌厂商的经济附庸品。这些巴西鞋业案例提示我们，制造业价值链升级往往需要产业政策支持，同时，需要专家、学者建言献策。

汉弗莱和施密茨（Humphery & Schmitz，2000）对发展中国家制造业价值链升级研究，发现大多数发展中国家制造业受制于发达国家主导的全球价值链，由于没有参与全球价值链治理，价值链升级是被动地。一些跨国公司为了充分利用当地要素资源会帮助该国制造业进行流程升级、产品升级，但是会阻碍功能升级和链条升级。胡大立等（2012）认为发展中国家参与全球价值链分工，形成了代工出口模式，因此全球价值链是一种俘获型的网络治理关系，因此这些代工企业无法自主地完成功能升级与链条升级。王岚和李宏艳（2015）认为发展中国家部分制造企业过分依赖于所谓的“低成本优势”以及长期被发达国家技术封锁，使广大的代工企业没有足够的能力来进行高端价值链升级，因为无论是从生产要素禀赋结构还是储备的技术水平来说，都无法承担制造业价值链升级的任务。胡大立和伍亮（2016）认为发展中国家在进行制造业价值链升级前，首先要进行产业集群升级，可以有三条路径来实现：路径一，把产业集群内的知识与集群外的知识结合起来，集群内的知识来源于平时企业生产过程中积累的生产经验及人力资源调度安排，合理降低企业生产成本的一切手段和知识。路径二，抓住机遇，努力承担发达国家主动放弃的高端生产环节。由于发达国家技术更新速度较快，一些刚被淘汰的生产环节对发展中国家来说仍然具有领先的技术优势，特别是一些小型代工企业更应该主动积极的争取。路径三，制造业价值链升级不能仅仅依靠代工的中小微企业，大型的国有企业必须积极参与全球价值链治理，争取“话语权”，打破发达国家主导全球价值链分工的现状。为此，鼓励一批技术成熟度高，信誉良好的国有企业“走出去”。通过上述三条路径，形成流程升级→产品升级→功能升级→价值链升级。胡大立和伍亮（2016）也指出，中国台湾地区通过对个人电脑产业聚群升级，成功地培育出大量的高科技企业，例如，宏碁、台积电、华硕，形成了特有的产业升级案例，即 OEM-ODM-OBM。

胡大立和伍亮（2016）认为我国制造业价值链升级步骤可分为三条升级路径：一是提高制造业出口产品技术复杂度来实现制造业价值链升级；二是制造企业所面临的市场环境，如何利用区域资源来拓展市场边界；三是制造业价值链升级的高级阶段，即摆脱“低端锁定”机制，跨越式升级至全球价值链的高端领域。笔者认为制造业价值链升级路径及步骤不能一概而论，例如，传统的制造产业和新兴的高技术产业升级路径是有差别的；价值链的驱动力来源不同，制造业价值链升级的方式也有差别，因此，发展中国家制造业价值链升级没有统一的路径和方案，各国需要针对本国具体国情及企业面临的实际情况设计出有针对性的可操作方案。

2.2.3 我国制造业全球价值链分工地位与升级

国际贸易分工地位的评估一直以来都是国际贸易领域内研究的热点问题，一些学者开始尝试通过设计相应的指标来衡量国家层面及制造业在全球分工地位。例如，安特拉斯等（Antras et al.，2012）、卡鲁乔和法利（Carluccio & Fally，2010）、安特拉斯（Antras，2010），这些学者构建了上游度（upstreamness）和下游度（downstreamness）指数，这些指数将主要的研究范围限定于一国之内，但是全球价值链分工地位评估仅仅基于特定国家显然不符合国际贸易分工的特点。因此，国内学者程大中（2015）、程大中等（2015）及程大中和程卓（2015）采用了跨国投入产出表来改进相应指标及算法。安特拉斯和科斯蒂诺（Antras & Costinot，2012）假定中间产品在一国生产中的份额与该国出口及进口包含中间产品份额相等，显然这个假设条件较为苛刻。

因此，在利用跨国投入产出表进行测算分析时就可以放宽上述假定条件，因为世界可以看成是一个统一的封闭经济体。改进后的上下游指数也可以衡量本国出口产品距离最终产成品的长度以及投入初始要素的长度，这种算法在特穆尔肖夫和米勒（Temurshoev & Miller，2013）、哈格梅杰和古德西（Hagemejer & Ghodsi，2016）文献中也有类似的解读。目前国外学者对于全球价值链分工下，广大的发展中国家贸易分工地位的评估明显不足，而且研究目的与中国学者关注的问题之间有较大的差异。例如，唐等（Tang et al.，2014）在文献中也涉及了上下游指数，也将研究范围限定于中国，但是他们研究的上下游指数并不是反映全球价值链分工中的上下游，而是将焦点集中于产业链与价值链间的融合度问题，没有真正反映“微笑曲线”（smiling curve）的贸易地位评估。例如，安特拉斯等（Antras et al.，2012）提出价值链关联指数：

$$LGVC_i^{OB} = \frac{1 \times Y_i + 2 \times AY_i + 3 \times AY_i^2 + \cdots}{X_i} = \frac{B^2 Y}{X} \qquad (2-1)$$

公式（2－1）中 Y_i 表示产出量，因此该公式是基于产出的价值链关联指数，根据文献研究，该指数最终的值应该大于1，公式计算出的指数值越大表示该国（或行业）总产出中投入的中间投入品来源就越广发，融入全球价值链程度越高；反之，越小。

特穆尔肖夫和米勒（Miller & Temurshoev，2015）提出的价值链关联指数：

$$LGVC_i^{IB} = \frac{1 \times V_i + 2 \times V_i A + 3 \times V_i A^2 + \cdots}{X_i} = \frac{VB^2}{X} \qquad (2-2)$$

公式（2－2）中 V_i 表示总投入量，因此该公式是基于总投入的价值链关联指数，根据该文献研究，该指数最终的值应该大于1，公式计算出的指数值越大，表示该国或行业总投入中包含的中间投入品来源越广泛，融入全球价值链程度越高；反之，越小。

程大中（2015）沿用上述两种思路结合跨国投入产出表数据分析，相关指数表明中国制造业价值链分工地位较以往有所提高。但是程大中指出该指数提高能否代表中国制造业在全球价值链的真实分工地位上升，有待商榷。因为这个指数上升仅仅反映出中国比发达国家更深入的参与全球价值链分工中，但全球价值链治理权可能仍然掌握在发达国家手中，中国制造业可能并没有迈向“微笑曲线”的两端。

一些中外学者开始将国际贸易分工地位与贸易收益结合起来，如果一国融入全球价值链程度越深且贸易收益也开始大幅度增加，那么贸易分工地位自然就上升。因此，黎峰（2015）认为中国制造业全球价值链分工地位问题，也就是贸易利得的评估问题。多丹等（Daudin et al.，2011）、李昕和徐滇庆（2013）通过改进传统贸易收益核算法来研究贸易分工；约翰逊和诺盖拉（Johnson & Noguera，2012）、张杰等（2013）及郑丹青和于津平（2014）从多角度考虑了贸易收益及分工地位的影响问题。这些研究从汇率、外商直接投资、贸易壁垒、技术异质性、生产要素禀赋结构考察了贸易收益影响因素，为进一步评价中国制造业在全球价值链分工地位问题奠定了理论基础。结合库普曼等（Koopman et al.，2010）的文献系统梳理一下基于贸易收益的全球价值链分工地位问题：

$$GVC\_Position = \ln\left(1 + \frac{iv_{it}}{EX_{it}}\right) - \ln\left(1 + \frac{FVA_{it}}{EX_{it}}\right) \qquad (2-3)$$

公式（2-3）旨在说明，在全球价值链上游国家通过产品内贸易分工向全球价值链下游国家提供了更多的中间投入品，那么处于全球价值链上游国家占据了相对有利的贸易地位，而下游国家受到“低端锁定”机制的影响，往往处于不利的贸易分工环节。

由于 iv_{it} 表示间接国内增加值，FVA_{it} 表示国外增加值，它们与出口收入（EX_{it}）的比值可以直接写成下式：

$$GVC\_Position = \ln(1 + IVAR) - \ln(1 + FVAR) \qquad (2-4)$$

把前两项用泰勒公式展开，可得：

$$GVC\_Position = (IVAR - FVAR)\left[1 - \frac{1}{2}(IVAR + FVAR)\right] \qquad (2-5)$$

公式（2-5）说明，一国出口产品中间接国内增加值率和国外增加值率是影响全球价值链贸易分工地位的主要影响因素。不仅如此，库普曼等（Koopman et al.，2010）同时还提出了全球价值链分工下国际贸易分工参与度的计算方法，具体为：

$$GPO = \frac{IV_{it}}{EX_{it}} + \frac{FVA_{it}}{EX_{it}} = IVAR + FVAR \qquad (2-6)$$

公式（2-6）说明，国际贸易分工参与度与间接国内增加值率和国外增加值率密切相关，一国参与全球价值链的程度越深，表明其进口中间产品就越多，国外增加值率相对来说也就越多，同时一国处于全球价值链上游的话，其间接国内增加值率相对增加，国际贸易分工参与度也就越强。

针对中国制造业被发达国家“低端锁定”的困局，毛加强（2008）研究发现中国制造业可以通过产业集群升级从而提升全球价值链中的分工地位，可以按照如下步骤完成：工艺升级→产品升级→功能升级→链条升级。王岚和李宏艳（2015）、黎峰（2016）、张杰和刘志彪（2009）、刘维林（2015）认为制造业价值链升级要从贸易附加值的角度来研究，可以分别从国内增加值和国外增加值两个角度提升中国制造业出口产品国际竞争力。国内增加值是反映我国参与全球价值链产品内贸易分工国内要素价值量，通过和发达国家对比研究发现，国内生产要素嵌入全球价值链的能力较弱且要素禀赋结构粗放、单一。因此，制造业价值链升级需从培育国内高级生产要素入手，提高我国要素嵌入能力及价值量。国外增加值上升反映了出口技术复杂度提升，虽有助于提高出口产品竞争力，但是很难从根本上解决我国贸易收益偏低的深层次原因，因此，除了对跨国公司出口产品生产技术进行学习外，如何通过引入外资来提高我国制造业技术创新能力显得更加重要。辛娜（2012）认为目前我国制造业受发达国家技术封锁较为严重，真正的核心技术很难引进和吸收。中国制造业“低端锁定”较为严重，贸易对外依赖度较强，中国制造业尤其是小型的加工制造企业仍处于技术水平较低的加工组装环节。因此，中国制造业价值链升级必须深入微观企业主体，通过制造业企业自主创新从而形成产业集群创新，推动价值链攀升，除此之外，充分利用好国内和国外两个市场、两个消费群，培育好本国消费潜力，为制造业价值链升级积蓄微观力量。从全球价值链微观驱动力来源来看，主要分为生产者驱动型价值链和消费者驱动型价值链两大类：隶属于生产者驱动型价值链的企业（OEM）应该重点关注行业内的领导企业，努力形成行业内供应链合作伙伴关系，提高企业生产效率，降低生产成本；隶属于消费者驱动型价值链的企业（OEM）由产成品生产逐步转向中间产品生产，形成 OEM→ODM→OBM 升级路径，形成自主知识品牌，突围全球价值链对中国制造业的“低端锁定”机制，通过诱致性变迁和强制性变迁两种途径进行突围，从简单的国际代工向品牌建设及原创设计转变。虽然产业集群升级、价值链升级的国内外文献研究颇多，但是以下问题值得深思：一是国外学者提出的“流程升级→产品升级→功能升级→链条升级”的升级路径及“OEM→ODM→OBM”的升级过程是发展中国家价值链升级理论路径，具体实际可行、可操作的升级路径需要结合企业自身的特点及所面临的外部环境因素共同决定；二是国内学者对我国制造业价值链升级仅仅停留于理论层面上，缺乏针对我国制造业产业结构特点及国家重大的改革政策结合起来进行分析，因此，可操作性及问题的针对性不强。

胡大立等（2012）研究认为我国制造业深陷“低端锁定”机制，可能面临如下三点战略风险：第一，产业空洞化风险。由于我国制造业初级阶段生产要素价格低廉，特别是矿产资源、人力资源价格低廉，对跨国公司全球化经营很有吸引力，随着外国直接投资的扩大，中国制造业完成了流程升级及产品升级，面临功能升级和链条升级。因此，由于前述原因，发达国家跨国公司不愿意使中国制造业完成链条升级的最后阶段，再加之中国要素价格普遍上涨，发达国家不断将投资转向要素价格更加低廉的发展中国家，如老挝、越南、印度尼西亚，我国制造业外部资源不断缩小，形成的过剩产能无从消化。因此，中国传统制造业的比较优势正在逐步丧失，随着外资企业不断撤离中国市场，我国制造业被迫面临产业“空洞化”的危险。第二，价值链平庸化风险。发达国家主导的全球价值链下，每个国家制造业处于不同的生产环节。一般情况下，发达国家处于价值链的高端环节，属于研发设计、品牌保护，需要较高的技术投入与管理水平，生产环节的可替代性不强，产业转移门槛高；而发展中国家多处于全球价值链的低端环节，投入简单的劳动力、自然资源，生产环节的可替代性强，产业转移门槛低，对外贸易依存度较高，容易深陷价值链底部，“低端锁定”现象严重，价值链平庸化的风险较高。第三，恶性竞争的风险，外贸条件恶化。由于中国制造业处于全球价值链低端环节，生产的产品技术复杂度低，而且其他国家和地区也能提供功能相近、质量类似的产品，因此产品的全球供应量非常大，面临“僧多粥少”的局面，而采购商多为少数的国际大企业。因此，订单争夺非常严重，有的国内厂商为了抛出更有吸引力的价格，往往以牺牲产品质量作为代价，再加上“柠檬效应”，集群内企业面临恶性竞争，制造业价值链升级困难重重。

突围全球价值链的“低端锁定”，实现中国制造业价值链升级是解决上述风险的有效手段。中国制造业价值链升级首先从产业集群升级入手，要明确辨识出中国制造行业全球价值链驱动力来源及产品内分工所处的生产环节和工序。产业集群升级时，该产业的特征、企业数量、产品特点等综合因素是决定升级成功的关键，选择具有针对性的可操作方案：方案一，生产者驱动型的制造业价值链升级，这种类型的企业多数为小型的高科技企业，例如，电子、机械、光伏、通信等，这种类型的企业往往拥有一定的技术水平，产品技术复杂度也相对较高，但是品牌建设、研发设计一体化等方面明显不足，因此需要加大技术投入、品牌建设保护，由单一的生产环节向价值链更高的多环节一体化生产转变，提高出口国内正价值率，具体路径可按照：工艺升级→产品质量、功能升级→自主品牌建设、自主研发设计。方案二，购买者驱动型制造业价值链升级。中国传统制造业往往大多数是购买者驱动型，如家具、鞋帽、服装、玩具等行业，这类国际代工企业没有产品定价权及销售权利，往往由国际大厂商和品牌机构大规模采购，对外贸易依赖度很高。这类企业同样缺乏品牌建设意识、缺少核心技术、专利及销售渠道且大多数生产环节为劳动密集型。为此，这类企业升级的关键在于品牌建设、开拓销售渠道，通过代工吸收产品制造过程产生的技术外溢效应，可以和生产者驱动型企业加强联系，掌握产品制造环节的核心技术，具体升级路径可按照：接单代工 OEA→来料加工 OEM→生产制造的核心环节→销售市场拓展→争取国际定价权→创建和维护自有品牌。

首先，购买者驱动型价值链升级和生产者驱动型价值链升级不是单一和独立的关系。购买者驱动型价值链升级缺乏技术支撑，而生产者驱动型价值链也可以为前者服务。其次，两者都需要加强品牌建设，树立“中国品牌”对中国制造业价值链升级至关重要，能够提高中国参与全球价值链的治理能力。同时，需要拓展销售渠道和生产一体化的能力建设，销售渠道的拓展不仅是品牌维护建设的重要保障，同时可以化解中国制造业部分行业产能过剩问题，提高中国制造业出口附加值，符合供给侧结构性改革提出的“三去一补”原则。最后，关注全球价值链基础环节的建设，即适时进行工艺升级、产品功能升级。全球价值链治理权的争夺需要该国制造业技术水平处于全球领先地位，因此，产品功能、质量、性能方面均有较高的要求，也是品牌树立、建设、维护的基本面。为此，需要培养大量的技术型专有人才、从依靠传统资源投入向依靠科学技术人员转变，并且引进先进的生产设备。

一般文献容易将全球价值链分工参与度指标与全球价值链分工地位混淆。为此，通过文献梳理不仅了解全球价值链分工地位，也对上述两个概念进了区分。全球价值链分工地位指标，表明一国参与全球价值链分工后，究竟该国处于全球价值链上游还是下游（“微笑曲线”两端还是底部）？贸易收益状况是全球价值链分工后各国贸易收益的具体体现，一国处于全球价值链分工的有利地位，其贸易收益也会相应地增加。黄先海和周俊子（2011）、王岚和盛斌（2014）认为中国制造业往往处于全球价值链分工的最后一环，即简单的加工组装环节，贸易国内增加值较低，产品内贸易分工地位较低，往往处于“微笑曲线”的底部。因此，即使中国制造业通过参与全球价值链分工后出口技术复杂度提升，出口产品竞争力提升，但也要着重关注全球价值链治理问题，毕竟中国制造产业处于全球价值链低端，贸易收益不容乐观。中国制造产业对外依赖度较强，因此，樊秀峰和程文先（2015）认为怎样通过参与全球价值链治理，在融入全球价值链后提升中国制造业核心竞争力，使中国制造业价值链升级，改善不利的贸易分工地位是中国学者普遍关心的问题。

2.3 全球价值链分工下中间产品结构相关研究

2.3.1 发达国家出口中间产品结构特征

全球价值链分工使发达国家和发展中国家处于全球价值链生产链条的不同环节。因此，出口中间产品结构和相应获取的贸易利得也不同。本小节着重关注处于全球价值链上游的发达国家出口中间产品结构及特点。

黎峰（2016）认为新型国际贸易分工实际上是全球价值链产品内贸易分工的体现。跨国公司利用全球经营的特点，将产品价值链分解为若干不同环节，每个环节都充分利用最低成本来完成生产。因此出口中间产品结构变得越来越精细化。发达国家处于全球价值链价值链上游，出口中间产品主要包含了更多的技术要素价值，例如，个人电脑行业，发达国家出口中间产品主要集中于操作系统、CPU、内存等，所以实际上各国贸易收益与其出口中间产品结构特征有着密切联系。王址道等（2008）认为出口中间产品结构与出口国要素禀赋结构有关，发达国家在全球价值链分工地位不仅取决于资源禀赋优势，也同时取决于要素禀赋向现实资本、技术进行转化的能力。王明益等（2015）认为发达国家出口中间产品结构受到外商直接投资、技术进步的影响，这些影响通过改变“生产要素投入比例”发生作用。因此，发达国家出口中间产品结构与上述因素有关。安礼伟（2014）认为发达国家出口大国地位与出口中间产品有关，发达国家之所以能够占据全球价值链上游环节，是因为其出口中间产品结构偏向技术密集型环节，出口中间产品技术复杂度高，并对技术变迁等因素对出口中间产品结构的影响进行了实证分析。

一般来说，自然资源相对丰富的国家，经济发展增长的潜力都较好，有些国家和地区凭借资源禀赋优势，人均 GDP 较高，享有较高的社会福利。但是也有些国家和地区在资源禀赋不占优势的情况下，也被列入发达国家和地区。为什么资源禀赋差异较大的国家和地区，经济发展的结果却高度类似？显然有其他因素在影响一国经济发展。易先忠等（2014）认为以往发达国家出口地位都是以“国内市场经济制度完善”作为隐含前提。但是发达国家之间经济制度环境差异较大，有些发达国家甚至存在阻碍要素流动和寻租空间。因此，正是因为发达国家间上述差异，发达国家和地区出口中间产品结构差异主要表现为生产成本差异而非技术要素禀赋差异。苏庆义（2016）和库普曼等（Koopman et al.，2014）认为全球价值链分工使发达国家和发展中国家都融入全球性的生产网络中，出口中间产品结构问题不仅存在于发达国家和发展中国家之间，甚至在发达国家彼此之间也都存在大量的中间产品的进出口，反映一国出口中间产品结构的指标应当包含国内增加值率等相关因素。但是苏庆义也指出，国内增加值率虽然改进了传统中间产品结构度量指标，但是它并不完善，存在以下问题：一是发达国家中各国经济开放度不一样，因此，进出口中间产品结构差异也彼此不同；二是没有考虑出口中间产品的具体产品属性，因此，发达国家出口中间产品结构特征不仅取决于其参与全球价值链的程度，也取决于其他因素，例如，经济制度、法律法规、出口技术复杂度、寻租空间等。

总之，本书认为发达国家相对于发展中国家而言仍处于全球价值链上游环节。虽然发达国家出口中间产品结构差异较大，但是整体上来看，这并不影响其全球价值链分工地位及获取贸易利得的有利条件。

2.3.2 发展中国家出口中间产品结构特征

全球价值链分工下发展中国家出口中间产品结构特征是目前国内外学者

普遍关注的问题。第一类是以资源要素禀赋来研究发展中国家出口中间产品结构，即 H-O 理论及 HOV 理论来研究发展中国家出口中间产品中包含要素禀赋特征。例如，肖特和彼得（Schott & Peter，2010）利用了 SITC 分类编码来研究不同发展中国家如何根据当地要素禀赋特征来选择相应生产模式，从而出口不同要素密集度中间产品。我国学者王址道等（2008）认为从亚当·斯密“绝对优势理论”一直到俄林 H-O 理论都在强调一国要素禀赋的重要性。发展中国家参与全球价值链分工不可能摆脱自身要素禀赋结构来融入产品内分工生产网络。发展中国家（地区）出口中间产品结构不可避免受到一些外部条件制约，其出口中间产品特征大致是沿着“劳动密集型中间产品→资本密集型中间产品→技术知识密集型中间产品”轨迹来转化升级。

第二类是以外商直接投资及技术溢出来研究发展中国家出口中间产品结构。王明益等（2015）认为 H-O 及 HOV 理论是有缺陷的，因为该理论隐含前提是要素禀赋无法实现跨国跨区域流动，显然该理论与实际有较大差距。王明益等认为发展中国家出口中间产品结构是动态变化的，必须从理论层面系统阐述外商直接投资及技术进步对发展中国家融入全球价值链后出口中间产品结构差异变化，研究发现发展中国家（地区）融入全球价值链后，外商直接投资对东道国技术影响在不同阶段溢出效应是不同的，对我国而言，技术进步溢出效应比外商直接投资更有利于提升我国出口中间产品质量和种类。

第三类是以出口技术复杂度来研究新兴经济体在全球价值链中出口中间产品结构特征。安礼伟（2014）认为目前中国出口贸易正在转变，我国正在由出口贸易大国向出口贸易强国过渡。因此，出口中间产品包含的技术复杂度越高越有利于提升出口产品竞争力，越有利于我国制造业全球价值链升级。通过研究，安礼伟认为融入全球价值链后，我国出口贸易快速发展，但是从出口中间产品结构以及最终产成品来看，嵌入的国内要素都是偏向于相对低技术生产环节。另外，我国制造业在全球价值链中更多扮演者“被整合”的角色，因此，我国可以利用国际直接投资、品牌建设与保护来提升我国出口中间产品竞争力，提升国内出口技术复杂度高的中间产品比重。

第四类是以市场制度来研究发展中国家出口中间产品结构多元化问题。易先忠等（2014）认为发展中国家市场制度环境是市场机制正常运转的前提与保证。出口制造厂商出口中间产品结构多元化是以国内市场健康有序为基础，市场制度环境通过影响国内市场规模从而对出口中间产品结构产生进一步影响。通过研究，当发展中国家市场制度环境高于临界值时，国内市场规模扩张有利于本国制造业参与全球价值链分工，提升出口产品结构多元化，有利于发展中国家制造业全球价值链升级；反之，出口中间产品结构单一，更容易陷入“低端锁定”和“自我复制”的恶性循环中。

第五类是以发展中国家出口中间产品结构变迁来研究如何有效提升出口中间产品结构升级。刘奇凯（2013）认为目前国内制造业出口中间产品普遍存在附加值低、资源消耗严重。中国出口中间产品结构升级亟待优化，为此，可以从以下方面来优化发展中国家出口中间产品结构：一是加快制造业自主创新和自主创业项目，发展中国家由于承担往往是全球价值链下游生产环节，所以出口中间产品嵌入更多的是劳动密集型生产要素，自主创新和自主创业项目有助于本国智力要素价值提升和资本集聚。二是产业政策和产业结构调整。就我国而言，中共十九大报告关于经济提质增效以及“中国制造 2025”与供给侧结构性改革为我国制造业价值链升级提供了很好的政策支持，产业结构调整需要充分利用内外部环境，淘汰落后产能，使整体制造业由小变大、由弱变强，提升中国制造的内涵和外延。三是借助外商直接投资来优化出口中间产品结构，外商直接投资有助于制造企业向价值量更高的生产环节迈进，有助于出口中间产品结构优化升级。

2.4 制造业贸易附加值相关研究

全球价值链分工下，各国从事产品内生产的其中一环，生产环节的分散化允许各国充分利用自身要素禀赋优势，实现生产上的规模经济。各国在全球价值链分工下，贸易量增大并且多数以中间产品形式进出口，贸易收益的核算成了热点及难点问题。如果以传统贸易收益核算法，用进出口贸易总值来核算贸易收益，由于没有剔除上游生产环节的中间投入品，贸易收益可能被高估。因此，垂直专业化分工理论最先关注到这个问题并尝试进行改进。

2.4.1 垂直专业化程度

赫梅尔斯等（Hummels et al.，1999）首先提出 HIY 方法，该方法是用来衡量单位价值的出口产品中包含进口中间投入品价值量，这是首次利用垂直专业化测算法考虑了进口中间投入品价值。此外，还对垂直专业化进行了界定，所谓的垂直专业化是必须对出口产品中进口中间投入品价值进行了考虑。为此，需要强调以下两点：第一，垂直专业化形成的贸易是基于产品内贸易分工，因此，一国不可能包揽产品内生产的所有制造环节，垂直专业化程度就是要在核算出口产品价值中不能忽略进口中间投入品价值，即垂直专业化率（vertical specialization share，VSS）。第二，要形成垂直专业化生产必须包含两个或两个以上的国家，按照垂直专业化分工理论，一国的出口产品可能是另一国进口中间投入品。为了具体测算，提出公式（2－7）：

$$VSS_i = \frac{VS_i}{EX_i} \tag{2-7}$$

公式（2－7）中，VSS_i 表示第 i 个产业单位出口产品价值中进口中间投入品比重，即垂直专业化率；VS_i 表示第 i 个产业中出口产品价值中包含的进口中间投入品价值量；EX_i 表示 i 产业的总出口额。

用 IM_i 表示产业在生产制造出口产品过程中投入的进口中间投入品价值量，提出 VS_i 计算方法：

$$VS_i = \frac{IM_i}{Y_i} \times EX_i \tag{2-8}$$

公式（2－8）中，Y_i 表示产业 i 的总产出，那么进口中间投入品按照来源又可以分为：第一，i 产业生产过程中直接需要投入的进口中间投入品；第二，由其他产业 j 进口加工后再投入到 i 产业生产中，称为 i 产业的间接进口中间投入品，用公式（2－9）表示：

$$IM_i = IM_i^o + \sum_{j \neq i} C_{ji} \times \frac{IM_j^o}{IM_j^o + Y_j} \tag{2-9}$$

公式（2－9）中，IM_i^o 表示 i 产业生产过程中直接投入的进口中间投入品价值量；C_{ji}表示 j 产业投入到 i 产业中总的中间投入品价值量；IM_j^o 表示 j 产业为了生产中间投入品而进口的投入品价值量，Y_j 表示 j 产业总产出中的国内价值量。结合上述公式，重新整理，提出垂直专业化程度（VSS_i）：

$$VSS_i = \frac{VS_i}{EX_i} = \frac{IM_i}{Y_i} = \frac{IM_i^o + \sum_{j \neq i} C_{ji} \times \frac{IM_j^o}{IM_j^o + Y_i}}{Y_i} \tag{2-10}$$

公式（2－10）提出的垂直专业化测算法，考虑了进口和出口两部分，运用了投入产出表的方法把一国进口的中间投入品作为 *VS* 部分，把该国出口产品看作是别国进口中间投入品 *VSI* 部分。HIY 方法改进了以贸易总值为统计口径的传统贸易收益核算法，但是 HIY 方法有以下缺陷：第一，HIY 方法要求一国国内消费的最终商品中包含进口中间投入品的比重与出口产品中包含的进口中间投入品比重大致相同，这一要求不符合现实贸易特点，例如，某国以加工贸易为主，其出口产品中包含的进口中间投入品比重是大于其国内最终消费品。第二，所有的进口中间投入品不含有国内生产要素价值，完全是由国外生产要素构成，这一要求基本上排除了国内增加值折返现象，即本国出口产品经国外生产加工后再重新回流到本国。因此这是非常强的假设条件，限制了其运用价值。

2.4.2 贸易附加值测算方法

对于 HIY 方法的不足，国际贸易领域内学者斯特勒等（Stehrer et al.，2012）、库普曼等（Koopman et al.，2012）、约翰逊和诺盖拉（Johnson & Noguera，2011）、王岚（2013）不断尝试新方法对其进行改进。为了进一步展示贸易附加值测算法的改进，本小节可能涉及较多的公式。

假设世界上有两个国家，每个国家都根据本国生产要素特点生产 N 种有差异的可贸易品。每个国家制造部门生产的产品既可以用作本国消费品，也可以作为他国生产所需进口中间投入品或者是最终产品，本节试图放宽 HIY 假设条件，增强改进后贸易附加值测算法的适用性：

$$\hat{V}BY=\begin{bmatrix}\hat{v}_1 & 0\\ 0 & \hat{v}_2\end{bmatrix}\begin{bmatrix}B_{11} & B_{12}\\ B_{21} & B_{22}\end{bmatrix}\begin{bmatrix}Y_{11} & Y_{12}\\ Y_{21} & Y_{22}\end{bmatrix} \tag{2-11}$$

公式（2－11）中，B_{sr}表示 r 国多消费 1 个单位产品所需要增加 s 国产品的进口量，它是里昂惕夫逆矩阵的各子阵。Y_{sr}表示 r 国对于 s 国产品的最终需求。$\hat{v}_s$ 是 $N\times N$ 阶方阵且为对角方阵，对角线上的元素表示各国生产的商品中本国要素价值增值所占的比重，也称为直接价值增值系数。$\hat{V}BY$ 矩阵中对角线上的元素是生产过程中本国要素价值增加，非对角线上的元素是生产过程中国外要素价值增值。

对公式（2-11）用出口收入 E_r^* 来代替最终产品需求 Y，得公式（2-12）：

$$VBE=\begin{bmatrix} v_1B_{11}E_1^* & v_1B_{12}E_2^* \\ v_2B_{21}E_1^* & v_2B_{22}E_2^* \end{bmatrix} \tag{2-12}$$

公式（2-12）中，对角线上的元素反映的是出口产品中国内要素价值增加值，非对角线上的元素是出口产品中国外要素价值增加值。

目前，我们需要解出四个矩阵 B_{sr}，通过研究发现在两国的假设条件下，HIY 方法只是改进后贸易附加值率测算法的一个特例，具体来看：

$$\begin{bmatrix} B_{11} & B_{12} \\ B_{21} & B_{22} \end{bmatrix}=\begin{bmatrix} (I-A_{11}-A_{12}(I-A_{22})^{-1}A_{21})^{-1} & B_{11}A_{12}(I-A_{22})^{-1} \\ (I-A_{22})^{-1}A_{21}B_{11} & (I-A_{22}-A_{21}(I-A_{11})^{-1}A_{12})^{-1} \end{bmatrix} \tag{2-13}$$

进一步将总出口进行分解：

$$DVA=\begin{bmatrix} V_1B_{11}E_1^* \\ V_2B_{22}E_2^* \end{bmatrix}=\begin{bmatrix} V_1(I-A_{11}-A_{12}(I-A_{22})^{-1}A_{21})^{-1}E_1^* \\ V_2(I-A_{22}-A_{21}(I-A_{11})^{-1}A_{12})^{-1}E_2^* \end{bmatrix} \tag{2-14}$$

$$FVA=\begin{bmatrix} V_2B_{21}E_1^* \\ V_1B_{12}E_2^* \end{bmatrix}=\begin{bmatrix} \mu(A_{21}-A_{12}(I-A_{22})^{-1}A_{21})(I-A_{11}-A_{12}(I-A_{22})^{-1}A_{21})^{-1}E_1^* \\ \mu(A_{12}-A_{21}(I-A_{11})^{-1}A_{12})(I-A_{22}-A_{21}(I-A_{11})^{-1}A_{12})^{-1}E_2^* \end{bmatrix} \tag{2-15}$$

而 HIY 方法测度的垂直专业化程度用矩阵表示为：

$$VSS=\begin{bmatrix} \mu A_{21}(I-A_{11})^{-1}E_1^* \\ \mu A_{12}(I-A_{22})^{-1}E_2^* \end{bmatrix} \tag{2-16}$$

公式（2-13）、公式（2-14）中 *DVA* 和 *FVA* 分别表示国内增加值和国外增加值。在公式（2-15）中当 $A_{12}=0$ 或 $A_{21}=0$ 时，公式（2-16）与公式（2-15）相同，因此 HIY 前提是只有一个国家出口中间投入品。正如约翰逊和诺盖拉（Johnson & Noguera，2011）所提出，HIY 方法的运用是极其严苛的，无法用来解释现实贸易问题，因为目前国家间贸易往往存在多国同时出口中间投入品的现象，也就不符合 HIY 的前提条件。通过对比上述公式发现 HIY 方法测度是有偏误的，偏差大小为 $A_{12}(I-A_{22})^{-1}A_{21}E_{21}$。改进后的贸易附加值测算法不仅纠正了上述的偏误问题，而且考虑到了国内增加值折返现象，这是 HIY 方法无法做到的，HIY 方法也考虑了间接国内增加值，即 *VSI*，但是 HIY 方法没有给出具体测算方法，在改进后贸易附加值率测算法中间接国内增加值可以用下式表示：

$$VSI = V_1 B_{12} E_{21} \tag{2-17}$$

HIY 方法主要是针对两国，其中一国出口中间产品，一国进口；但是，改进后的贸易附加值率测算法可以推广到三个或三个以上国家，以三国为例，为了弄清楚国内增加值来源，首先需要对中间投入品进行调整：

$$B_{11} = \{I - A_{11} - A_{12}[I - A_{22} - A_{23}(I - A_{33})^{-1}A_{32}]^{-1}[A_{21} + A_{23}(I - A_{33})^{-1}A_{31}] - A_{13}[I - A_{33} - A_{32}(I - A_{22})^{-1}A_{23}]^{-1}[A_{31} + A_{32}(I - A_{22})^{-1}A_{21}]\}^{-1} \tag{2-18}$$

通过对公式（2－13）及公式（2－18）研究发现，公式（2－18）包含的调整部分更加复杂。例如，国家 1 的出口国内增加值可以分为以下来源：首先，国家 1 向国家 2 和国家 3 直接出口中间投入品所包含国家 1 的价值增加值，也称为直接国内增加值。其次，国家 2（或国家 3）进口国家 1 的中间投入品加工后出口到国家 3（或国家 2）所实现国家 1 的价值增加值，也称为间接国内增加值。最后，国家 2（或国家 3）也有可能将加工后的产品再重新出口到国家 1，从而实现国家 1 的价值增值，也称为国内增加值折返。结合公式（2－18）来看，$A_{23}(I - A_{33})^{-1}A_{31}$ 反映的是国家 2 向国家 3 出口中间投入品，经国家 3 生产加工后再出口到国家 1；$A_{23}(I - A_{33})^{-1}A_{32}$ 反映的是国家 2 向国家 3 出口中间投入品经国家 3 生产加工后再出口回流到国家 2。

三国情形下的 VBE 矩阵如公式（2－19）所示：

$$VBE = \begin{bmatrix} V_1 B_{11} E_1^* & V_1 B_{12} E_2^* & V_1 B_{13} E_3^* \\ V_2 B_{21} E_1^* & V_2 B_{22} E_2^* & V_2 B_{23} E_3^* \\ V_3 B_{31} E_1^* & V_3 B_{32} E_2^* & V_3 B_{33} E_3^* \end{bmatrix} \tag{2-19}$$

通过公式（2－19）研究，本书可以推导出多重含义，例如：当每一列非对角线上元素加总后得：

$$FVA_r = \sum_{s \neq r} V_s B_{sr} E_r^* \tag{2-20}$$

公式（2－20）表示一国出口产品中包含国外要素实现的价值增值，也就是国外增加值，当对每一行非对角线上的元素加总后，得：

$$IVA_r = \sum_{r \neq s} V_r B_{rs} E_s^* \tag{2-21}$$

公式（2－21）表示一国出口产品中经第二个国家加工后再出口到第三个国家从而实现价值的增加值，也就是间接国内增加值，对角线元素为：

$$DVA_r = V_r B_{rr} E_r^* \tag{2-22}$$

公式（2－22）反映的是一国出口国内增加值。

$$E_r^* = DVA_r + FVA_r \tag{2-23}$$

公式（2－23）说明在行业及国家层面上总出口额是由国内增加值和国外增加值两部分组成。

有了改进后的方法但是如果没有相应的数据来辅助研究就会使改进后的贸易附加值率测算法失去意义。为此，学界普遍采用国际投入产出表，该表可以分析全球价值链分工下各国生产中间产品所产生的价值增加。国际投入产出表有以下的特点：第一，不仅可以反映出国家与国家之间贸易交换关系，而且反映出一国内部不同行业间中间产品的交换和使用情况；第二，直接给出各国不同行业在生产交换过程中产生的国内增加值；第三，提供各国相关制造业产出数据。因此，国际投入产出表不仅对国内增加值来源进行了区分，而且还可以辨识出某种产品是作为中间投入品还是最终产成品来使用。

国际投入产出表之所以能够提供如此丰富的信息量是由于其有渐进的发展历史过程，绝非一蹴而就。最早开始研究国际投入产出方面的机构是日本发展经济学研究所（Institute of Development Economies，IDE），它们构建了亚洲地区的国际投入产出表（Asian International Input-Output，AIO），由于该表数据局限于亚洲地区，限制了其运用价值。经济合作与发展组织（OECD）克服了 AIO 表的局限性，整合出发达国家地区投入产出表数据库（Harmonized Input-Output Database），之后为了使数据更加丰富，普渡大学投资建立了 GTAP 数据库。

上述数据库构成了目前国际贸易领域内投入产出分析法的主要数据源。库普曼等（Koopman et al.，2012）运用了世界投入产出表将一国出口分为国内增加值和国外增加值，国内增加值又可以分为直接国内增加值、间接国内增加值及国内增加值折返三部分。约翰逊和诺盖拉（Johnson & Noguera，2011）利用了 OECD 整合投入产出表数据库（Inter Country Input-Output，ICIO）计算出口中国内要素价值增值部分（*VAX*）占出口总收入（*EX*）的比重，并将该指标按国家进行分类分析，指出每个国家该值主要是由哪些要素构成以及内在变化机制。约翰逊和诺盖拉在此基础上继续深入研究并将国内增加值按时间序列进行分解，旨在分析出某国、贸易伙伴国及世界三个维度上的 *VAX/EX* 的变化。

为了更加深入和全面地分析出国家间投入产出数据，以适应国际贸易领域内不断涌现新的统计方法对数据的要求，世界投入产出数据库（World Input-Output Database，WIOD）在 2012 年 5 月份孕育而生，该数据库吸收上述传统数据来源并结合双边贸易数据按时间序列形成国家间的投入产出数据，这为国际贸易领域内贸易附加值研究提供了可靠丰富的数据来源，该数据库有 5 个子数据库构成，但是贸易附加值研究运用最多的是世界投入产出表（World Input-Output Tables，WIOTs），该表以连续的时间形式给出了 41 个国家（地区）35 个部门（行业）数据。

投入产出模型分为两大类：一类是基于竞争型投入产出表；二类是基于非竞争型投入产出表。这两类的区别在于，第一类竞争型投入产出表没有对中间投入品来源进行区分，即哪些中间投入品是国内生产的、哪些是进口的。因此，基于上述原因，竞争型投入产出表估算出的国内增加值率可能由于没有区分中间投入品来源而使得精确度降低，但是库普曼等（Koopman et al.，2008）及刘等（Lau et al.，2007）认为非竞争型投入产出表改进了上述缺陷，区分了中间投入品来源而使得精确度上升。下面介绍基于第二类非竞争型投入产出表来估算出口的国内增加值和国外增加值。变量说明如表 2－3 所示。

表 2－3　　　　基于非竞争型投入产出表的变量说明

变量名称	变量含义
D	国内最终需求与一般贸易出口需求
P	加工出口需求
M	进口需求
E	出口量
X	最终产出
Y	最终需求
V	增加值向量
A^{DD}	国内生产中间投入品用来满足国内最终需求及一般贸易需求的投入系数矩阵
A^{DP}	国内生产中间投入品用来满足加工贸易需求的投入系数矩阵
A^{MD}	进口中间投入品用来满足国内最终需求及一般贸易出口需求的投入系数矩阵

续表

变量名称	变量含义
A^{MP}	进口中间投入品用于加工贸易出口需求的投入系数矩阵
Y^{D}	最终产出用来满足国内最终需求与一般贸易出口需求
Y^{M}	进口产品用来满足国内最终需求与一般贸易出口需求
E^{P}	加工贸易出口量
V^{P}	加工贸易行业国内增加值向量
V^{D}	国内最终需求与一般贸易行业的国内增加值向量

加工贸易厂商的投入产出模型如下：

$$\begin{bmatrix} I - A^{DD} & -A^{DP} \\ 0 & I \end{bmatrix}\begin{bmatrix} X - E^{P} \\ E^{P} \end{bmatrix} = \begin{bmatrix} Y^{D} - E^{P} \\ E^{P} \end{bmatrix} \tag{2-24}$$

$$A^{MD}(X - E^{P}) + A^{MP}E^{P} + Y^{M} = M \tag{2-25}$$

$$\mu A^{DD} + \mu A^{MD} + A_{v}^{D} = \mu \tag{2-26}$$

$$\mu A^{DP} + \mu A^{MP} + A_{v}^{P} = \mu \tag{2-27}$$

公式（2－24）及公式（2－25）用以满足市场出清条件，公式（2－25）中的 $A^{MP}E^{P}$ 反映了加工贸易出口产品中包含的进口中间投入品，这点是竞争型投入产出表分析法所没有的。公式（2－26）与公式（2－27）是 D、P 两个部门生产的约束条件。通过求解上述方程组，得：

$$M - Y^{M} = A^{MD}(I - A^{DD})^{-1}(Y^{D} - E^{P}) + A^{MD}(I - A^{DD})^{-1}A^{DP}E^{P} + A^{MP}E^{P} \tag{2-28}$$

公式（2－28）等号的右边第一项表示为了满足国内最终需求与一般贸易出口而进口的中间投入品，第二项表示为了加工贸易出口而间接进口的中间投入品，第三项表示为了加工贸易出口而直接进口中间投入品。因此，D、P 两个部门的国外增加值如公式（2－29）所示：

$$\begin{vmatrix} VSS^{D} \\ VSS^{P} \end{vmatrix}^{T} = \begin{vmatrix} \mu A^{MD}(I - A^{DD})^{-1} \\ \mu A^{MD}(I - A^{DD})^{-1}A^{DP} + \mu A^{MP} \end{vmatrix}^{T} \tag{2-29}$$

如果采用加权系数来表示 D、P 两个部门的国外增加值，那么：

$$\overline{VSS} = (\mu - s^{P},\ s^{P})\begin{vmatrix} VSS^{D} \\ VSS^{P} \end{vmatrix} \tag{2-30}$$

其中，一般贸易出口的比重为 s^{P}，加工贸易出口的比重为 $\mu - s^{P}$，那么一国总出口国外增加值率为：

$$TVSS=\mu A^{MD}(I-A^{DD})^{-1}\frac{E-E^{P}}{E}+\mu[A^{MD}(I-A^{DD})^{-1}A^{DP}+A^{MP}]\frac{E^{P}}{E} \tag{2-31}$$

同理，D、P 两部门的国内增加值：

$$\begin{vmatrix} DVS^{D} \\ DVS^{P} \end{vmatrix}^{T}=\begin{vmatrix} A_{v}^{D}(I-A^{DD})^{-1} \\ A_{v}^{D}(I-A^{DD})^{-1}A^{DP}+A_{v}^{P} \end{vmatrix} \tag{2-32}$$

一国总出口的国内增加值为：

$$\overline{DVS}=(\mu-s^{P},\ s^{P})\begin{vmatrix} DVS^{D} \\ DVS^{P} \end{vmatrix} \tag{2-33}$$

一国总出口中国内增加值率为：

$$TDVS=A_{v}^{D}(I-A^{DD})^{-1}\frac{E-E^{P}}{te}+[A_{v}^{D}(I-A^{DD})^{-1}A^{DP}+A_{v}^{P}]\frac{E^{P}}{te} \tag{2-34}$$

2.5 本章小结

本章开始部分介绍了国际贸易分工演化的历史过程：从产业间分工理论到产业内分工理论再到产品内贸易分工，而此轮全球价值链分工便是以产品内贸易分工为特征，深入挖掘国际贸易分工理论有助于深刻理解此轮全球价值链分工的特点，进而为本书后续研究铺垫文献理论基础。通过文献梳理，首先，贸易附加值率相关指标体现了全球价值链分工地位。其次，国际贸易领域专家对各国制造业参与全球价值链分工贸易收益核算法进行了广泛研究，但是鲜有研究者对微观企业贸易附加值率测算进行研究，尤其是由微观企业向行业及国家整体贸易附加值率进行测算推演时，如何克服企业生产效率异质性等相关问题的研究更为鲜见，为此本书第 4 章重点论述该问题。再其次，现有国内文献研究中对“国外增加值”指标的研究明显不足，而这个指标可以很好地反映一国制造业参与全球价值链的程度以及各国投入的生产要素类型差异。最后，发达国家和发展中国家制造业参与全球价值链分工后，出口中间产品结构差异较大，鲜有文献依据中间产品结构视角来分析其对制造业价值链升级的影响。制造业价值链升级要求中国制造业从劳动密集型环节转向技术密集型环节，从低附加值领域转向高附加值领域转变。于瑞夏

(2016)、孙治宇（2013）及祝合良和石娜娜（2017）通过制造业价值链升级，中国制造业可以很好地利用全球价值链的外部优势来补短板，同时可以向下游产业输出优质产品，扩大海外资产规模，化解资本高杠杆的困局。为此，本书后续章节中将关注中国制造业价值链升级方案。

| 第3章 |

中间产品结构、贸易附加值与制造业价值链升级

本章主要研究三个主要问题：问题1，中间产品结构差异是如何影响一个国家（地区）贸易收益；问题2，中间产品结构与全球价值链定位关系是怎样的；问题3，制造业价值链升级与中间产品结构和贸易附加值的内在逻辑关系是怎样的。

3.1 中间产品结构与贸易附加值

贸易附加值是贸易收益核算的主要研究指标，库普曼等（Koopman et al.，2010，2012）利用贸易附加值构建了一国（地区）参与全球价值链分工所处的分工地位指标（*GVC_Position*）并分析了处于全球价值链分工不同环节的国家所能获取贸易收益的差异。黎峰（2015）从贸易附加值视角研究各国中间产品结构差异。从目前相关文献研究来看，主要有以下两个研究范围：

第一类研究是从微观企业视角来研究企业贸

易利得的相关因素。张杰等（2013）发现外商直接投资、企业所有权异质性、出口目的地均是影响贸易附加值率的重要影响因素，外商直接投资流入以及关键配件的外资企业进入有助于加工贸易和一般贸易企业出口国内增加值率提升，同时该研究也对混合类型的企业进行了分析。郑丹青和于津平（2014）研究认为全要素生产率提高、品牌建设、政府补贴、税收优惠政策都会对加工贸易企业国内增加值提高产生促进作用。

第二类研究是从宏观视角来研究部门或国家贸易收益。库普曼等（Koopman et al.，2012）分析了国际贸易分工对一国贸易收益的影响，绮（Kee，2013）、唐和张（Tang & Zhang，2012）发现人民币汇率变化及外商直接投资对中国制造业整体出口产生显著影响。祝坤福等（2013）利用非竞争型投入产出表来研究影响各国出口国内增加值率的因素，研究发现以下因素会对其产生重要影响，分别为加工贸易出口额占总出口的比重、加工贸易出口与非加工贸易出口的比例关系、全要素生产率。黎峰（2014）认为要素禀赋理论仍然可以解释各国贸易收益差异，中国应该优化要素禀赋结构来进行全球价值链升级从而提升贸易收益，研究也发现贸易收益与要素禀赋结构呈现三次型关系。

本书从贸易附加值的角度来研究中间产品结构与贸易利得的关系，以上文献不同程度上涉及贸易结构与贸易收益关系，虽然文献研究中的方法有助于本书理论模型的构建，但是大多数文献仅利用了中国数据进行了实证检验缺乏理论支撑，同时中国市场价格扭曲程度也较为严重，降低了实证结果的可靠性，因此这类研究只能作为一般性的影响因素研究，本章则从贸易附加值来研究中间产品结构与贸易利得关系。一是将一国（地区）出口产品划分为基于比较收益的相对优势产品及相对劣势产品。二是在后续章节中建立中间产品贸易附加值优化度（MO）指数。三是通过理论与实证研究发现，全球价值链分工中各国贸易收益影响因素较多，但主要影响因素包括中间产品结构差异、一国在全球价值链中的参与度以及分工地位等。

3.1.1 中间产品结构与贸易附加值的理论分析

通过前文所述文献不难发现，全球价值链分工的驱动因素在理论上有多种解释，例如，利用生产要素禀赋差异理论来解释全球价值链分工动因，也可以从同一国家（地区）部门间生产率相对差异来论述全球价值链分工，但是上述文献都不同程度地忽略了全球价值链分工的特征，即产品内贸易分工，因此，如何从各国中间产品结构差异入手来分析全球价值链不同生产环节上各国贸易利得是研究全球价值链分工驱动力的新视角。

本书研究认为各国参与全球价值链分工所获取的贸易利得是由多种因素共同决定，例如：国内生产配套水平、全球价值链分工地位、东道国市场化水平、外国直接投资、出口目的地、出口企业类型等，但是将所有因素都纳入理论及实证分析中可能需要庞大的样本数据，制约了研究的可行性。因此，本书以全球价值链的基本特征，即产品内贸易分工为基础研究各国中间产品差异。因此，一国出口中间产品质量和类型是决定一国参与全球价值链分工所获取贸易收益的重要原因。进一步假定，某国（地区）出口部门（行业）为 t，以贸易附加值为视角，其出口中间产品结构大致分为两类：

第一类是相对于出口国而言，利用本国比较优势生产国内增加值更高的中间产品，称为比较优势产品，这类国家往往处于全球价值链的上游，通过产品内贸易分工向下游国家提供高附加值的中间产品，记为 EX_1，因此相对的贸易利得也较高。

第二类是相对于进口国而言，由于对某道生产环节缺乏技术优势或要素优势时，通过进口中间投入品经加工组装后向他国出口，因此对于进口国而言创造的国内增加值率较低，称为比较劣势产品，记为 EX_2。

本书进一步约定，两类出口中间产品获取的国内增加值分别记为 DVA_1 和 DVA_2，一国即是某类比较优势中间产品的出口国又是某类比较劣势中间产品的进口国，具体来看：

比较优势中间产品（第一类出口中间产品结构）获取的贸易利得为：

$$DVAR_1 = \frac{DVA_1}{EX_1} \tag{3-1}$$

比较劣势中间产品（第二类出口中间产品结构）获取的贸易利得为：

$$DVAR_2 = \frac{DVA_2}{EX_2} \tag{3-2}$$

由于比较优势中间产品生产国处于全球价值链上游，能够嵌入更多的国内要素价值。因此，相对于比较劣势中间产品而言，$DVA_1 > DVA_2$，出口比较优势中间产品比出口比较劣势中间产品能获取更多的国内增加值。当 $EX_1 = EX_2$ 时：

$$DVAR_1 > DVAR_2 \tag{3-3}$$

（1）结论1：某国出口比较优势中间产品比出口比较劣势中间产品能获取相对更多的贸易收益。

由于前文假定该国即是某类比较优势中间产品的出口国又是某类比较劣势中间产品的进口国，因此该国制造业部门获取的贸易收益为：

$$DVAR = \frac{DVA}{EX} = \frac{DVA_1 + DVA_2}{EX_1 + EX_2} \tag{3-4}$$

在公式（3－4）中，该行业出口产品国内增加值等于出口比较优势中间产品所获取的国内增加值与出口比较劣势中间产品获取的国内增加值之和；出口总收入也等于两类产品的出口收入总和，即：

$$DVA = DVA_1 + DVA_2 \tag{3-5}$$

$$EX = EX_1 + EX_2 \tag{3-6}$$

在本书后续章节中，将介绍 MO 指数的构建及测算。在这里笔者构建行业中间产品贸易附加值优化度指数，即：

$$MO = \frac{EX_1 - EX_2}{EX} = \frac{EX_1 - EX_2}{EX_1 + EX_2} \tag{3-7}$$

把公式（3－7）代入公式（3－4）中，得：

$$DVAR = \frac{DVA_1 + DVA_2}{EX_1 - EX_2} \times MO \tag{3-8}$$

把公式（3－1）和公式（3－2）分别代入公式（3－8）中，可得：

$$DVAR = \frac{DVAR_1 \times EX_1 + DVAR_2 \times EX_2}{EX_1 - EX_2} \times MO \tag{3-9}$$

把公式（3－9）进一步写成下式：

$$DVAR = \left(\frac{DVAR_1}{1 - EX_2/EX_1} + \frac{DVAR_2}{EX_1/EX_2 - 1}\right) \times MO \tag{3-10}$$

令 $\alpha = EX_1/EX_2$，α 表示该国（地区）两类产品的出口之比，因此：

$$DVAR = \left(\frac{\alpha DVAR_1}{\alpha - 1} + \frac{DVAR_2}{\alpha - 1}\right) \times MO \tag{3-11}$$

根据公式（3－11），可得：

（2）结论2：某国（地区）出口国内增加值率由以下主要因素构成，分别为出口比较优势中间产品（第一类出口中间产品结构）与出口比较劣势中间产品（第二类出口中间产品结构）的出口比重；比较优势中间产品与比较劣势中间产品的国内增加值率及中间产品贸易附加值优化度指数。

国内增加值率是反映一国制造业参与全球价值链分工所能获取的贸易利得，因此从结论 2 可以得出，中间产品结构差异是引起各国贸易收益差异的主要原因，前文可知各国贸易收益又是全球价值链分工地位的主要指标，因此，提高中国制造业在全球价值链的分工地位需从优化中间产品结构为抓手，提高出口中间产品国内要素价值量，尤其是嵌入的技术要素价值量。

另外，根据黎峰（2014）的研究，某国出口国内增加值（*DVA*）可以由以下三个部分构成，分别为直接出口国内增加值（*dva*）、间接出口国内增加值（*iva*）以及国内增加值折返（*rva*），由于国内增加值折返占出口国内增加值的比重较小，为了简化运算推导，假设不存在出口国内增加值折返现象，因此一国出口国内增加值由直接出口国内增加值和间接出口国内增加值两部分构成。即：

$$DVA = dva + iva \tag{3-12}$$

可得：

$$DVAR_1 = \frac{DVA_1}{EX_1} = \frac{dva_1}{EX_1} + \frac{iva_1}{EX_1} \tag{3-13}$$

因此，由公式（3 – 13）可知，比较优势中间产品国内增加值率（$DVAR_1$）有以下两个部分构成，分别为：直接出口国内增加值率（DVR_1），在公式（3 – 13）中$\frac{dva_1}{EX_1}$表示；间接出口国内增加值（IVR_1）表示比较优势的中间产品出口到另一国经加工后再出口到世界其他国家而实现本国要素增加值，在公式（3 – 13）中$\frac{iva_1}{EX_1}$表示。

根据库普曼等（Koopman et al.，2008）相关研究，出口总额等于国内增加值加上国外增加值，得：

$$EX_1 = DVA_1 + FVA_1 = dva_1 + iva_1 + FVA_1 \tag{3-14}$$

结合公式（3 – 13），可得：

$$DVAR_1 = \frac{DVA_1}{EX_1} = \frac{EX_1 - FVA_1}{EX_1} = 1 - \frac{FVA_1}{EX_1} = 1 - FVAR_1 \tag{3-15}$$

公式（3 – 15）中 $FVAR_1$ 表示出口比较优势中间产品中国外要素实现的增加值率，该部分增加值收益率是通过进口全球价值链上游的厂商的中间产品实现的，反映的是价值链上游国家通过出口中间产品实现的贸易收益，公式也表明中间产品出口国内增加值率与国外增加值率是反比关系，这个结论与库普曼等（Koopman et al. ，2008）观点基本一致。

结合第 2 章国内外相关文献综述以及库普曼等（Koopman et al. ，2010）提出的全球价值链分工地位指标或者学界所称的全球价值链定位指标（*GVC_Position*），可得：

$$GPO_{it} = \ln\left(1 + \frac{iva_{it}}{EX_{it}}\right) - \ln\left(1 + \frac{FVA_{it}}{EX_{it}}\right) \tag{3-16}$$

结合公式（3－13）及公式（3－15）可将公式（3－16）重新写成比较优势中间产品全球价值链定位指标，得：

$$GPO_1 = \ln\left(1 + \frac{iva_1}{EX_1}\right) - \ln\left(1 + \frac{FVA_1}{EX_1}\right) = \ln(1 + IVAR_1) - \ln(1 + FVAR_1) \tag{3-17}$$

在公式（3－17）中，GPO_1 表示比较优势中间产品全球价值链定位，$IVAR_1$ 为出口中间产品间接国内增加值率，$FVAR_1$ 表示比较优势中间产品出口国外增加值率，将公式（3－17）进行泰勒公式展开，可得：

$$\begin{aligned} GPO_1 &= \left(IVAR_1 - \frac{1}{2}IVAR_1^2\right) - \left(FVAR_1 - \frac{1}{2}FVAR_1^2\right) \\ &= (IVAR_1 - FVAR_1) - \frac{1}{2}(IVAR_1^2 - FVAR_1^2) \end{aligned} \tag{3-18}$$

把公式（3－18）进一步简化，得：

$$GPO_1 = (IVAR_1 - FVAR_1)\left[1 - \frac{1}{2}(IVAR_1 + FVAR_1)\right] \tag{3-19}$$

在公式（3－18）的运算过程中，本书用泰勒公式展开并取前两项，因此公式（3－18）只是全球价值链定位指标的估计值。另外，结合库普曼等（Koopman et al. ，2010）中介绍的一国（地区）全球价值链参与度，本书可将公式（3－19）进一步展开分析：

$$IVAR_1 + FVAR_1 = \frac{iva_1}{EX_1} + \frac{FVA_1}{EX_1} \tag{3-20}$$

根据库普曼（Koopman）的研究结论，可得：

$$GP_1 = \frac{iva_1}{EX_1} + \frac{FVA_1}{EX_1} \tag{3-21}$$

结合公式（3－20）和公式（3－21）可得公式（3－22）：

$$GP_1 = IVAR_1 + FVAR_1 \tag{3-22}$$

公式（3－21）中 GP_1 为一国（地区）全球价值链参与度，将公式（3－22）代入公式（3－19）中，运用公式（3－15），经相关运算推导可得：

$$\begin{aligned} GPO_1 &= (IVAR_1 - FVAR_1) \times \left(1 - \frac{1}{2}GP_1\right) \\ &= IVAR_1 - FVAR_1 - \frac{1}{2}GP_1(IVAR_1 - FVAR_1) \end{aligned} \tag{3-23}$$

公式（3－23）等号两边同时加上 1 并运用公式（3－15）的结论，可得：

$$DVAR_1 = \frac{GPO_1}{1 - \frac{1}{2}GP_1} + 1 - IVAR_1 \tag{3-24}$$

同理，比较劣势中间产品也可以经过类似的公式推导，可得：

$$DVAR_2 = \frac{GPO_2}{1 - \frac{1}{2}GP_2} + 1 - IVAR_2 \tag{3-25}$$

由公式（3－24）及公式（3－25）可得：

（3）结论 3：一国（地区）出口中间产品的贸易利得由三个主要因素构成，分别为：该国出口中间产品的全球价值链定位（分工地位）；该国出口中间产品的全球价值链参与度以及出口中间产品带来的间接国内增加值率。

把公式（3－24）及公式（3－25）代入到公式（3－11）可得：

$$\begin{aligned} DVAR &= \frac{MO}{\alpha - 1}(\alpha DVAR_1 + DVAR_2) \\ &= \frac{MO}{\alpha - 1}\left(\frac{\alpha GPO_1}{1 - \frac{1}{2}GP_1} + \alpha - \alpha IVAR_1 + \frac{GPO_2}{1 - \frac{1}{2}GP_2} + 1 - IVAR_2\right) \\ &= \frac{MO}{\alpha - 1}\left(\frac{2\alpha GPO_1}{2 - GP_1} + \frac{2GPO_2}{2 - GP_2} + \alpha + 1 - \alpha IVAR_1 - IVAR_2\right) \end{aligned} \tag{3-26}$$

一国（地区）处于全球价值链分工中，出口贸易收益包含三个部分：第一个部分是中间产品贸易附加值优化度指数；第二部分是出口比较优势中间产品获取的贸易收益；第三部分为出口比较劣势中间产品获取的贸易收益。具体结合公式（3－26）来看，可得：

（4）结论 4：一国（地区）出口中间产品获取的贸易收益受以下因素影

响：反映行业中间产品结构差异的指数（MO）；出口中间产品类别差异的全球价值链定位指标（GPO_1 和 GPO_2）；出口中间产品的全球价值链参与度（GP_1 和 GP_2）及两类中间产品的间接国内增加值率（$IVAR_1$ 和 $IVAR_2$）。

3.1.2 中间产品结构与贸易附加值相关性分析

中间产品结构是影响一国贸易收益的主要原因，因此，本小节将重点关注影响一国贸易收益的因素并构建计量分析模型。本节运用到的数据主要来源于世界投入产出表数据库（World Input-Output Tables，WIOTs），该表截至目前涵盖了 1995 ~ 2011 年 41 个国家（地区）35 个产业部门的投入产出数据，其中 41 个国家（地区）分为几类：第一类是以欧盟为代表的 27 个国家；第二类是新兴国家，以“金砖国家”为代表，包括中国、印度、俄罗斯、巴西；第三类是日本、韩国、澳大利亚、印度尼西亚、土耳其和世界其他地区。35 个产业部门的划分依据是 ISIC Revision 3 的分类标准。

3.1.2.1 计量模型的设计

本节计量模型需要反映出第 3.1.1 节理论部分提出的结论，根据公式（3 - 26），计量方程设计如下：

$$\ln DVAR_{it} = \alpha_0 + \alpha_1 \ln MO_{it} + \alpha_2 \ln GPO_{it1} + \alpha_3 \ln GPO_{it2} + \alpha_4 \ln GP_{it1} + \alpha_5 \ln GP_{it2} + \alpha_6 \ln IVAR_{it1} + \alpha_7 \ln IVAR_{it2} + \varepsilon_{it} \quad (3-27)$$

其中，i 代表国家（地区），t 代表部门（行业）。各变量的含义如下：在公式（3 - 27）中，运用 WIOTs 中的 ISIC Revision 3 的分类标准，研究 16 个生产部门和 19 个服务部门数据来反映各国不同行业国内增加值率的影响因素。行业贸易收益（$DVAR_{it}$）以行业出口国内增加值率来反映，具体采用库普曼提出的 KWW 公式来计算。行业出口中间产品贸易附加值优化度指数（MO_{it}），指数计算是依据 $MO_{it} = (EX_{it1}/EX_{it}) - (EX_{it2}/EX_{it})$ 用以计算一国（地区）某部门（行业）出口中间产品的结构差异性，EX_{it1} 表示 i 国（地区）t 部门（行业）出口贸易中，出口比较优势中间产品的出口额，EX_{it} 表示 i 国（地区）t 部门（行业）的出口总额，EX_{it2} 表示 i 国（地区）t 部门（行业）出口贸易中，出口比较劣势中间产品的出口额。如果部门数据为负数的话，采用 $MO_{it} + 1$ 来代替计算。全球价值链定位指标（GPO_{it1}，GPO_{it2}），根据上一节理论部分可知，全球价值链定位指标是影响一国行业贸易收益的关键指标，将 GPO_{it1} 按照公式（3－17）来计算，GPO_{it2} 也可以类似按照公式（3－17）来计算，但是该指标反映的是比较劣势中间产品的全球价值链定位指标，全球价值链定位指标是反映全球价值链上下游的关键指标，也是体现全球价值链分工地位的重要指标，该指标值越大表明该产品生产阶段处于全球价值链的上游生产环节，即产品研发设计、售后服务、品牌建设和维护等环节，因此，出口的中间产品包含了更多的国内增加值，贸易收益也较高；反之，出口中间产品处于全球价值链的下游环节，即简单的加工组装环节，所以出口的中间产品有更低的国内增加值，贸易收益也相对较低。和出口中间产品贸易附加值优化度指数一样，该指标值也可能是负数，同样取该指标值加 1 来解决。全球价值链参与度（GP_{it1}，GP_{it2}）是影响一国（地区）部门（行业）贸易收益的关键指标，是反映一国（地区）某部门（行业）融入全球价值链的程度，是用本国生产的中间产品来取代进口中间投入品还是更多利用进口中间投入品来生产则是反映一国参与全球价值链的程度，其中比较优势中间产品的全球价值链参与度可以参照公式（3－21）来计算，比较劣势中间产品可以类似计算。因此，该指标值越大，表示一国（地区）某部门（行业）参与全球价值链的程度越高；反之，越低。中间产品的间接国内增加值率（$IVAR_{it1}$，$IVAR_{it2}$），通过公式（3－26）可以分析出两类中间产品的间接国内增加值率是影响一国出口贸易收益的关键变量，它的计算方法可以参照库普曼等（Koopman et al.，2012）提出的 KWW 法，也可以按照中国学者赵素萍等（2015）年提出的 GVC 分解模型来计算两类中间产品的间接国内增加值率，该指标值越大，本国出口贸易收益越低；反之越高。具体变量描述性分析结果如表 3－1 所示。

表 3－1　相关变量的描述性分析

变量名称	样本数	均值	标准差	最小值	最大值
$\ln DVAR_{it}$	533	4.07	0.38	1.24	4.31
$\ln MO_{it}$	533	－0.48	1.62	－6.32	0.78
$\ln GPO_{it1}$	533	0.13	0.23	－0.83	1.96

续表

变量名称	样本数	均值	标准差	最小值	最大值
$\ln GPO_{it2}$	533	-0.17	0.17	-0.88	1.27
$\ln GP_{it1}$	533	-0.09	0.58	-4.76	5.12
$\ln GP_{it2}$	533	-0.48	0.47	-1.77	3.31
$\ln IVAR_{it1}$	533	1.67	0.66	0.87	1.67
$\ln IVAR_{it2}$	533	1.83	0.43	0.93	1.82

3.1.2.2 实证结论及分析

可行的广义最小二乘法（FGLS）不仅能够对面板数据进行良好的处理，更关键的是能够克服相关的异方差现象，而普通最小二乘法（OLS）以及最大似然估计由于无法克服异方差使得经典的最小二乘回归无法运用。因此，本书采用可行的广义最小二乘法（FGLS）进行回归分析。首先，WIOTs 提供了 35 个产业部门且按照 ISIC Revision 3 的标准进一步分解为 16 个生产制造部门和 19 个服务部门。其次，本小节主要是利用 16 个生产制造部门的全行业样本数据，按照计量公式（3－27）进行实证检验，结果如表 3－2 所示。

表 3－2　全行业 DVAR 影响因素的估计结果

变量名称	模型 1	模型 2	模型 3	模型 4
$\ln MO_{it}$	0.8761*** (5.17)	0.1763*** (3.67)	0.0141* (1.71)	0.0132* (1.68)
$\ln GPO_{it1}$		0.1267*** (3.88)	0.6121*** (9.37)	0.4427*** (10.27)
$\ln GPO_{it2}$		1.6781*** (21.65)	0.7251*** (10.65)	0.5163*** (8.67)
$\ln GP_{it1}$			-0.1817*** (-10.11)	-0.1623*** (-8.77)
$\ln GP_{it2}$			-0.2765*** (-9.77)	-0.1977*** (-10.21)

续表

变量名称	模型 1	模型 2	模型 3	模型 4
$\ln IVAR_{it1}$				-0.1891*** (-10.21)
$\ln IVAR_{it2}$				-0.2765*** (-11.23)
R^2	0.0570	0.6012	0.6728	0.7741
Vif 均值	1.00	1.21	2.11	2.33
B-P 检验	通过	通过	通过	通过
样本数	513	513	513	513

注：括号内为相应的 t 值；***、**、* 分别表示 1%、5%、10% 显著性水平。

从表 3-2 的实证结果中可以得出，所有变量 t 值表明，相关变量均有良好的显著性水平，不存在多重共线性以及异方差。模型 1、模型 2、模型 3、模型 4 依次分别加入相关变量 $\ln MO_{it}$、$\ln GPO_{it1}$ 及 $\ln GPO_{it2}$、$\ln GP_{it1}$ 及 $\ln GP_{it2}$、$\ln IVAR_{it1}$ 及 $\ln IVAR_{it2}$ 的实证结果，可以得出如下结论：

第一，中间产品结构是影响行业贸易附加值的重要变量。从中间产品结构差异来看，出口中间产品中比较优势中间产品比重越高，中间产品贸易附加值优化度指数也就越高，从各模型的相关系数判断，行业贸易收益是与其正相关关系，那么提高行业贸易附加值需要优化中间产品结构，提高行业出口产品中比较优势中间产品的比重。

第二，模型 2 中加入了全球价值链定位指标（$\ln GP_{it1}$ 及 $\ln GP_{it2}$）后，模型的可决系数 R^2 相对于模型 1 有所提高，而从 t 值判断，该变量均显著，从表 3-2 模型 2 的实证结果可以看出，比较劣势中间产品的全球价值链定位指标比比较优势中间产品的全球价值链定位指标相关系数要大而且更显著，因此，提高比较劣势中间产品的全球价值链定位指标可以更加显著的改善行业贸易收益，而从全球价值链定位指标的整体来看，无论是比较优势中间产品还是比较劣势中间产品的全球价值链定位指标均能改善行业贸易收益，中间产品的全球价值链定位指标越有利，越能显著改善行业贸易收益。

第三，模型 3 在模型 2 的基础上加入了全球价值链参与度指标（$\ln GP_{it1}$ 及 $\ln GP_{it2}$），模型的可决系数 R^2 相对于模型 1 和模型 2 有所提高，而且从 t

值判断新加入的变量显著。从表 3－2 中模型 3 的实证结果可以看出，无论是比较优势中间产品的全球价值链参与度指标还是比较劣势中间产品的全球价值链参与度指标均恶化了行业贸易收益。全球价值链参与度越高，对外贸易依赖度越强，更容易受到价值链“低端锁定”的影响。因此，对于行业贸易附加值的改善不起作用，值得一提的是本书的实证结果隐含了如下含义：中国制造业不是像某些文献所述要积极融入全球价值链，而是要争夺全球价值链治理权，实施中国制造业价值链升级。

第四，模型 4 在模型 3 的基础上加入了中间产品出口间接国内增加值率，模型的可决系数 R^2 相对于模型 1、模型 2 和模型 3 有所提高，而且从 t 值判断，新加入的变量显著。从表 3－2 模型 4 的实证结果可以看出，无论是比较优势中间产品的间接国内增加值率还是比较劣势中间产品的间接国内增加值率均恶化了行业贸易收益。中间产品出口间接国内增加值率高，相应的出口中间产品的直接国内增加值率就越小，因此，行业的贸易收益就越低，反之行业贸易收益越高。因此，提高行业贸易收益需更多的关注出口中间产品的直接国内增加值率的提高。

从上述实证分析中，笔者认为全球价值链参与度指标，在生产过程中反映了进口中间产品的数量和质量，如果一国制造业更多地使用了上游国家制造的中间产品，那么该国制造业要么处于对外依赖度较强的生产环节，要么处于全球价值链的下游，能够嵌入的国内要素价值占产品出口价值的比重很低；反之，较高。因此，不仅要进行制造业价值链升级，更要将升级的焦点集中于国内配套生产上，用本国生产的中间投入品来取代进口中间投入品，可以大幅度提高行业贸易收益。

在表 3－3 中提供的行业中本节采用 8 个主要的生产制造部门来分别研究计量公式（3－27）中自变量与因变量的关系，从而揭示各行业贸易收益的影响因素及大小。

表 3－3　　世界投入产出表涉及的 35 个行业分类及相应编码

产业代码	产业名称	ISIC c2	产业代码	产业名称	ISIC c2
1	农、林、牧、渔	AtB	3	食品、饮料及烟草业	15t16
2	采矿业	C	4	纺织及服装业	17t18

续表

产业代码	产业名称	ISIC c2	产业代码	产业名称	ISIC c2
5	皮革、羽毛及鞋类制品	19	21	零售贸易（除机动车外）	52
6	木材及木制品加工	20	22	住宿餐饮	H
7	造纸、印刷及出版	21t22	23	内陆运输	60
8	石油及核燃料	23	24	水路运输	61
9	化工及化学品	24	25	航空运输	62
10	橡胶及塑料品	25	26	其他运输物流及旅游	63
11	非金属品	26	27	邮政通信	64
12	金属冶炼及压延加工	27t28	28	金融业	J
13	机械制造	29	29	房地产业	70
14	电气、电子及光学设备	30t33	30	租赁业	71t74
15	交通运输设备	34t35	31	公共服务和社会保障	L
16	其他制造业及资源再循环	36t37	32	教育	M
17	电力、燃气、水生产供应	E	33	卫生及福利业	N
18	建筑业	F	34	居民服务与其他服务	O
19	机动车	50	35	私人服务及家庭服务	P
20	燃油批发零售	51			

资料来源：根据世界投入产出表（WIOTs）整理得到。

表 3－4 的行业贸易收益的实证结果来看，中间产品贸易附加值优化度指数在电气、电子及光学设备行业表现出良好的显著性，比较劣势中间产品的全球价值链定位指标比比较优势中间产品全球价值链定位指标有更好的显著性，除电气、电子及光学行业外各行业的相关系数也比比较优势中间产品全球价值链定位指标的相关系数要大。全球价值链参与度指标反映的情况来看，比较劣势中间产品在各行业中显著性相对来说较高，相关系数的绝对值也相对较大。中间产品的出口间接国内增加值相关系数都为负数，除电气、电子及光学设备外，所有比较劣势中间产品出口间接国内增加值率显著性都相对较强。

表 3-4　　分行业贸易收益影响因素分析（一）

变量	金属冶炼压延加工	化工及化学品	石油及核燃料	电气、电子及光学设备
$\ln MO_{it}$	0.0182* (1.57)	0.0107*** (4.66)	0.0365* (1.45)	0.0816** (2.96)
$\ln GPO_{it1}$	0.1271 (1.27)	0.0481 (1.01)	0.4963** (2.01)	0.6921* (1.88)
$\ln GPO_{it2}$	1.3281*** (5.27)	0.6917*** (4.85)	0.7721* (1.88)	0.6731* (2.01)
$\ln GP_{it1}$	0.0231 (0.15)	0.0517* (1.88)	-0.6712** (-2.57)	-0.4531* (-1.66)
$\ln GP_{it2}$	-0.8321*** (-8.65)	-0.7288*** (-9.73)	-0.7681*** (-3.01)	-0.1991* (-1.66)
$\ln IVAR_{it1}$	-1.2113** (-2.01)	-0.6721*** (-5.31)	-0.8215*** (-6.21)	-1.1671*** (-13.11)
$\ln IVAR_{it2}$	-1.8211*** (-6.21)	-0.9133*** (-16.77)	-0.2155*** (-6.33)	-0.0025** (-2.91)
R^2	0.8216	0.8753	0.6621	0.8633
B-P 检验	通过	通过	通过	通过
样本数	51	40	27	39

注：括号内为相应的 t 值；***、**、* 分别表示 1%、5%、10% 显著性水平。

此外，比较劣势中间产品全球价值链参与度指标的相关系数相对较大，因此，集中国内要素资源进行配套生产，取代进口比较劣势中间产品，按照“木桶原理”，可以大幅度提高行业国内增加值率。

从表 3-5 的行业贸易收益的实证结果来看，中间产品贸易附加值优化度指数除皮革、羽毛及鞋类制品等行业显著性较差外，其余均显著。纺织及服装业比较优势中间产品的全球价值链定位指标无论在相关系数及显著性上都比比较劣势中间产品全球价值链定位指标小，类似的还有皮革、羽毛及鞋类制品行业。全球价值链参与度指标来看，比较劣势中间产品相关系数绝对值在纺织及服装业与皮革、羽毛及鞋类制品行业都比比较优势中间产品相关系数绝对值要大，而且也更显著。间接出口国内增加值在所有表 3-5 所列行业中均呈现负的相关关系，而且在皮革、羽毛及鞋类制品、造纸、印刷及出版以及纺织及服务业行业比较劣势中间产品的显著性都比比较优势中间产品的显著性要差。

表 3-5　　　　分行业贸易收益影响因素分析（二）

变量	食品饮料烟草	纺织及服装业	造纸、印刷及出版	皮革、羽毛及鞋类制品
$\ln MO_{it}$	0.0091 ** (2.67)	0.0165 *** (3.21)	0.0102 ** (2.31)	0.0216 * (1.87)
$\ln GPO_{it1}$	0.0769 * (1.97)	0.0682 (0.37)	0.4866 *** (4.71)	0.0387 * (1.67)
$\ln GPO_{it2}$	0.6891 *** (5.33)	0.4125 * (1.97)	0.2217 * (2.21)	0.3977 * (2.11)
$\ln GP_{it1}$	-0.0712 *** (-3.97)	-0.0573 (-0.33)	-0.2867 *** (-6.71)	-0.0221 *** (-2.97)
$\ln GP_{it2}$	-0.2761 *** (-7.41)	-0.4182 *** (-6.12)	-0.0763 * (-2.14)	-0.5173 *** (-9.01)
$\ln IVAR_{it1}$	-0.0866 *** (-3.88)	-0.1203 * (-2.14)	-0.0671 (-0.34)	-1.2165 *** (-2.97)
$\ln IVAR_{it2}$	-0.1273 *** (-4.96)	-0.0076 (-0.97)	-0.0551 (-0.28)	-0.0651 (-0.71)
R^2	0.7662	0.6931	0.8065	0.8112
B-P 检验	通过	通过	通过	通过
样本数	47	50	39	44

注：括号内为相应的 t 值；***、**、* 分别表示 1%、5%、10% 显著性水平。

3.1.2.3　实证结论及启示

从表 3-4 及表 3-5 的实证结果分析得出如下结论及启示：

（1）表 3-4 和表 3-5 中所列行业均表现出中间产品贸易附加值优化度指数与行业贸易收益正相关关系，特别是在电气、电子及光学设备行业中相关系数及显著性最大，说明电气、电子及光学设备行业中间产品结构优化对于提升行业贸易收益至关重要，因为该行业中国际化程度很高，嵌入的国外中间产品占产成品总价值的比重较高，如果能够在国内进行配套生产，用国内生产的中间投入品来取代进口中间投入品或者提高国内中间产品的质量及技术含量，便可以大幅度提高这类行业贸易收益。

（2）从全球价值链定位指标来分析，金属冶炼及压延加工行业受该指标的影响最大，金属冶炼及压延加工属于材料科学范畴，这类行业实际上是一国制造加工水平最基础的体现。例如，德国在金属加工及钢材料加工方面处于世界领先水平，如果能够更好地占据全球价值链定位的上游生产环节，便可以通过价值链的优势地位向下游国家出口这类行业生产的产品，从而提高其贸易收益。从实证结果来看，比较劣势中间产品的全球价值链定位指标的提高能更快地改善该类型行业的贸易附加值率，而从相关系数的大小来看，绝大多数行业比较劣势中间产品的全球价值链定位指标的相关系数是大于比较优势中间产品的全球价值链定位指标的相关系数。因此，提高行业贸易收益也要更多的关注比较劣势中间产品的全球价值链定位。

（3）从全球价值链参与度指标来分析，纺织及服装业与皮革、羽毛及鞋类制品行业全球价值链参与度很高，而且绝大多数行业，全球价值链参与度与行业贸易收益是负相关关系且较为显著。这主要是由于全球价值链参与度越高，对外贸易依赖度越强，越容易受到价值链“低端锁定”的影响。另外，全球价值链参与度越高，可能嵌入的国内要素价值比重也较低。因此，表3－4及表3－5中所涉及的绝大多数行业需要摆脱全球价值链“低端锁定”，实现全球价值链升级，降低对外贸易依赖度，改善本国国内消费市场。

（4）从间接出口国内增加值率的指标来分析，间接出口国内增加值越高说明直接出口国内增加值率越低，相应的行业贸易收益也就越低。所谓间接出口国内增加值率是指本国出口的中间产品经第三国加工后出口到世界其他国家而实现的本国国内价值增值。因此，第三国加工后，实际上增加了出口产品的总价值，由于本国嵌入的价值量相对稳定。因此，行业贸易收益率实际上是降低的。但是从各国实际发展经验来看，间接出口国内增加值率提高未必是一件坏事，在制造业价值链升级过程中，肯定要经历生产环节的跃升，而嵌入的国内要素价值量并不一定能迅速提高至和生产环节相适应的水平。因此，间接出口国内增加值率提高可能是一国制造业价值链升级需要付出的短期代价。

本小节理论部分研究了全球价值链分工下一国（地区）出口贸易附加值构成因素并进行了实证检验，但是有以下几个问题值得深思：第一，中间产品结构是影响贸易附加值率的重要因素，那么中间产品结构中各国嵌入的要素形态是怎样的，其价值量如何？第二，由于进口中间产品中包含了他国要素价值，如何测算本国贸易收益时将其剔除，方法是什么？第三，目前国内外文献在研究各国（地区）贸易收益时普遍采用世界投入产出表数据库（WIOTs），该表的特点是什么，如何结合相应的方法并利用相关数据，也就是世界投入产出表的运用问题，这也是下章关注的重点问题。第四，目前国内文献研究微观企业贸易附加值率时普遍采用了实证的方法进行研究，但是微观企业贸易附加值率测算方法是部门（行业）及国家宏观层面贸易附加值率测算法研究的基础环节，显然，微观企业的实证因素的影响研究是无法取代微观企业贸易附加值率测算法的研究。第五，在对微观企业层面贸易附加值率测算研究时，如何克服企业异质性因素对贸易附加值率测算的干扰。第六，如何由微观企业贸易附加值率向部门（行业）及国家贸易附加值率进行测算推演。因此，上述问题的解决和回答需要对贸易附加值率测算理论进行更加深入的研究分析。

3.2 中间产品结构与制造业价值链升级

一国制造业在全球价值链处于什么样的地位，从微观企业视角来看，即是参与全球价值链的制造企业拥有什么样的技术水平以及厂商与上下游企业的关联程度，同时，根据前文理论可知，进行制造业价值链升级有助于本国制造业进入到贸易规模更大的中间产品生产环节，这种规模经济甚至可以使本国生产效率较低的企业在短时期内具备一定的竞争优势。中间产品结构差异化增大有助于降低中间产品价格指数，增加微观制造企业的利润，增强微观企业进行全球价值链升级的动力。

但是有以下问题值得思考：一是一国在进行制造业价值链升级之前首先需要明确自身处于全球价值链分工地位问题，只有清晰分析出本国制造业在全球价值链的地位问题才能涉及后续的升级，所以全球价值链定位至关重要；二是哪些因素会影响到一国的全球价值链定位，换句话说，全球价值链定位由哪些因素决定。

3.2.1 中间产品结构与制造业价值链定位

制造业价值链定位问题是伴随着全球价值链产品内贸易分工所形成，跨国公司将产品生产的各个环节分散到世界不同的国家，产品生产环节的分散化充分利用了世界各国的要素禀赋优势，在很短的时期内便形成了大规模的中间产品贸易，通过上文理论模型知，中间产品贸易规模增大以及全球价值链关联度增强均有助于微观企业形成竞争优势，这种竞争优势使各个国家（地区）能够以最低的成本去完成产品生产，处于不同的产品内生产环节的国家便形成了不同的全球价值链定位。

目前，学界认为出口产品的单位价值是决定一国制造业价值链定位的重要因素，出口产品的单位价值高的国家处于全球价值链的有利地位，否则，处于不利地位。相关学者哈拉克和肖特（Hallak & Schott，2011）认为出口产品的单位价值在一定程度上反映了出口产品的质量差异，他们以此分析了发展中国家目前大多数处于全球价值链低端位置，然而出口产品单位价值很难客观衡量一国出口产品真实单位价值，在全球价值链主导的产品内分工，每个国家都从价值链上游的国家进口中间产品，如果不能合理剔除进口中间产品价值，无疑高估了本国出口产品的真实单位价值，这显然不符合全球价值链的基本特征。因此，仅以出口产品的单位价值或者出口产品技术复杂度来判断一国制造业的全球价值链定位问题没有实际意义。相关学者黄先海和杨高举（2010）认为一国在全球价值链中的分工地位应该从一国获取的真实贸易收益来反映，如果一国处于全球价值链的高端环节，但是贸易收益却不高，这有悖于产品内贸易分工特征，不符合理论逻辑。因此，应该由一国出口产品中获取的国内增加值来判断，张彬和桑百川（2013）认为一国（地区）制造业部门全球价值链定位是指该国（地区）制造业融入全球价值链主导的生产分工环节，是由该国制造业部门承担的分工角色来决定，从事不同的生产环节自然可以创造不同的国内增加值。借鉴公式（2-4），当 $GVC\_Position > 0$ 时，表示该国向世界其他国家提供了更多本国生产的中间产品，出口部门的国内增加值率越高，因此处于全球价值链的上游环节（高端环节）；反之，$GVC\_Position \leq 0$，表示该国更加倾向于依靠外国提供的进口中间产品，其出口产品中嵌入的国内要素价值量很低，因此，出口产品国内增加值率很低，该国处于全球价值链的下游环节（低端环节）。构建由出口产品国内增加值率指标来反映全球价值链定位因素，优点在于能够刻画出现实世界中贸易对经济增长的贡献程度，处于全球价值链上游环节的国家（地区）可以通过出口大量的中间产品来拉动本国经济增长。相反，胡小娟和陈彬彬（2015）、胡迟（2013，2016）等人认为处于全球价值链下游生产环节的国家（地区）则应更多从内源性发展模式来思考拉动本国经济，增加国内生产的中间产品种类，拉大中间产品结构上的差异，提升本国制造企业技术水平以及利润率。要鼓励本国企业积极融入全球价值链，形成企业间的供应链合作伙伴关系，加强企业间上下游关联度，形成“以我为主”的全球价值链升级模式。

全球价值链主导下的产品内贸易分工将产品生产工序分配到世界各国，处于全球价值链下游环节（低端环节），往往是生产的最后一个环节，即加工组装环节。如果该国出口增长率对进口中间投入品依赖度很大，基本上可以判断该国属于外源型贸易模式（或外部驱动型贸易增长模式），对外依赖度高；而出口国的出口更多地依赖产品设计、研发、品牌建设等环节且该环节出口占总出口的比重较大，基本可以判断该国属于内生型贸易模式（或内生驱动型贸易增长模式）。由于各国处于全球价值链不同的生产环节上，其出口中间产品形态上会有很大的不同，出口中间产品结构差异较大。处于全球价值链上游国家，其出口中间产品形态往往是技术专利、研发设计等产品；处于全球价值链中游国家，其出口中间产品形态往往是高附加值中间产品，如电脑 CPU、内存条、LED 屏幕等；处于全球价值链下游的国家，其出口产品形态更接近于最终产成品。因此，可以从一国出口中间产品结构上的差异来判断其处于全球价值链的分工地位问题。

下面将列举电子及光学设备行业的全球价值链定位，因为该行业是全球价值链分工程度最高的行业。从表 3 - 6 所示的情况来看，中国、印度、墨西哥都是处于全球价值链分工的低端环节，更多的是进口上游国家生产的中间产品来进行简单的加工组装，然后再向世界其他国家出口产品获取低贸易附加值，因此属于上文提及的外部驱动型贸易增长模式，出口产品对外依存度很高，通过大规模的出口来拉动本国制造业价值链升级的能力有限；而美国、日本等国处于全球价值链的上游环节，生产并出口附加值高的中间产品，这些中间产品所包含的技术价值量占最终产品的价格比重很高，通过跨国公司全球经营牢牢掌握了全球价值链的主导权，因而这些发达国家基本属于内生驱动型贸易增长模式，通过大规模的出口来获取巨大的贸易收益，牢牢将发展中国家锁定在全球价值链的低端环节。从出口中间产品结构差异上来看，发展中国家处于全球价值链的下游环节，因此，中间产品结构形态更偏向于最终产成品；而发达国家处于全球价值链上游，出口中间产品的结构形态要么是无形资产、要么是包含巨大技术价值量的中间产品。因此，作为广大的发展中国家而言，由于受“低端锁定”的影响，制造业价值链升级困难重重，但是笔者结合前文提出的理论模型认为，基于中间产品结构差异的制造业价值链升级研究首先需要关注的是企业的全要素生产率如何提高？在第6.1节中将重点研究。为此，不要惧怕“低端锁定”的影响，反而要积极融入全球价值链之中，增强上下游企业间关联度，重点扶持国内生产中间产品的厂商，增大中间产品种类数量。当中间产品结构差异增大时，中间产品价格下降，相当于投入生产的边际成本是不断降低的，企业利润会增加，这为国内中间产品价值链升级积蓄微观力量。

表3-6　　电子及光学设备行业全球价值链的分布特征及定位因素

国家	全球价值链定位	出口国内增加值（亿美元）	出口总额（亿美元）	单位产品出口国内增加值率
中国	-0.3655	2122.753	4880.8	0.435
美国	0.0671	1671.776	2047.4	0.816
日本	0.0823	1482.531	1604.2	0.924
韩国	-0.1071	621.766	1232.4	0.505
荷兰	-0.1265	76.114	218.5	0.348
德国	-0.1165	1057.491	1914.1	0.552
英国	-0.0721	307.662	551.8	0.558
法国	-0.1247	382.415	665.3	0.575
意大利	-0.0633	268.716	436.1	0.615
加拿大	-0.1653	141.563	239.3	0.592
墨西哥	-0.5621	145.216	690.8	0.210
印度	-0.3871	1271.633	3321.8	0.383

资料来源：WIOTs测算而得。

3.2.2 中间产品结构与制造业价值链升级相关性分析

制造业价值链升级是针对一国特定行业而言的，我国制造业价值链升级则需要明确我国制造业处于全球价值链分工环节，即全球价值链定位。只有明确全球价值链定位的影响因素才能有针对性地提出我国制造业价值链升级方案，而处于不同的全球价值链分工环节的国家，其出口中间产品结构差异较大，国内增加值差异也较大。库普曼等（Koopman et al.，2010）提出了以贸易附加值为视角来研究一国（地区）的全球价值链定位问题，而安特拉斯等（Antras et al.，2012）则率先提出了“上游度”和“下游度”的概念。通过研究发现发达国家更倾向于出口技术复杂度高的中间产品，因此，出口技术复杂度与上游度是密切相关的。

胡昭玲和宋佳（2013）认为出口价格实际上是国际贸易分工地位的体现，不过该研究指出由于全球价值链分工特征，可以采用出口价格变动率来分析国际贸易分工，研究得出规模经济、外商直接投资及良好的国内金融环境均有利于提高本国制造业全球价值链分工地位。黄先海和杨高举（2010）认为劳动生产率是国际分工地位的重要指标，并构建了加权的增加值－劳动生产率指数，通过该指数的研究，分析了中国制造业尤其是高新技术产业价值链快速升级应该归功于劳动生产率的大幅度提高。郭晶和赵越（2012）采用了国际数据对各国高技术产业进行了跨国实证检验，研究发现高技术产业中智力要素价值的集聚有助于一国贸易分工地位的提升，但是规模经济和研发投入在实证结果中并不显著。

3.2.2.1 理论分析

从以上文献分析中可以得出制造业价值链定位的影响因素较多，只有清楚定位一国在全球价值链中的分工地位，才能有效地分析贸易对经济增长的贡献，分析全球价值链的升级因素。在众多文献中，其中国内增加值指标可以用来分析一国贸易分工地位以及参与全球价值链获取的收益，是国际贸易分工地位的根本体现。一国之所以想要升级本国制造业在全球价值链分工地位，从福利经济学的角度则是提高参与贸易分工所赚取的收益。因此，国内增加值又可以进一步分解为资本收益和劳动力收益两大类，其中资本收益包含资本、技术以及土地等生产要素带来的租金收益。生产要素在一国制造业产品生产过程中投入的要素构成比例以及要素质量是出口产品国内增加值的重要组成部分。上文文献综述中也指出技术要素价值是国际贸易分工地位的重要决定因素。另外，中间产品结构差异也是一国贸易分工地位差异的主要原因，特别是进口中间产品的增加使得国外增加值进一步提高，假设不考虑国外增加值中技术溢出效应，那么价值链升级会受到一定程度的阻碍。因此，丁永健（2010）认为国内配套生产主要是指对进口中间投入品的替代，如果进口中间产品能够国产化生产，本国中间产品结构差异就会上升，中间产品的种类会增加，中间产品市场价格下降且质量上升，企业全要素生产率上升，所以国内的生产配套能力对本国制造业全球价值链升级至关重要，影响全球价值链定位。因此，本节出口部门的要素禀赋结构、国内生产配套能力及外商直接投资都是分析一国某行业全球价值链定位的重要因素。

3.2.2.2 实证设计

在实证设计中需要反映出上述的影响关系，以行业（部门）作为实证研究的范围，将 *GPO_Position* 作为被解释变量，解释变量选择要素禀赋结构、国内生产配套以及外商直接投资作为主要的解释变量。另外，设计规模经济指标作为控制变量，具体按照出口规模占比来反映规模经济的程度，设计如下计量模型：

$$\ln GPO\_Posotion_{it} = \alpha_0 + \alpha_1 \ln(K/L)_{it} + \alpha_2 \ln(L_H/L)_{it} + \alpha_3 \ln DS_{it} + \alpha_4 \ln FDI_{it} + \alpha_5 \ln EMS_{it} + \varepsilon_{it} \tag{3-28}$$

在实证方程（3－28）中，下标 i 代表某一国家，下标 t 代表该国的某一行业，各变量涉及的具体含义如下：

（1）被解释变量。

$GPO_Position_{it}$是反映一国某行业出口产品的全球价值链分工地位（即全球价值链定位），该指标值越大表示该国处于全球价值链上游环节（高端环节），出口贸易对拉动本国经济增长贡献较大，因此相应的出口国内增加值较高；否则表示该国处于全球价值链的下游环节（低端环节），该国制造业容易受到上游发达国家造成的“低端锁定”的影响，处于“微笑曲线”的底部，贸易附加值较低。由于实证方程取了自然对数，因此相应的被解释变量不能出现负数，在实际计算过程中，本小节按照公式取 $GVC\_Position+1$ 来消除负数的影响。

（2）解释变量。

要素禀赋结构，该变量是用来衡量产品生产过程中投入的生产要素使用状况，以实证方程（3－28）所示，(K/L) 是用来衡量生产过程中投入的资本－劳动比，如果该值越大，表明产品生产过程中更偏向于资本投入，属于资本密集型；如果该值越小，表明产品生产过程中更偏向于劳动投入，属于劳动密集型。(L_H/L) 表示劳动投入中智力要素投入的比重，如果该值越大，表明产品生产过程中更倾向于技术要素投入，属于技术密集型劳动投入；如果该值越小，表明产品生产过程更倾向于普通劳动投入，属于粗放型（简单）劳动投入。

国内生产配套水平（DS_{it}），该指标值可以反映本国中间产品市场化状况，如果该值越大，说明国内生产配套能力越强，对进口中间投入品的依赖程度越低，本国市场上中间产品结构差异就越大，中间产品的种类越多，中间产品市场价格普遍下降，厂商的边际成本下降，企业利润增加，企业出口国内增加值增加。反之，中间产品结构差异小，中间产品种类单一，对进口中间投入品的依赖程度很大。本小节以国内生产部门中间产品消耗过程中国内配套比重为变量，数据来源于 WIOD 数据库。

外国直接投资（FDI_{it}），该指标值是反映一国某行业外国资本流入情况。如果外商直接投资增加，根据张杰等（2013）的研究，出口国内增加值率是上升的，因此，有助于本国制造业价值链分工地位的提升。反之，该国某行业不受外资欢迎，企业出口国内增加值率不高，融入全球价值链的程度也较低，因此不利于该行业价值链升级。数据来源于中华人民共和国国家统计局网站。

控制变量：行业出口份额（EMS_{it}）是指某国某一行业总出口占全球总出口的比重，以此分析该行业出口规模上升是否有助于该行业全球价值链定位，数据来源于 WIOD 数据库。

本小节采用 FGLS 方法运用计量分析软件，对 WIOD 数据库中世界投入产出表（WIOTs）以及其他数据收集整理出 40 个国家（地区）14 个主要制造业部门的出口截面数据，本书选取 2007 年全行业的数据进行实证检验，因为 2008 年金融危机打击了全球制造业，因此 2008 年不能真实地反映客观现实。其次，2008 年以后，各国尤其是新兴经济体普遍采用了宽松的货币政策以及带有明显偏向性的产业扶持政策，所以相关数据也有失偏颇。

3.2.2.3　全行业实证结果及分析

具体实证结果如表3－7所示。从表3－7的实证结果可以看出，实证1首先是对要素禀赋结构进行回归分析，实证2、实证3和实证4是分别依次加入变量国内生产配套水平（DS_{it}）、外商直接投资（FDI_{it}）及行业出口份额（EMS_{it}）的估计结果，所有的变量显著性均良好，除了实证2、实证3及实证4中资本劳动比（K/L）不显著外。

表3－7　　　全球价值链定位的影响因素实证分析（全行业）

变量	实证1	实证2	实证3	实证4
$\ln(K/L)_{it}$	－0.0281*** （－4.76）	－0.0171 （－1.41）	－0.0025 （－0.87）	－0.0016 （－0.76）
$\ln(L_H/L)_{it}$	0.0691*** （3.17）	0.0312* （2.07）	0.0521* （1.87）	0.0631* （1.73）
$\ln DS_{it}$		0.2671*** （7.31）	0.5177*** （18.67）	0.6128*** （17.63）
$\ln FDI_{it}$			0.4132*** （8.61）	0.3871*** （7.67）
$\ln EMS_{it}$				－0.0671*** （－10.21）
C	－0.2871*** （－5.31）	－1.6211*** （－6.81）	－2.7181*** （－11.67）	－1.5761*** （－4.81）
R^2	0.0412	0.0761	0.5120	0.6731
Vif均值	1.18	1.21	1.65	1.41
B-P异方差检验	通过	通过	通过	通过
样本数	611	611	611	611

注：括号内为相应的t值；***、**、*分别表示1%、5%、10%显著性水平。

通过本小节的实证结果可以看出，要素禀赋结构中资本劳动比对行业价值链定位并没有显著的影响，行业大量资本投入可能并不能改善行业的全球价值链分工地位提升。因此，资本要素必须和其他要素结合起来才能发挥作用，如果某一制造行业集聚了大量的资本，但是由于其他原因的限制，这些资本可能无法提高行业出口产品竞争力反而会增加该行业的资金成本，不利于其制造业价值链升级。而要素禀赋结构中行业技术密集度（L_H/L_{it}）却对行业全球价值链定位影响显著，如果该行业技术密集度增加，那么全球价值链定位越有利；否则，越不利。通过对比分析说明要素禀赋结构中只有行业技术密集度对全球价值链分工地位产生重要影响，而技术密集度中高技术人员成为关键指标。因此，行业价值链升级的过程中要素禀赋结构需更多关注人力资本的作用，特别要发挥高技术人员的主观能动性，使之成为行业领域内的技术骨干，充分发挥智力要素价值。

国内生产配套水平（DS_{it}）与行业全球价值链正相关关系且显著性良好。在本书第 6 章开始部分，笔者介绍了中间产品结构模型，该模型的理论结果与本节实证结果基本一致，可以用作本节实证结果的稳健性检验。国内生产配套能力直接决定了一国对进口中间产品的替代，如果该国生产配套能力较强，那么国内中间产品结构差异就会增大，中间产品的种类和质量均有所增加，中间产品价格指数就会降低，企业边际成本下降，行业出口产品国内增加值率会上升，对全球价值链定位越有利；否则，越不利。因此，作为广大的发展中国家而言，努力提高其国内生产配套能力对争取全球价值链治理权至关重要，也是制造业价值链升级不可忽略的重要因素。

外商直接投资（FDI_{it}）与行业全球价值链定位正相关关系且显著性良好。外国直接投资增加，其被投资行业不仅会带来资本积累，更重要的是在于带来整个行业技术水平的提高，其生产产品将使整个行业中间产品结构差异增大，有助于企业中间产品质量增加，其技术溢出的正外部性会提高整个制造行业的技术装配水平，有助于制造业价值链升级。

控制变量行业出口份额（EMS_{it}）与全球价值链定位负相关，表明行业出口规模扩大并不能显著改善全球价值链定位，反而容易受到全球价值链“低端锁定”的影响，降低企业进行全球价值链升级的动力。因此，发展中国家应该将对外贸易关注的重点从“量”向“质”转变，改善对外贸易依存度，打破传统路径依赖。

3.2.2.4 分行业实证结果及分析

以上重点关注的是行业整体情况，那么将行业整体样本再进一步拆分为14个制造业部门的数据，再次利用类似的方法重新估计各行业情况，以反映行业（部门）间差异，笔者选取部门行业实证结果如表3－8和表3－9所示。

表3－8　　分行业全球价值链定位影响因素分析（分行业一）

变量	金属冶炼压延加工	化工及化学品	石油及核燃料	电气、电子及光学设备
$\ln(K/L)_{it}$	0.0175 (0.82)	−0.0027 (−0.66)	−0.0341 (−1.06)	0.2967 (1.55)
$\ln(L_H/L)_{it}$	0.0571* (1.86)	0.0913* (1.71)	0.1127 (1.33)	−0.0057 (−0.01)
$\ln DS_{it}$	0.4012*** (6.38)	0.3166** (2.45)	0.4514*** (6.71)	0.6711*** (7.23)
$\ln FDI_{it}$	0.2157*** (8.71)	0.3217*** (6.41)	0.2761 (1.05)	0.8967*** (10.65)
$\ln EMS_{it}$	−0.0661*** (−4.88)	−0.0672** (−2.89)	−0.1067*** (−3.89)	−0.0851*** (−6.77)
C	−1.5671*** (−6.41)	−1.4761*** (−3.01)	−2.7106*** (−7.78)	−2.8971*** (−9.61)
R^2	0.5163	0.4863	0.5861	0.6571
Vif均值	1.86	1.47	1.16	1.72
B-P异方差检验	通过	通过	通过	通过
样本数	56	56	48	56

注：括号内为相应的t值；***、**、*分别表示1%、5%、10%显著性水平。

表3－9　　分行业全球价值链定位影响因素分析（分行业二）

变量	食品饮料烟草	纺织及服装业	造纸、印刷及出版	皮革、羽毛及鞋类制品
$\ln(K/L)_{it}$	−0.0281 (−0.43)	0.0387* (2.07)	0.0027 (0.21)	0.0497** (2.37)
$\ln(L_H/L)_{it}$	0.0751* (1.89)	−0.0076 (−0.08)	0.0815** (2.32)	0.0587* (1.82)

续表

变量	食品饮料烟草	纺织及服装业	造纸、印刷及出版	皮革、羽毛及鞋类制品
$\ln DS_{it}$	0.9121 *** (6.07)	0.6344 *** (4.07)	0.6711 *** (7.21)	0.9163 *** (6.07)
$\ln FDI_{it}$	0.0021 ** (2.43)	0.0018 (1.05)	0.0037 ** (2.33)	0.0028 (0.86)
$\ln EMS_{it}$	-0.0571 ** (-2.66)	-0.0881 *** (-4.57)	-0.0488 *** (-6.67)	-0.1676 ** (-2.56)
C	-4.7766 *** (-6.67)	-3.6712 *** (-5.87)	-2.7611 *** (-8.44)	-4.0711 *** (-6.61)
R^2	0.3841	0.4123	0.7012	0.4271
Vif 均值	1.27	1.67	1.23	1.28
B-P 异方差检验	通过	通过	通过	通过
样本数	56	41	43	46

注：括号内为相应的 t 值；***、**、* 分别表示 1%、5%、10% 显著性水平。

从表 3-8 和表 3-9 选择了样本中 14 个制造行业中具有代表性的 8 个行业，从分行业的样本数据实证结果来看，这 8 个行业大部分解释变量显著性良好且不存在多重共线性及异方差现象，各解释变量的实证结果含义如下：

第一，分行业样本数据中要素禀赋结构变量显著性良好，除了石油及核燃料行业，要素禀赋结构升级有助于行业全球价值链定位。因此，从相关系数来看，要素禀赋结构中技术要素价值提升有助于金属冶炼压延加工业，化工及化学品业，食品饮料烟草业，造纸、印刷及出版，皮革、羽毛及鞋类制品行业的全球价值链分工地位提升。因此，这些行业要重点关注人力资本集聚，特别要优化智力要素价值与传统要素价值的比重，重视高端技术人才的引进与积累，但是纺织及服装行业例外，该行业属于劳动密集型行业且出口产品中技术要素价值比例很低，因此要素禀赋结构升级不仅不能改善其全球价值链定位，反而会增加该行业的人力资源成本，造成不必要的浪费。笔者建议针对纺织及服装行业要更加关注自身品牌的树立，知名服装品牌价值甚至能够高达产品价格的 20% 以上。在电气、电子及光学设备行业要素禀赋结构升级也不能改善其全球价值链定位，因为就发展中国家而言，该行业往往是由发达国家主导的跨国公司来完成电气、电子及光学设备行业产品生产，易受到价值链“低端锁定”的影响，由于发展中国家普遍从事该行业最后一道生产工序，即加工组装环节，所以就广大发展中国家从事的该生产环节而言属于劳动密集型环节，同样要素禀赋结构升级作用有限。

第二，国内生产配套能力提升对表3－8及表3－9中所示行业均能改善全球价值链定位，这和本章开始部分提出的理论模型结论基本一致。国内生产配套能力主要是针对行业进口中间产品而言，如果能够将进口中间产品国产化生产，那么本国中间产品市场中，中间产品结构差异化增加，中间产品价格指数下降，中间产品种类及质量均有所提升。因此，余娟娟和佘群芝（2014）认为使用这些国产化的中间产品行业其出口产品国内增加值率上升，有助于本国制造业全球价值链升级。从显著性水平来看，电气、电子及光学设备行业显著性最高，因为该行业是国际化水平较高的行业，再加之广大的发展中国家往往处于全球价值链的底部，因此进口中间产品的比例最高，如果本国制造行业能够取代从上游国家进口中间产品，那么国内生产配套能力对行业价值链升级影响作用最大。

第三，外商直接投资（FDI）对金属冶炼压延加工，化工及化学品，电气、电子及光学设备，食品饮料烟草，造纸、印刷及出版行业是显著的，对其他行业不显著。从相关系数及显著性来看，外商直接投资对电气、电子及光学设备行业影响最大。首先，该行业是融入全球价值链最深的行业，前面已经论述了该行业在发展中国家多属于劳动密集型环节，因此外商直接投资增加将改变该行业资本－劳动比。其次，追加的外商直接投资在一定程度上表明该行业可以获得一定程度上的资本投资收益。最后，外商直接投资增加可能会给发展中国家带来生产装配能力上的提高，有助于本行业全球价值链定位。而且从外商直接投资所引起的相关性来看，外商直接投资增加有利于各行业全球价值链定位的改善，尤其是大型的需要固定资产投资行业改善最为明显。对于石油及核燃料来说，外商直接投资一方面是不显著，另一方面是相关系数小。可能是由于该行业大多数属于大型国有企业，有的企业可能关乎国家战略的核心利益，任何一个国家都不会将重要关乎国家安全的行业进行全方位的开放，因此外商直接投资显著性及相关性很小是可以接受的。此外，纺织及服装行业以及鞋类生产行业也是不显著且相关系数很小。一是服装业鞋类行业多属于劳动密集型行业，中国该行业在全球服装行业具备一定程度上的比较优势，如果外商直接投资增加反而会增加一定程度上的资本成本，不符合行业基本特征。二是从事纺织及服装行业以及鞋类行业一定程度上来说多属于小型加工制造企业，所有权性质决定了该行业没有积极性去争取外商直接投资。三是大多数劳动密集型行业受到全球价值链“低端锁定”程度较为严重，发达国家跨国公司主观上是不愿意帮助发展中国家该行业进行价值链升级。

第四，行业出口规模与全球价值链定位均呈现负相关关系。在全球价值链上游国家，普遍出口价值量较高的专利权使用费、产品设计等，出口产品总量较小，但是单位产品出口价值很大；而处于全球价值链中游国家，出口产品往往是制造环节的核心零部件、关键半成品，出口数量适中；处于全球价值链下游的发展中国家，往往从事简单的加工组装环节，由于大量进口上游国家生产的中间产品，其出口总量也较大，表现为贸易总量上的“大进大出”。因此，全球价值链定位越高，其出口总量越低；反之，其出口总量越高。电气、电子及光学设备行业受到行业出口规模影响最大，因为该行业融入全球价值链程度很深，全球价值链定位受到行业出口规模影响最为显著。

综上所述，吴博文（2016）认为制造业价值链定位对发展中国家经济增长来源进行了一定程度上的解释，明确了国际贸易对拉动一国经济增长的贡献。特别是在供给侧结构性改革下，中国制造业如何实现“三去一补”，实现中国制造业价值链升级具有重要的理论及实践意义。制造业价值链定位就是指一国制造业在全球价值链的主导下产品内生产分工环节中处于的地位问题。制造业价值链升级旨在提升我国制造业在全球价值链中分工地位，提升出口贸易附加值。通过本节实证研究，得出要素禀赋结构、国内生产配套能力、外商直接投资以及行业出口规模都会对一国制造业全球价值链定位产生影响，利用分行业样本数据得出，制造业要素禀赋结构升级、国内生产配套能力提升以及外商直接投资流入对大多数行业全球价值链升级具有正面作用，但是行业出口规模增大却不利于一国制造业全球价值链升级。黄群慧和霍景东（2015）作为发展中国家而言，出口规模增大往往是更深地融入全球价值链低端环节，对外贸易依存度很高，产生路径依赖。行业出口规模增大也意味着产业模式的固化，由于在全球价值链的底部，为了更有效地承接上游生产环节，该国制造业可能投入了大量的专有型固定资产，生产模式的僵硬化进一步加强了“低端锁定”模式。因此，中国制造业对外出口贸易应该将关注焦点从“量”向“质”转变，全球价值链升级课题研究本身就含有提升出口产品竞争力的要求，凡是有利于该行业全球价值链定位因素的均是全球价值链升级需要关注的重点变量，中间产品结构差异化增大正是由于国内生产配套能力提升的结果，基于中间产品结构下的制造业价值链升级策略在本书第6章重点阐述。

3.3 贸易附加值与制造业价值链升级

前文主要是针对中间产品结构与贸易附加值和全球价值链定位关系进行介绍，包括运用理论分析和实证分析，但是中间产品结构本身仅仅是反映出问题的一个方面，解决发展中国家制造业被发达国家“低端锁定”只能依赖于提升该国制造业价值链分工地位，即制造业价值链升级。本节主要分为两个部分：一部分是贸易附加值与制造业价值链升级的理论研究；另一部分是贸易附加值与制造业价值链升级的路径研究。

3.3.1 贸易附加值与制造业价值链升级

前文介绍了全球价值链定位指标（*GVC_Position*），但是一国在全球价值链中的国际分工地位该怎样由贸易附加值、出口产品特点以及贸易品的竞争优势来反映，则是需要讨论的“新话题”。目前有两种主要方法来研究。

3.3.1.1 贸易附加值相关的显性竞争优势指数

第一种方法是通过构建相关公式来反映贸易产品的竞争优势，具体来看有以下指数和公式：

显性的竞争优势指数（*RCA*），该指数可以通过一国进出口中间产品（或出口产成品）来揭示该国制造业贸易专业化程度，具体为：

$$RCA_{i,j} = \frac{EX_i^j / EX_i^w}{\sum_i EX_i^j / \sum_i EX_i^w} \tag{3-29}$$

公式（3－29）中，i 表示出口产品（包含中间产品和最终产品），j 表示国家，w 代表整个世界，该公式可以这样理解，即国家 j 在出口产品 i 的显性竞争优势指数（RCA）可以由该国 i 产品占世界该类产品出口的比重与该国总出口的比重占世界总出口的比重的比值来反映。很显然，RCA 的取值范围为［0，+∞），当 $RCA>1$，表明该国在生产某类产品上具有相对的比较优势，RCA 指数越大，比较竞争优势就越大；当 $RCA<1$，表示国家在该类产品生产上不具有比较竞争优势。但是该指标有以下问题值得思考：第一，该指标值只能反映生产某类产品上的比较优势，无法全面揭示行业内所有产品的比较优势，没有办法反映整条产业链的竞争优势；第二，由于该指标将观察的焦点集中于出口产品，没有办法反映出为生产进口的中间产品价值，因此，RCA 指数很高很有可能是进口价值链上游国家生产的高价值中间产品，无法客观衡量本国产品实际的竞争优势。

为此，有学者提出净贸易指数（或者称为贸易竞争力指数及进出口指数），计算公式：

$$NET_{i,j}^{t}=\frac{EX_{i,j}^{t}-IM_{i,j}^{t}}{EX_{i,j}^{t}+IM_{i,j}^{t}} \tag{3-30}$$

公式（3-30）含义如下：j 国在时期 t 出口 i 产品的进出口指数等于同一时期 j 国出口 i 产品与其进口 i 产品之差占该国同时期 i 产品的进出口总额的比重。NET 的取值范围为［-1，1］之间，当指数取 1 的时候，表示该国只出口某类产品而不进口该类产品，该国生产该产品的比较优势非常强；当指数取 -1 的时候，表示该国在某类产品上只进口不出口，说明该国在这类产品生产上不具备比较优势；当指数取 0 的时候，表示该国在这类产品上经常项目平衡，不存在贸易顺差和贸易逆差。和显性的竞争优势指数（RCA）相比，该指标不仅考虑考虑了产品生产的比较优势问题，同时克服了显性的竞争优势指数没有考虑进口产品的情况，但是该指数仍然无法全面揭示行业内所有产品的比较优势，没有办法反映整条产业链的竞争优势。

3.3.1.2 贸易附加值相关的出口技术复杂度指数

第二种方法是通过研究出口产品的技术复杂度来研究一国制造业出口产品在全球价值链中竞争能力，出口产品技术复杂度越高，表明出口产品竞争能力就越强。因此，全球价值链分工下各国贸易竞争力提升可以由提升出口技术复杂度来实现，具体来看有以下指数和公式：

出口实际生产力（PY）：

$$PY_j = \sum_j \left(\frac{x_{ij}}{X_j} \times PRODY_i \right) \tag{3-31}$$

在公式（3－31）中，x_{ij}/X_j 表示 j 国第 i 种产品占 j 国总出口的比重。$PRODY_i$ 表示生产第 i 种产品世界平均生产率。

$$PRODY_i = \sum_j \left[\frac{x_{ij}/X_j}{\sum_j (x_{ij}/X_j)} \times Y_j \right] \tag{3-32}$$

在公式（3－32）中，Y_j 为 j 国的人均国内生产总值，$\sum_j (x_{ij}/X_j)$ 表示所有出口 i 产品的国家出口比率的累积值，将公式（3－32）代入到公式（3－31），可得：

$$PY_j = \sum_j \left\{ \frac{x_{ij}}{X_j} \times \sum_j \left[\frac{x_{ij}/X_j}{\sum_j (x_{ij}/X_j)} \times Y_j \right] \right\} \tag{3-33}$$

因此，出口生产力指数衡量的是一国出口产品的效率，如果该值越大，表明国家生产出口产品的生产效率就越高。因此，产品竞争能力就越强，比较优势就越明显；反之，该国出口产品效率不高，不具备相对比较优势。

也有学者通过研究出口差异度指数（export dissimilarity index，EDI）及出口结构相似度指数（export similar index，ESI）来研究发展中国家出口产品全球价值链竞争力（唐海燕和张会清，2009），具体公式如下：

出口差异度指数（EDI）：

$$EDI_i^j = 100 \times \sum_{i=1}^{N} \left| \frac{X_i^j}{\sum_{i=1}^{N} X_i^j} - \frac{GX_i^{ref}}{\sum_{i=1}^{N} GX_i^{ref}} \right| \tag{3-34}$$

公式（3－34）表明，X_i^j 是 j 国 i 产品的出口，GX_i^{ref} 是出口 i 产品发达国家的平均出口。EDI 指数越大，说明一国出口产品与发达国家出口产品结构越不相同，两者差异较大；当 $EDI=0$ 时，说明该国与发达国家出口产品结构完全相同，因此两者从产品结构上来说是没有差异的。由于公式（3－34）假设发达国家出口产品技术复杂度高，因此当该国与发达国家出口产品结构越接近时，出口技术复杂度越高，相应的产品增加值就越大，处于全球价值链分工的上游环节，全球价值链竞争力较高。

出口相似度指数（ESI）：

$$ESI_i^t = \sum_{i=1}^{N} \min\left(\frac{X_i^j}{\sum_{i=1}^{N} X_i^j}, \frac{GX_i^{ref}}{\sum_{i=1}^{N} GX_i^{ref}}\right) \tag{3-35}$$

公式（3－35）表明，出口相似度指数越高说明该国与发达国家出口产品结构越类似，出口产品的技术复杂度较高，处于全球价值链的高端环节。

一般来说，研究全球价值链升级动力源往往都是从微观产品结构入手，像上述公式都是以发达国家出口产品结构作为参照系，如果一国与发达国家出口结构相似，那么该国就处于全球价值链的上游；否则，处于全球价值的下游。我们也可以构筑更加宏观的国家出口产品技术结构指数（technological structure index of export，TSEI）来揭示一国全球价值链贸易附加值的变化情况，属动态研究价值链升级指标：

$$TSEI_{i,t} = \frac{\sum_{j=1}^{m} CTX_{i,t}^j}{\sum_{j=1}^{n} STX_{i,t}^j} \tag{3-36}$$

公式（3－36）中，$CTX_{i,t}^j$表示国家 i 在时期 t 出口产品中技术复杂度高的产品；$STX_{i,t}^j$表示国家 i 在时期 t 出口产品中技术复杂度低的产品。该式可以有以下几种情况出现：一是分子和分母同时增加，但是分子增加的速度比分母快，最终分式值增加，这说明该国出口产品中高技术产品比低技术产品出口比例要高，因此可以获得更高的出口贸易附加值，相应的处于全球价值链上游环节；二是分子增加、分母减小，最终分式值增加，这种情况说明该国将资源从低技术产品转移到高技术产品生产上，因此出口产品结构发生了变化，可以获取更高的出口贸易附加值，也处于全球价值链上游环节；三是分子增加、分母不变，最终分式值增加，这说明该国在传统优势不变的基础上对高新技术产业追加投资，出口产品结构中技术复杂度高的产品比例增加，因此该国处于全球价值链升级阶段。

有个问题值得思考，上述公式都是以技术复杂度高低来划分出口产品，但是全球价值链分工下如何识别出口产品的技术含量，也就是说如何判断出口产品技术高低，需要介绍的新的公式来加以研究。本节中将制造业出口产品划分为如下几类：第一类是依靠自然资源投入的出口制造业产品（*RB*）；第二类是依靠标准生产流水线制造的低技术产品（*LT*）；第三类是用技术密集型和规模经济生产的产品作为中间投入品来制造的出口产品（*MT*）；第四类是完全依靠技术研发投入生产的出口产品（HT），这类行业需要大量的资源进行技术研发，且产品更新速度很快。为此，构造下列公式：

$$TSEI_{i,t}=\frac{\sum_{j=1}^{m}MT_{i,t,ex}^{j}\Big/\left(\sum_{j=1}^{m}MT_{i,t,ex}^{j}+\sum_{j=1}^{m}MT_{i,t,im}^{j}\right)+\sum_{j=1}^{h}HT_{i,t,ex}^{j}\Big/\left(\sum_{j=1}^{h}HT_{i,t,ex}^{j}+\sum_{j=1}^{h}HT_{i,t,im}^{j}\right)}{\sum_{j=1}^{r}RB_{i,t,ex}^{j}\Big/\left(\sum_{j=1}^{r}RB_{i,t,ex}^{j}+\sum_{j=1}^{r}RB_{i,t,im}^{j}\right)+\sum_{j=1}^{l}LT_{i,t,ex}^{j}\Big/\left(\sum_{j=1}^{l}LT_{i,t,ex}^{j}+\sum_{j=1}^{l}LT_{i,t,im}^{j}\right)} \tag{3-37}$$

公式（3－37）中第三类出口产品（MT）的种类有 m，第四类出口产品（HT）的种类有 h，第三类制造的出口产品（MT）的种类有 r，第二类低技术产品（LT）的种类有 l。下标 i，t，ex，im 分别表示 i 国 t 期出口产品和进口产品，因此公式（3－37）从出口和进口两个方面考察了一国出口产品技术结构。

本节主要是介绍制造业价值链升级的理论研究，无论是从显性竞争优势指数还是从出口产品技术复杂度特征来看，制造业价值链升级都伴随着该国制造业全球价值链分工地位的提升，因此，制造业价值链升级的路径并非单一，而是取决于各国制造业在全球价值链中的地位以及该国所处的政治经济环境，没有统一的升级路径。出口产品技术复杂度提高必须结合该国在全球价值链中的分工地位，其进口的中间投入品的国外要素价值量是不能忽略的，我们所提的出口技术复杂度提升可能有两种形式：第一种形式是进口了更多高技术中间产品，因此本国出口技术复杂度提升；第二种形式是通过提高本国制造业技术水平，从而提高出口技术复杂度。模仿和吸收发达国家出口产品技术从而提升本国制造业技术水平，其实困难重重，这些复杂的生产技术以及研发能力受到各类知识产权法的保护，贸易壁垒的存在使得预先掌握技术的发达国家具有先发优势和在位优势，通过获取相应的经济租又进一步加强了其掌控前沿技术的能力，因此制造业价值链升级路径并非传统意义上简单的产品技术升级。

3.3.2 基于贸易附加值的制造业价值链升级逻辑

发展中国家制造业价值链升级不是瞬时间就能完成，它需要一段时间过渡来升级本国制造业产品功能、质量和性能，所涉及的生产技术需要一段时间的科研攻关。因此，张杰和刘志彪（2009）提出中国制造业价值链升级需更多的关注国内价值链的构建。从理论上来说，依靠本土市场需求构建的国内价值链是基于广大的国内市场，利用市场补偿机制提供企业进行制造业价值链升级所需的要素资源和技术储备，该市场补偿机制设计应遵循如下的有效循环：高端需求→高端产品→创新研发攻关→高端产品→高端需求。涂颖清（2010）、沈于和王宇（2015）认为随着国内消费者收入的提高对于国内高端产品形成需求，那么以市场需求加快企业进行研发投入，形成高端产品，建立属于自己的品牌，从而再次刺激消费需求的产生，在这个补偿机制的设计中同时也应该了解如下困难：首先，发展中国家的市场中存在的高端商品往往是发达国家生产的商品，品牌保护能力很强，消费者认同程度高，国内企业投入研发生产的高端产品能不能获得本国消费者认可，这是值得商榷的；其次，发达国家利用发展中国家高端产品市场上的“空档期”，加快市场宣传，侵蚀已有市场空间，进一步打压本土企业创新研发的能力；最后，依靠有效循环的本土价值链升级势必会影响跨国公司的利益。因此，发展中国家在构建本土国内价值链的初期往往会遭遇到狙击，通过不断变化的高端产品特征、特质使发展中国家本土企业陷入盲目的跟风阶段，无法打牢基础产业所需的研发投入，降低本国企业国内价值链的构建能力，使得本土企业全球价值链升级的“后劲不足”。

针对上述问题，戴夫等（Dhiaf et al.，2102）认为发展中国家制造业价值链升级往往遵循着“隐形冠军”和“底部升级”两种模式。

“隐形冠军”升级模式认为，发展中国家的制造企业无论是企业规模还是在技术研发优势及生产效率和发达国家相比都处于劣势阶段，发展中国家制造业价值链升级是应当以稳定的收入增长为前提，按照：收入增长→资本积累→研发创新投入→研发技术积累→专业能力、知识取得突破→某些专业领域国际领先→收入稳定增长。因此，收入稳定增长需要经历上述阶段才能实现良性循环。在起步阶段，发展中国家只能倚重于劳动力优势、环境优势、资源优势来融入发达国家主导的全球价值链分工体系中，通过生产环节的参与获取价值链收入。但是“隐形冠军”强调即使是简单的加工组装环节也可以通过专业化的生产形成一定生产环节的掌控能力，专业化程度越高，掌控该生产领域的能力就越强，从而获取相应的经济租，然后按照上述的收入循环机制，达到收入稳定增长从而为全球价值链升级积蓄资本及技术。因此，“隐形冠军”模式不排斥参与全球价值链低端生产环节，关键在于形成专业化能力。

"底部升级"前提条件是全球价值链产品内贸易分工，生产工序的分散化形成了对中间产品的需求，这与 D-S 模型中不同消费者需求结构相类似，因此，可以借用 D-S 模型分析"底部升级"模式。

为了简化，假设一件产品有两道生产工序协作完成产品生产，发展中国家生产中间产品（工序 1），发达国家负责加工组装成最终产品，然后出售（工序 2）。发达国家的企业称为主导企业，主要参与工序 2，那么主导厂商的总收益：

$$R=R(P_0,\ Q)=P_0\times Q \tag{3-38}$$

其中，P_0 为出售最终产品获取的市场价格，Q 为最终产品的产量。由于 D-S 模型假设消费者需求函数遵循不变替代弹性函数（CES），因此，本节假设产量 Q 有如下函数形式：

$$Q=(q_1^{\alpha}+q_2^{\alpha})^{\frac{1}{\alpha}} \tag{3-39}$$

公式（3-39）中 q_1 和 q_2 分别表示工序 1 生产的产品和工序 2 生产的产品。令 p_1 和 p_2 分别表示工序 1 和工序 2 生产的产品价格，主导厂商为生产产品最多愿意支出 C，那么主导厂商的最优化问题如下，可以通过建立拉格朗日函数来处理：

$$\begin{aligned} \max \quad & P_0\times(q_1^{\alpha}+q_2^{\alpha})^{\frac{1}{\alpha}} \\ \text{s.t.} \quad & p_1q_1+p_2q_2=C \end{aligned} \tag{3-40}$$

那么，通过求解可以得出最优配置条件：

$$\frac{q_1^{\alpha}}{p_1q_1}=\frac{q_2^{\alpha}}{p_2q_2}=\lambda \tag{3-41}$$

公式（3-41）中，λ 为拉格朗日乘数，进一步写成下式：

$$\frac{q_1^{\alpha}}{p_1q_1}=\frac{q_2^{\alpha}}{p_2q_2}=\frac{Q^{\alpha}}{PQ} \tag{3-42}$$

公式（3-42）中，P 表示为生产产品对两道生产工序的单位支付价格，有 $P=f(p_1,\ p_2)$。因此，主导厂商总支付 $PQ=\sum_i p_iq_i=C$，$i=1,\ 2$。

由公式（3-42）进一步可得：

$$(\alpha-1)\ln q_1-\ln p_1=(\alpha-1)\ln Q-\ln P \tag{3-43}$$

公式（3-43）对 $\ln p_1$ 两边同时求导，整理得：

$$\frac{\mathrm{dln}q_1}{\mathrm{dln}p_1}=\frac{1}{\alpha-1}\left(1-\frac{\mathrm{dln}P}{\mathrm{dln}p_1}\right)+\frac{\mathrm{dln}Q}{\mathrm{dln}P}\times\frac{\mathrm{dln}P}{\mathrm{dln}p_1} \tag{3-44}$$

令 $e_1=-\frac{\mathrm{dln}q_1}{\mathrm{dln}p_1}$，$e_1$ 表示主导厂商对发展中国家工序 1 生产的中间产品价格需求弹性；令 $e_P=\frac{\mathrm{dln}Q}{\mathrm{dln}P}$，$e_P$ 表示主导厂商对生产支付发生 1% 的变动时产量变化的百分比（$e_P>0$），将上述分别代入公式（3-44），得：

$$e_1=\frac{1}{1-\alpha}\left(1-\frac{\mathrm{dln}P}{\mathrm{dln}p_1}\right)-e_P\times\frac{\mathrm{dln}P}{\mathrm{dln}p_1} \tag{3-45}$$

因为 $PQ=\sum_i p_iq_i$ 可以推出 $\frac{\mathrm{dln}P}{\mathrm{dln}p_1}=\frac{p_1q_1}{PQ}=\pi$，其中 π 表示主导厂商给发展中国家承担的工序 1 进行的支付占总支付的比例。换句话说，这是发展中国家参与产品内贸易分工所获取的收入比例。公式（3-45）可进一步写成：

$$e_1=\frac{1}{1-\alpha}(1-\pi)-e_P\times\pi \tag{3-46}$$

对公式（3-46）中的 π 求导数，得：

$$\frac{\mathrm{d}e_1}{\mathrm{d}\pi}=-\frac{1}{1-\alpha}-e_P<0 \tag{3-47}$$

公式（3-47）中导数值为负数，说明 π 与 e_1 是反比例关系，这表明全球价值链的主导厂商对发展中国家参与工序 1 生产的中间产品的需求价格弹性与对其支付意愿成反比。进一步来说，也就是发达国家对发展中国家生产的中间产品需求价格弹性越小，那么对其参与全球价值链获取的贸易收益进行支付的意愿也就越高。“底部升级”的核心思想正是由公式（3-47）所反映，发展中国家制造业价值链升级不是简单地加快创新和技术积累就可以完成的，而是要增加参与全球价值链生产环节中的贸易附加值，为此，任金玲（2014）认为必须提升本国制造业在该领域的产品生产优势，增强生产的中间产品结构的差异化程度，获取该环节一定的垄断势力，这就会提升本国制造业在全球价值链中的话语权，做到“人无我有，人有我优，人优我精”，扩大生产领域的标准化，增加市场进入壁垒。

3.4 中间产品结构、贸易附加值与制造业价值链升级的一般分析框架

全球价值链分工下，发展中国家和发达国家分别承担着“产品内生产分工”的不同环节，国家间贸易由原先的产成品贸易转化为中间产品贸易，出口中间产品结构差异反映了各国在全球价值链中承担的角色以及获取相应贸易利得能力。制造业价值链升级需从中间产品层面分析一国制造业参与全球价值链的程度以及如何从全球价值链“低端环节”向全球价值链“高端环节”攀升，即制造业价值链升级问题。从目前相关文献来看，大多数从以下几方面切入：一是从资源要素禀赋差异来研究出口中间产品结构特征；二是从与贸易附加值相关的出口技术复杂度来研究出口中间产品结构；三是以各自国家市场制度环境来研究出口中间产品结构。具体论述，在文献综述章节均有表述，限于篇幅，兹不累赘述。但是有以下几个问题值得思索：一是发达国家（地区）间资源要素禀赋差异分布很大，但其出口中间产品结构来看均处于全球价值链中上游环节；二是如果从出口技术复杂度来研究各国出口中间产品结构，那么如何有效剔除进口中间产品所包含的技术要素价值；三是市场制度环境指标的优化会引起大多数经济增长指标的改善，如何排除其他渠道对出口中间产品结构的影响，难度也是较大的。为此，笔者认为，基于贸易附加值为基础构建的中间产品贸易附加值优化度指数能很好地解决上述问题，因为贸易附加值指标本身已经剔除进口中间产品价值，所以以它为基础构建的中间产品贸易附加值优化度指数能更全面反映一国出口中间产品结构及特征，能客观评价一国制造业在全球价值链中的分工地位，从而提出具有针对性的制造业价值链升级方案，具体来看：

图 3-1 所示，全球价值链分工的最基本特征就是产品内贸易分工，产品内生产环节的全球分散化使得各国出口中间产品结构差异较大。全球价值链定位反映了一国出口中间产品结构，例如，处于全球价值链上游的发达国家出口中间产品结构更倾向于无形资产、专利等附加值较高的中间产品，而处于全球价值链下游的发展中国家则更倾向于加工组装等生产环节，出口最终产成品或接近于最终产品的中间品。从微观企业层面来看，企业之所以愿意

投入相应资源进行价值链升级是因为中间产品与企业全要素生产率有关，在本书后续章节中将详细分析。行业及国家中间产品结构的分析采用 MO 指数。通过企业、行业及国家三个维度来研究基于中间产品结构视角下的制造业价值链升级。

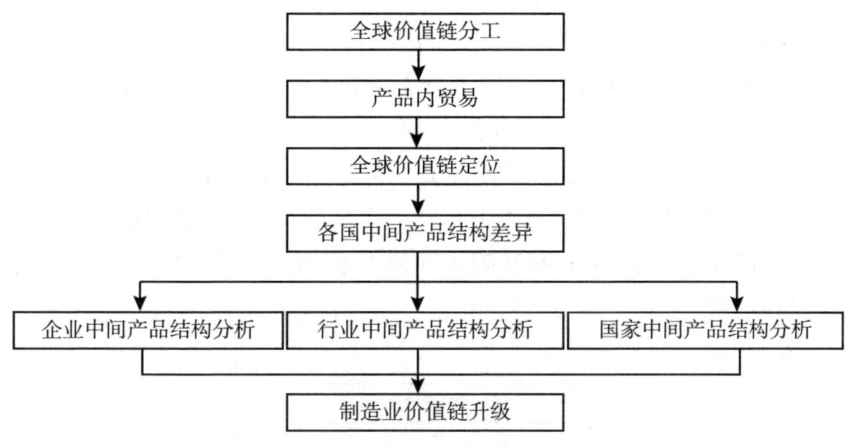

图 3－1　中间产品结构与制造业价值链升级

对全球价值链分工下各国出口贸易收益的核算，各国专家学者提出了各类贸易附加值测算法。但有以下问题：一是采取何种类型数据库来满足测算法对数据的要求；二是依据贸易附加值测算法测算出的结果应该如何加以分析利用；三是针对这些贸易附加值测算方法改进如何提出制造业价值链升级方案。针对上述问题结合图 3－2，第 4 章将介绍微观企业层面贸易附加值的

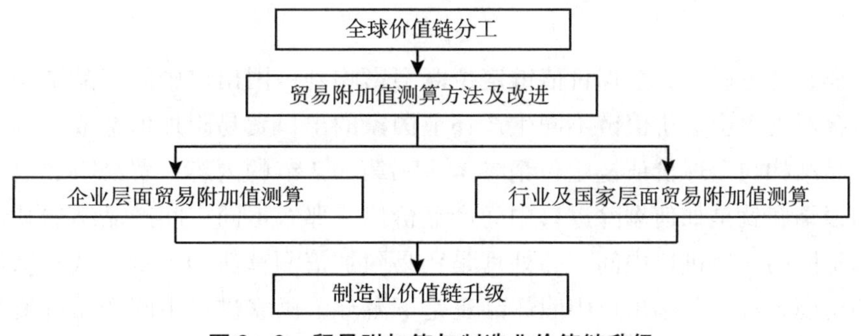

图 3－2　贸易附加值与制造业价值链升级

推导，其次将结合 Cobb-Douglas 生产函数提出克服企业生产效率异质性对贸易附加值测算的干扰的条件。最后对行业及国家层面贸易附加值测算构建 MRIO 分析框架，并结合世界投入产出表架构提出相应的测算方法。

从图 3－3 可以得出，全球价值链分工对国际贸易最主要的影响就是形成了“产品内贸易分工”，每个国家从事产品内生产环节中其中一环或部分环节，因此形成国家之间大量的中间产品贸易，于是产生了两个问题：一是如何评估一国制造业在全球价值链中的分工地位，即各国全球价值链定位问题；二是处于全球价值链分工地位不同的国家，贸易利得核算问题，即如何采用有效数据库，构建贸易附加值测算的方法问题。这两个问题相互影响，处于全球价值链有利地位的国家凭借其优势，往往获得更大的贸易收益；处于贸易收益不利的国家，往往更容易陷入全球价值链“低端锁定”，制造业价值链升级迫在眉睫。

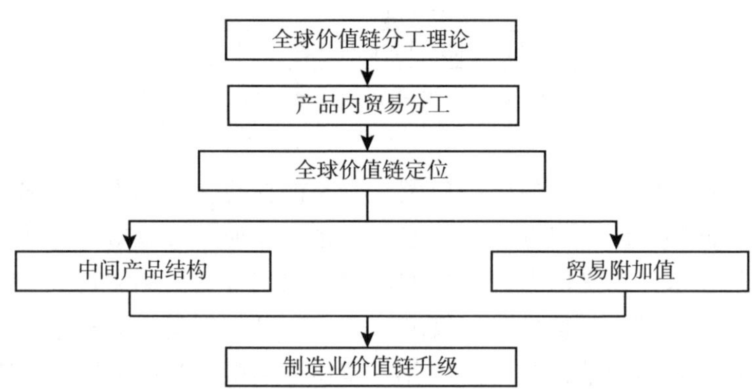

图 3－3　中间产品结构、贸易附加值与制造业价值链升级一般框架

那么通过研究，全球价值链定位既会影响到一国出口中间产品结构，同时也会对处于全球价值链不同生产环节国家的出口贸易附加值造成影响。中间产品结构与全球价值链定位请参考本书第 3.2 节的内容。贸易附加值测算法归根结底就是如何剔除进口中间产品价值，那么不同中间产品结构其价值量是不同的，对进口中间产品处理是贸易附加值测算法的关键。从全球价值链的角度来看，一国出口中间产品正是下游环节国家进口中间产品价值组成部分，然后根据构建的 MRIO 分析框架，结合相应数据库进行计算。

3.5 本章小结

在本章开始部分，提出了三个问题，在本章小结中，对上述三个问题做出回答。针对问题 1，通过研究可以得出：出口比较优势的中间产品比出口比较劣势的中间产品可以获取更多的贸易收益；而比较优势中间产品与比较劣势中间产品出口的比例关系以及获取的国内增加值率及中间产品优化度指数是决定某国出口产品获取贸易收益的主要影响因素；而出口中间产品获取的贸易收益也取决于三个主要影响因素，分别为出口中间产品的全球价值链定位、全球价值链参与度及出口中间产品的间接国内增加值率。通过实证研究，中间产品结构是影响行业贸易附加值率的重要变量。针对问题 2，中间产品结构是决定一国参与全球价值链分工的重要因素。以出口产品贸易附加值为基础构建的中间产品结构指标相对于其他度量指标更加合理，能更好地反映全球价值链定位的相关因素。针对问题 3，测算方法关注的是测算过程与结论的准确性，但是制造业价值链升级更关注于问题的解决方案，通过“隐形冠军”和“底部升级”两种模式提供发展中国家价值链攀升路径，在资本积累和技术积累达到一定程度之前，生产环节的专业化程度可以给发展中国家制造业价值链升级增加话语权。

但是有以下问题值得思考，对于贸易附加值测算问题，测算推演的过程是怎样的？这一问题将在第 4 章重点论述。测算的结果又是什么？如何从测算结果中揭示发展中国家制造业某些领域不足，从而为制造业价值链升级研究提供方案。另外，国外增加值的含义是什么？哪些因素会影响一国制造业出口贸易附加值，如何提出基于贸易附加值测算理论的我国制造业价值链升级研究？这些问题将在第 5 章重点论述。既然中间产品结构差异会对制造业价值链定位产生影响，如何从中间产品结构视角来研究制造业价值链升级，需要进一步研究。本章提出的中间产品贸易附加值优化度指数是如何计算的，具体公式是怎样的？上述问题将在第 6 章中重点论述。

| 第 4 章 |

贸易附加值测算方法改进

本章主要介绍了贸易附加值测算，构建了基于 Cobb-Douglas 生产函数的微观企业贸易附加值测算法，提出了克服企业生产效率异质性对贸易附加值测算干扰的条件。也构建了中观和宏观贸易附加值测算法并对世界投入产出表（WIOTs）的架构进行分析，解决了直接消耗系数矩阵的计算问题，而从国内发表的大多数文献来看，基本上都省略了里昂惕夫逆矩阵的计算过程，使读者无法深入到具体的计算细节。

4.1 传统贸易附加值测算方法

4.1.1 HIY 测算方法及其假设条件

全球价值链分工下贸易附加值测算理论构建最早的是 HIY 方法（Hummels，Ishii & Yi，2001），该方法是考察基于垂直专业化单位出口产品中包含的进口产品部分，而所谓的垂直专业化是指一国（地区）在全球价值链主导下的产品内贸易分工中从其他国家进口中间产品或劳务进行生产加工活动，然后将加工后的产成品或半成品在出口到世界其他国家。HIY 方法的优点在于考虑了出口产品中进口的价值量，而传统的贸易收益核算法是以总值为统计口径，即将一国出口产品（半成品）的总价值作为本国贸易收益部分，显然由于没有剔除进口中间产品价值高估了本国收益，具体来看 HIY 方法如下所示：

$$VSS_i = \frac{VS_i}{EX_i} \tag{4-1}$$

由于 HIY 方法假设进口中间产品价值完全是由国外生产要素创造，基本排除了国内增加值折返现象，即 VS_i 表示 i 行业出口产品中进口中间投入品的价值量，EX_i 表示 i 行业总的出口额，VSS_i 表示第 i 个行业单位价值出口产品中包含的进口投入品价值量。HIY 进一步假设，出口产品中投入的进口中间投入品的价值比重与非出口产品中投入的进口中间投入品的价值比重是相等的。那么，IM_i 表示进口中间投入品的价值量，上述方法推导过程参见公式（2-8）、公式（2-9）及公式（2-10），此处省略推导过程。

4.1.2 HIY 方法测算国内增加值

那么依据 HIY 方法可以进一步测算出口产品中国内增加值部分，具体依据投入-产出模型：

$$\left.\begin{aligned} A^D X + Y^D &= X \\ A^M X + Y^M &= M \\ (A^D + A^M)^T + \hat{A}_v X &= X \\ \mu A^D + \mu A^M + A_v &= \mu \end{aligned}\right\} \tag{4-2}$$

公式（4-2）中，各参数和变量的含义如下：A^D 表示本国生产的产品被直接消耗的系数矩阵；A^M 表示进口产品被直接消耗的系数矩阵；Y^D 表示国内生产的产品最终需求形成的向量；Y^M 表示进口中间产品的最终需求形成的向量；X 表示总产出向量；M 表示进口需求向量；A_v 表示部门（行业）增加值与总产出的比值形成的向量；$\hat{A}_v$ 为 A_v 对角线元素形成的对角矩阵；μ 为单位向量；上标 D 和 M 分别表示国内生产的产品和进口中间品。

将公式（4-2）中第一行公式移项，得：

$$X=(E-A^{D})^{-1}Y^{D} \tag{4-3}$$

把公式（4－3）代入到公式（4－2）中第二行公式移项，得：

$$M=A^{M}(E-A^{D})^{-1}Y^{D}+Y^{M} \tag{4-4}$$

定义单位出口产品中的国内增加值为 B_v，即有：

$$B_v=A_v(E-A^{D})^{-1} \tag{4-5}$$

4.1.3　HIY 方法测算国外增加值

定义 $B_M=\{b_j^M\}$ 表示 1 单位的出口产品中的进口价值增加值，即国外增加值，可以得：

$$B_M=\mu A^{M}(E-A^{D})^{-1} \tag{4-6}$$

进而可以推导出下式：

$$A_v=\mu^{T}-\mu^{T}A^{D}-\mu A^{M} \tag{4-7}$$

进一步推导出：

$$\mu-B_M=(\mu^{T}-\mu^{T}A^{D}-\mu A_M)(E-A^{D})^{-1}=B_v \tag{4-8}$$

因此，胡昭玲和张咏华（2015）认为出口产品中国内增加值等于单位向量减去垂直专业化的比率向量。

4.2　微观层面贸易附加值测算方法与改进

4.2.1　微观层面贸易附加值测算方法局限

4.2.1.1　微观层面贸易附加值测算理论演进

微观企业贸易附加值测算问题是行业乃至国家层面贸易附加值测算的基础，其理论与实践意义自不待言，因其涉及客观评价一国的产业贸易收益状况，甚至关乎国家贸易政策制定的依据。例如，目前中国学者黎峰（2015）利用 MRIO 分析框架将一国出口贸易增加值分为直接国内增加值、间接国内增加值以及国内增加值折返。

王岚（2013）认为全球价值链分工后，传统贸易收益核算法将研究的焦点集中于出口产品价值核算，忽略了上游价值链嵌入产品中的价值，因此以传统贸易收益核算法统计出的一国贸易收益额将被高估。张向晨和徐清军（2013）采用文献归纳的方法对目前国内外文献有关贸易附加值问题进行了梳理，研究得出国内学者已经关注到传统收益核算法的不足，致力于贸易收益统计方法的不断改进。赵玉焕和常润玲（2012）认为全球价值链分工下各国出口产品类型多样化，每个国家制造业都与其他国家有着密切联系，贸易核算成了难点问题，通过梳理文献对贸易附加值核算法的利弊进行全面分析。郭晶和赵越（2012）利用非竞争型投入产出表来核算出口产品贸易附加值，构建理论模型尝试剔除进口中间投入品对贸易附加值测算的干扰，但是该文献基于的是非跨国投入产出表，用来分析跨国贸易附加值，数据来源较为困难，同时该文献也对我国高新技术产业在全球价值链分工地位进行了实证分析。张咏华（2013）利用贸易附加值测算法对传统贸易统计方法进行了纠正，研究发现传统方法可能高估中美贸易收益，通过贸易附加值核算法还原中美贸易，得出我国制造业出口规模被高估了大约为50%且中美贸易失衡程度被高估46%，这是对“中国贸易威胁论”有力的驳斥。

但是目前国内文献普遍没有关注由微观企业向行业及国家层面推导时企业异质性问题。这主要是受制于数据问题无法准确核算加工贸易企业国内附加值率，而且即使在同一个行业内加工贸易企业的类型也会彼此不同，涉及的生产技术和要素投入方式也千差万别，无法准确找到统一口径来对加工贸易企业附加值核算进行约束，尤其是加工贸易成为一国制造业的支柱产业时，基于非跨国投入产出表来核算一国贸易收益是不准确的，这种偏误大小依赖于加工贸易企业规模和其国内附加值率的协方差。其次，微观企业是全球价值链产品内贸易分工的微观载体，跨国公司全球经营可以充分利用各国要素禀赋优势，生产环节的分散化需要有统一的“指挥棒”。因此，库普曼等（Koopman et al.，2012）认为微观企业贸易数据往往成为跨国企业内部交易数据，出于经营风险考虑，往往跨国公司不愿意提供内部数据，微观数据收集难是微观领域贸易附加值研究的主要制约障碍。

国外最早开始研究出口贸易附加值测算的是2001年首次提出垂直专业化测算法（HIY方法，Hummels，Ishii & Yi，2001），其运用投入产出法考察一国产品中进口成分（*VS*）及该国出口产品作为他国进口中间投入品（*VSI*），实现了从出口和进口两方面测算垂直专业化分工的贸易附加值。但是，该方法适用需要严格的假设条件：所有国家进口领域有着相同的进口强度。因此，这个假设条件约束了有着大量进出口中间产品的加工贸易为主的国家。其次，该方法忽略了国内增加值折返这一现象。之后，为了准确测算各国在国际贸易分工中的利益关系，分析各国生产过程中产生的价值增加值，日本经济学研究所（Institute of Development Economies，IDE）提出了利用国家间投入产出表来测算一国贸易利得，普渡大学创立的 GTAP 数据库则扩展了国家投入产出表数据。埃弗斯等（Evers et al.，2014）实际运用国际投入产出表分析了一国贸易利得，他们测算了不同国家出口中国外增加值和国内增加值及出口产品经国外加工再回流到本国形成的间接价值增值。而约翰逊和诺盖拉（Johnson & Noguera，2012）是对贸易中不同来源价值增值进行了时间序列分解，分析了世界、单个国家及双边贸易三个维度的本国价值增值占总出口价值的比例（*VAX*）变化关系。由于上述研究都未区分加工贸易与一般贸易，没有考察全球价值链分工下新型国际贸易分工的特点，且 HIY 方法有很强的假设条件：出口产品和国内生产的最终消费品中进口中间产品的使用要素密集度是相同的，这显然在加工贸易中无法得到满足。因此，库普曼等（Koopman et al.，2008）区分了加工贸易与一般贸易，提出了 DVA（domestic value added）测算方法，主张运用非竞争型投入产出模型来进行贸易附加值研究，将加工贸易生产部分（*P*）单独考察，并将国内需求生产和一般贸易生产合并为（*D*），从而为贸易附加值研究奠定了主流方向。

以上文献研究对贸易附加值率测算法有巨大的推动作用，为本书研究奠定了深厚的理论基础，但是上述文献也有不足，为本书继续深入研究留下了理论空间。从文献综述可以看出国内文献目前将贸易附加值测算法集中于行业及国家层面，微观企业贸易附加值研究明显不足。其次，文章结论的政策性不强，就只是关注于测算法的改进，没有结合中国制造产业特征来分析该如何有效地提升制造企业贸易附加值。相关文献研究得出，中国贸易附加值率近些年一直呈现上升趋势，但是这种趋势的动力来源是什么，没有交代清楚。是中国制造业更深的嵌入全球价值链分工还是由于中国制造业成功转型升级所致，又或者仅仅是资源的优化再配置的结果。

上述问题在以往文献中没有得到很好地解决，基于此，本节将研究重点集中在微观企业附加值测算法。本节可能创新点如下：一是基于国内文献对微观企业贸易附加值测算研究的不足，本书尝试提出微观企业贸易附加值测算法，指出企业异质性因素是推导行业及国家层面贸易附加值误差的来源；二是在完全竞争市场环境下或者 CES 函数垄断竞争模型的假定条件下，提出克服企业生产效率异质性对贸易附加值测算的干扰；三是对国内主流文献的理论补充，例如，张杰等（2013）的研究主要是考虑了贸易代理商、中间产品间接进口和资本品进口对贸易附加值率测算问题研究。本书的测算理论，是提出了企业异质性条件下对于企业贸易国内增加值的影响，在本书理论部分，提出短期条件下，价格－成本边际值，较高的价格－成本边际值会有着较高的企业国内增加值率。价格－成本边际值也是企业生产效率的关键指标，价格－成本边际值高很显然企业生产效率就高，因此，如果能够使得价格－成本边际值统一为常数，就可以将企业生产效率所表现出的异质性对贸易附加值影响减小到最低程度。从而克服这种类型企业异质性对于贸易附加值的干扰，这个研究观点在张杰等（2013）以及樊秀峰和程文先（2015）的研究中都没有出现。樊秀峰和程文先（2015）的研究主要是宏观方面，文章在理论部分重点关注的是国家层面、行业层面贸易附加值测算，对于微观企业层面异质性问题对贸易附加值测算的影响没有论述。另外，本书研究结论尽可能结合中国产业、行业政策分析，针对中国产业、行业政策特点提出本书理论研究观点和建议。而张杰等（2013），着重关注贸易附加值测算方法的改进，仅仅谈了测算方法。需要说明，目前国内文献集中于中国参与全球价值链分工程度及贸易增加值研究，国内很多学者区分了，直接国内增加值、间接国内增加值和国内增加值折返，对中间投入品来源也做了区分，提高了贸易附加值率测算的精度，但是回避了市场环境对于行业内企业贸易附加值测算的影响。本书提出了垄断市场环境、完全竞争市场环境对企业贸易附加值测算的影响。

企业出口贸易附加值研究不能脱离全球价值链产品内分工，生产环节的分散化使得每个国家从事于本国比较优势的生产制造环节，从而实现生产环节上的规模经济。因此，杜瓦尔等（Duval et al.，2016）及耿（Geng，2015）认为各国进出口产品结构类型发生变化，有些国家出口包含更多技术要素价值的中间产品；而另外一些国家可能出口包含更多的低技术劳动力产品。从相关文献研究来看，目前国内学界对于微观企业贸易附加值研究不足。为此，本章提出基于微观企业贸易附加值的测算方法。

4.2.1.2 微观层面贸易附加值测算方法问题

借鉴相关文献的基础上（Andrews et al.，2012；Rodriguez，1996；Lamy，2013；Dean，2011；Hummels，1999；Gereffi，1999；Kee & Tang，2015），在计算企业国内增加值之前，本书首先介绍企业总收入的构成：

$$PY_i = \pi_i + wL_i + rK_i + IMP_i^D + IMP_i^I \tag{4-9}$$

根据公式（4－9）有以下几个部分构成：利润（π）、劳动者收入（wL_i）、资本成本（rK_i）、国内生产的中间投入品成本（$IMP_i^D = P^D M_i^D$）、进口中间投入品成本（$IMP_i^I = P^I M_i^I$）。

本节假设非加工贸易出口厂商位于加工贸易出口厂商的产业链上游，非加工贸易厂商进口原材料生产出国内中间投入品供产业链下游加工贸易出口厂商生产使用，因此，加工贸易出口厂商中间投入品来源分为：国内生产的中间投入品和进口中间投入品，两种商品具有高度的替代性，一般贸易厂商进口生产所需的原材料一律表述为进口原材料。由于一般贸易出口厂商进口原材料无法免除进口关税，因此，本书将重点研究加工贸易出口厂商的国内增加值率（$DVAR$）。加工贸易出口厂商按中间投入品来源，可分为：进口中间投入品和国内生产的中间投入品。通常情况下，加工贸易出口厂商将生产的产品出口到其他国家，因此厂商的总收入应该等于企业的出口收入（$PY_i = EXP_i$）。同时，为生产产品而进口的中间产品等于进口中间投入品成本（IMP_i^I）。根据公式（4－9），本书将加工贸易出口厂商的收入表达为：

$$EXP_i = wL_i + rK_i + IMP_i^D + IMP_i^I + \pi_i \tag{4-10}$$

根据绮（Kee，2013）的研究，加工贸易出口企业的国内增加值（DVA）定义为企业出口收入减去其进口中间投入品成本：

$$DVA_i = EXP_i - IMP_i^I = wL_i + rK_i + IMP_i^D + \pi_i \tag{4-11}$$

在公式（4－11）中国内增加值包含了国内生产的中间投入品（IMP_i^D），因此国内增加值（DVA）是大于企业生产过程中创造的价值，更大于企业自身利润。而国内增加值率定义为国内增加值与出口收入的比重，得：

$$DVAR_i = \frac{DVA_i}{EXP_i} = \frac{EXP_i - IMP_i}{EXP_i} = 1 - \frac{IMP_i}{EXP_i} = 1 - \frac{P^I M_i^I}{PY_i} = 1 - \frac{P^M M_i}{PY_i} \times \frac{P^I M_i^I}{P^M M_i} \tag{4-12}$$

在公式（4－12）中，中间投入品成本（$P^M M$）等于进口中间投入品（$IMP_i^I = P^I M_i^I$）加上国内生产的中间投入品（$IMP_i^D = P^D M_i^D$），假设企业 i 中间投入品占出口收入的比重不变，即 $P^M M_i / PY_i$ 不变，那么企业国内增加值率就只依赖于企业中间投入品中进口中间投入品所占的比重（$P^I M_i^I / P^M M_i$），如果直接利用公式（4－12）来精确估计企业国内增加值率，还需要做出如下的步骤调整：

步骤 1：进口中间投入品不应该包含进口资本品，因此，必须设计方法将其剔除。首先结合行业特征，将剔除的样本对象按行业进行分类。其次，结合国际惯例，使用 BEC（broad economic catalogue）资本物品清单，将其从进口的中间投入品中剔除。

步骤 2：如果进口中间投入品中包含了国内增加值，那么在剔除进口中间投入品过程中也会将国内增加值剔除；同理，国内生产的中间投入品中如果包含了国外增加值，则会夸大国内增加值，那么上述两种情况都会使测算的精确度大打折扣，为此，本节做出如下假设：第一，进口的中间投入品中包含的国内增加值为零；第二，国内生产的中间投入品中包含的国外增加值为零。

经过上述两个步骤的调整，企业出口国内增加值率测算精确程度就会上升，基本排除了国内增加值折返现象，同时也剔除了进口中间投入品包含的资本品。虽然上述理论简要地对企业国内增加值测算法做出了陈述，但是，有以下问题值得思考：首先，该理论只是简单介绍了企业国内增加值测算法，没有对行业、国家层面贸易附加值进行理论推导；其次，该测算法隐含了一个假设条件，即所有加工贸易企业都是一样的，没有反映出企业异质性对贸易附加值率测算的干扰；最后，该测算理论没有结合市场环境和国家产业政策进行分析。综合上述问题，必须重新构建企业贸易附加值测算法，为此，需要结合生产函数来分析。

4.2.2 基于 Cobb-Douglas 生产函数贸易附加值测算方法的改进

为了构建基于生产函数的微观企业贸易附加值测算模型，根据绮和唐（Kee & Tang，2015）的相关研究，本书引入 Cobb-Douglas 生产函数，该函数有如下特点：所有生产函数要素增加 γ 倍，产量也相应增加 γ 倍，即生产函数规模报酬不变；不受成本函数形式的干扰，Cobb-Douglas 生产函数能够为任何成本函数提供相应的二阶近似值。

设 Cobb-Douglas 生产函数如下：

$$Y_{it} = A_i K_{it}^{\alpha_K} L_{it}^{\alpha_L} M_{it}^{\alpha_M} \tag{4-13}$$

公式（4-13）中，t 为时间以年表示，企业 i 的生产效率为 A_i，在生产过程中投入的国内中间投入品为 M_{it}^D，进口中间投入品为 M_{it}^I，资本品 K_{it} 及劳动力 L_{it}。生产函数中间投入品构成可以用下式表示：

$$\left.\begin{aligned} M_{it} &= \left(M_{it}^{D\frac{\sigma-1}{\sigma}} + M_{it}^{I\frac{\sigma-1}{\sigma}}\right)^{\frac{\alpha}{\alpha-1}} \\ \alpha_K &+ \alpha_L + \alpha_M = 1 \end{aligned}\right\} \tag{4-14}$$

公式（4-14）中 $\sigma > 1$，第一个表达式反映出 Cobb-Douglas 生产函数中间投入品构成，第二表达式约定规模报酬不变。假设国内生产的中间投入品价格为 P_t^D、进口中间投入品的价格为 P_t^I、资本品的价格为 γ_t、劳动力的价格为 ω_t。

根据公式（4-14）知，中间投入品价格指数是以 P_t^D，P_t^I 为变量的 CES 函数，设为下式：

$$P_t^M = \left[(P_t^D)^{1-\sigma} + (P_t^I)^{1-\sigma}\right]^{\frac{1}{1-\sigma}} \tag{4-15}$$

根据企业生产成本最小化原则，生产 Y_{it} 的总成本函数为：

$$C_{it}(\gamma_t,\ \omega_t,\ P_t^D,\ P_t^I,\ Y_{it}) = \frac{Y_{it}}{A_i}\left(\frac{\gamma_t}{\alpha_K}\right)^{\alpha_K}\left(\frac{\omega_t}{\alpha_L}\right)^{\alpha_L}\left(\frac{P_t^M}{\alpha_M}\right)^{\alpha_M} \tag{4-16}$$

根据公式（4-16）知，α_M 表示中间投入品成本占生产总成本的比重（$P_t^M M_{it}/C_{it}$），因此，对于产出 Y_{it} 来说其边际成本是：

$$c_{it} = \frac{\partial C_{it}}{\partial Y_{it}} = \frac{1}{A_i}\left(\frac{\gamma_t}{\alpha_K}\right)^{\alpha_K}\left(\frac{\omega_t}{\alpha_L}\right)^{\alpha_L}\left(\frac{P_t^M}{\alpha_M}\right)^{\alpha_M} \tag{4-17}$$

由公式（4-17）可知，边际成本 c_{it} 是一个常量，即不随产量变化而变化。但是如果考虑到企业异质性因素后，那么边际成本 c_{it} 就不再是常量，因为当企业存在异质性因素后，企业间的生产效率将会有所不同，有的企业生产效率高，而有的企业因为管理水平、技术水平等限制生产效率相对来说会低一些，那么表现在生产函数中，全要素生产率（A_i）会因企业生产效率异质性而有所不同。

本节将总收入中进口中间投入品的份额表述如下，结合 $P_t^M M_{it}/C_{it} = \alpha_M$ 及公式（4－16）相关内容，得：

$$\begin{aligned}\frac{P_t^I M_{it}^I}{P_{it} Y_{it}} &= \frac{P_t^I M_{it}^I}{P_t^M M_{it}} \times \frac{P_t^M M_{it}}{C_{it}} \times \frac{C_{it}}{P_{it} Y_{it}} \\ &= \frac{P_t^I M_{it}^I}{P_t^M M_{it}} \times \alpha_M \times \frac{c_{it}}{P_{it}} \\ &= \alpha_M \times (1-\chi_{it}) \times \frac{P_t^I M_{it}^I}{P_t^M M_{it}}\end{aligned} \tag{4-18}$$

其中，$\chi_{it} = \frac{P_{it} - c_{it}}{P_{it}} \in [0,\ 1]$，$\chi_{it}$ 为企业价格－成本边际值，其中包含了企业生产效率异质性因素，根据公式（4－17）反映在企业生产的边际成本中。

为了得到公式（4－18）中总的中间投入品成本中进口中间投入品的份额（$P_t^I M_{it}^I / P_t^M M_{it}$），本书建立拉格朗日函数来求解：

$$\left.\begin{aligned}&\min \quad P_t^I M_{it}^I + P_t^D M_{it}^D \\ &\text{s. t.} \quad M_{it} = \left(M_{it}^{D\frac{\sigma-1}{\sigma}} + M_{it}^{I\frac{\sigma-1}{\sigma}}\right)^{\frac{\sigma}{\sigma-1}}\end{aligned}\right\} \tag{4-19}$$

解式（4－19），得出总的中间投入品成本中进口中间投入品成本的份额为：

$$\frac{P_t^I M_{it}^I}{P_t^M M_{it}} = \frac{1}{1 + (P_t^I / P_t^D)^{\sigma-1}} \tag{4-20}$$

然后，根据公式（4－12），得出企业 i 的国内增加值率为：

$$DVAR_{it} = 1 - \alpha_M \times (1-\chi_{it}) \times \frac{1}{1 + (P_t^I / P_t^D)^{\sigma-1}} \tag{4-21}$$

根据公式（4－21）可以得出如下结论：

结论 1：在完全竞争市场环境的假设中，进口中间投入品价格与国内生产的中间投入品价格（P_t^I / P_t^D）保持不变且价格弹性也不变，价格－成本边际值（χ_{it}）为零，因此企业国内增加值率为常量，生产效率异质性不会对企业国内增加值率测算造成干扰。

结论 2：在 CES 函数的假定条件下，垄断竞争中所有的企业利润都是不变的。因此，当任意企业 i 有 $\chi_{it} = \chi$，行业内所有企业的生产效率异质性不会对企业国内增加值率测算造成干扰。

上述结论 1 和结论 2 是为了说明克服企业生产效率异质性对贸易附加值率测算干扰的条件，如果上述条件无法满足，那么忽略企业生产效率异质性因素是不科学。换句话说，企业间生产效率差异会对贸易附加值率测算造成不同方面的影响。

通过公式（4－21）研究发现企业生产效率异质性因素都被包含在价格－成本边际值（χ_{it}）中，在短期内进口中间投入品价格与国内生产的中间投入品价格（P_t^I/P_t^D）保持不变，短期内价格黏性成立，只要结论 1 和结论 2 中任何一项条件成立，那么不仅企业生产效率异质性不会对企业贸易附加值率测算造成干扰，而且企业国内附加值率也将统一为常数。

从长期来看，必须放宽黏性价格理论，让进口中间投入品价格与国内生产的中间投入品价格（P_t^I/P_t^D）发生变化，即使企业生产效率异质性不会对贸易附加值率测算造成干扰，但是企业国内增加值率也无法保持常数。所以仅从企业生产效率异质性的角度来看，无论长期还是短期，我们的结论都是成立的。

从我们国家目前制造业嵌入全球价值链来看，大多数制造企业普遍处于全球价值链下游，往往从事加工组装等劳动密集型生产环节。中国制造业进口的中间产品嵌入多国生产要素价值，如果以总值为统计口径的传统贸易核算法来分析中国制造业嵌入全球价值链的贸易收益，那么由于没有剔除进口中间投入品而高估本国贸易利得。我国制造业无论是加工贸易企业还是一般贸易企业，企业间生产效率彼此差异较大。蒙塔尔巴诺等（Montalbano et al.，2016）如果国家产业政策是依据企业生产规模来扶持，那么依据本书的理论公式可能较难改变低贸易附加值率现状，政策“发力点”没有用到关键位置，陷入“荆轮效应”。一些加工贸易企业如果长期享受政府补贴而没有根据市场环境制定产量目标，可能会引起部分行业产能结构性过剩，这与国家“去产能、去库存、调结构、稳增长”的目标矛盾，不符合“供给侧结构性改革”的目标。本书建议，国家产业政策要从扶持特定企业转向对整条价值链所有企业进行支持。本书的国内价值链实际上是供应链合作伙伴关系下企业间的生产链条，对整条国内价值链的关注可以有效地解决“木桶效应”，发挥整条价值链规模经济。

通过公式研究，价格－成本边际值是企业国内增加值率的主要来源之一。为此，政府首先要鼓励企业通过技术研发，提高生产效率，降低生产制造的边际成本。其次，在生产要素市场上要保持充分竞争，鼓励企业使用本国生产制造的中间投入品，提高出口产品中国内要素价值量。任何要素市场的垄断势力，不仅会产生寻租成本，而且降低价格-成本边际值，不利于企业国内增加值率上升。而在出口产品市场上，我国制造企业不仅要提高出口总量，更要在质的方面下足功夫，提高出口产品中嵌入的国内要素价值量。因此，本木等（Motoki et al.，2014）认为政府可以鼓励一些国有大型企业"走出去"，争取"国际产品定价权"，树立"中国品牌"形象，从而尽可能向全球价值链纵深方向发展。

4.2.2.1　企业异质性条件下行业国内增加值率的推演过程

微观数据运用是推导行业国内增加值率的基础，假设企业生产中投入的中间产品仅来源于进口，并且该企业只在1个行业内生产，于是j行业的国内增加值率计算如下：

$$DVAR_j = 1 - \frac{\sum_{i \in j} IMP_i}{\sum_{i \in j} EXP_i} = \sum_{i \in j} \frac{EXP_i}{\sum_{i \in j} EXP_i} \frac{EXP_i - IMP_i}{EXP_i} = \sum_{i \in j} \frac{EXP_i}{\sum_{i \in j} EXP_i} DVAR_i \tag{4-22}$$

公式（4-22）中i代表企业，j代表行业。因此，行业j的国内增加值率等于j行业内所有厂商国内增加值率的加权平均和，权重等于企业出口占行业总出口的比重。

4.2.2.2　企业异质性条件下某国总出口国内增加值率的推演过程

同理，我们也可以累加所有行业中进口和出口数据，进一步推断某国总出口中的国内增加值率表达式：

$$DVAR = 1 - \frac{\sum_j \sum_{i \in j} IMP_i}{\sum_j \sum_{i \in j} EXP_i} = \sum_j \sum_{i \in j} \frac{EXP_i}{\sum_j \sum_{i \in j} EXP_i} DVAR_i \tag{4-23}$$

假设1：当不存在企业间异质性时，权重反映企业出口占总出口的份额，企业国内增加值率大小与出口企业的规模成正比；而在企业异质性条件下，由公式可以判断出行业及总体国内增加值率将比不存在异质性时企业国内增加值率要大，且权重也更大。

首先，本节假设当企业不存在异质性时，行业j有N_j个企业，在计算j行业的国内增加值时，企业i的权重定义为：

$$w_i = \frac{EXP_i}{\sum_{i=1}^{N_j} EXP_i}$$

$$1 = \sum_{i=1}^{N_j} w_i \tag{4-24}$$

平均权重为：

$$\bar{w}_i = \frac{1}{N_j}\sum_{i=1}^{N_j} w_i = \frac{1}{N_j} \tag{4-25}$$

行业 j 的国内增加值就等于企业国内增加值简单平均和，即：

$$\overline{DVAR_j} = \frac{1}{N_j}\sum_{i=1}^{N_j} DVAR_i \tag{4-26}$$

假设2：当存在企业间异质性时，行业及总体国内增加值率的估算便会出现偏误。当企业存在异质性时，定义如下协方差：

$$\mathrm{COV}(w, DVAR) = \frac{1}{N_j}\sum_{i=1}^{N_j} (w_i - \bar{w}_i)(DVAR_i - \overline{DVAR_j}) \tag{4-27}$$

$$DVAR_j = \overline{DVAR_j} + N_j \mathrm{COV}(w, DVAR)$$

公式（4-27）中运用了公式（4-25）与公式（4-26）的结论，对比发现，当企业存在异质性时，行业国内增加值率的估算出现偏误，偏误的大小为 $N_j\mathrm{COV}(w, DVAR)$。如果企业规模（w）与企业国内增加值率（$DVAR$）是正相关关系，那么企业的异质性将导致行业国内增加值率变大；反之，将导致行业国内增加值率变小。

本节理论部分提出的结论 1 和结论 2 是关于克服企业生产效率异质性对贸易附加值测算干扰的条件。如果上述条件不满足，企业异质性问题便会对国内增加值率测算产生一定程度上的干扰。

从目前国内学界对贸易附加值测算研究来看主要是集中于宏观贸易附加值测算方法的研究，微观企业层面上的研究明显不足。这主要是由于前文所述，企业异质性问题的存在制约了微观企业层面贸易附加值测算研究，特别是由微观企业层面向行业及国家层面进行测算推演时，企业异质性问题会使测算推演误差被进一步放大，从而造成最终产品销售市场以及“中间投入品”市场信息不对称，“牛鞭效应”加剧资源要素配置扭曲。赵伟和钟建军（2013）及钟建军（2014）认为从最终产品销售市场上来看，如果不能合理测算出企业出口贸易附加值，误判了在位企业获得了一定高利润，“羊群效应”会让竞争者将资源进一步向市场销售末端集聚；而“中间投入品”市场上资源供给不足，中间产品创新、质量改进以及国产化替代策略都会受到资源错配的影响产生“动力不足”的现象。政府的“父爱行为”可能会进一步加剧“中间投入品”的市场势力，由于资源供给不足，政府补贴行为可能会让少数中间投入品厂商在短时间内控制关键生产资料，在位的中间投入品厂商既不会根据市场需求调整产量也不会对中间产品进行质量改进与技术研发。其次，一些中小微高科技企业受制于预算软约束以及双轨制的影响，“门槛效应”被进一步拔高，使得中小微高科技企业对中间投入品市场望而却步。根据马克思分工理论，智力要素价值是数倍于低技术劳动力价值，全要素生产率不仅提高了资本利用利用率，也提高了劳动生产效率，增加效率工人数。

4.3 中观与宏观层面贸易附加值测算方法与改进

4.3.1 中观与宏观贸易附加值测算方法局限：基于 WIOTs 架构

上一节主要是关注企业层面贸易附加值的测算，这一节将研究重点集中于行业以及国家整体层面上的贸易附加值测算，在研究测算方法之前，首先需要介绍世界投入产出表的使用方法，原因有以下几点：一是行业及国家层面上贸易附加值测算需要运用世界投入产出表（WIOTs），如果只有测算方法而无法运用相应数据，那么理论上的研究方法就失去了实践上的运用价值。二是以往文献中使用较多的是国家间投入产出表，该表属于竞争型的投入产出表，与接下来介绍的非竞争型投入产出表有很大的不同，以往文献中采用的国家投入产出表需要对进口的直接消耗系数矩阵进行估计，准确性不高，而世界投入产出表的直接消耗系数矩阵有详细的计算过程，精确性进一步提高。三是以往文献运用的国家投入产出表无法运用到世界投入产出分析中，因为各个国家的投入产出表相互独立。四是本节利用最新的发布的世界投入产出表来介绍其运用方法，这在国内文献中较为鲜见，一般情况下，国内文献往往将文章篇幅集中于贸易附加值率测算和影响因素的实证研究，忽略了数据源使用方法问题。因此，接下来重点介绍世界投入产出表的使用。世界投入产出表是用来分析全球价值链分工下各国制造业投入产出关系，该表涵盖 41 个国家和地区 35 制造和服务部门。

表 4－1 是简化了的世界投入产出表，该表由国家 A 和国家 B 组成，由部门（行业）1 和部门（行业）2 构成，成为两国两部门架构，该表纵向来看反映是各个国家部门在生产过程中投入的中间产品，形成了价值增加值；而横向来看包含了各国各部门中间产品使用以及产成品的最终使用，形成各国总产出。久野（Hisano，2016）和伊斯雷维奇等（Israilevich et al.，1996）认为从该表整体来看，主要有两大部分：一是中间产品在各国各部门的使用情况；二是产成品在各国各部门最终使用。

结合表 4－1 来看，本节假设世界由 N 个国家组成，每个国家部门（行业）数量都是相等的。假设有 S 个部门，每个部门（行业）只专注于一种产品生产，这符合全球价值链下产品内分工的特点，那么世界中共有 $N \times S$ 种产品，生产过程中主要有两部分投入来源，一部分是投入的本国生产要素价值，如劳动力、土地、资本等；另一部分是投入的中间产品，由于各国所处价值链不同的分工环节，因此，投入的中间产品结构差异较大，那么本国产出（可能是半成品）主要用于满足全球价值链下游厂商所需的中间产品需求以及最终使用需求，用 i 表示来源国，j 表示目的地国家，用 s 代表来源国部门，用 t 代表目的地国家部门。假设总产出 = 总需求，市场正好出清，那么有以下公式成立，即 $y_i(s) = \sum_j f_{ij}(s) + \sum_j \sum_t m_{ij}(s, t)$。其中，$y_i(s)$ 表示 i 国 s 部门的总产出，总需求有两个部分：一是 $f_{ij}(s)$ 表示 j 国需要 i 国 s 部门生产产品作为最终使用需求，通过累加求和可以得出世界需要 i 国生产产品的最终使用需求；二是 $m_{ij}(s, t)$ 表示 j 国需要 i 国 s 部门生产的中间产品的需求，通过累加求和可以得到世界需要 i 国生产产品作为中间投入品的需求，$y_i(\cdot)$ 可以由世界投入产出表最右端直接形成产出向量，将世界各国各行业的产出向量堆积在一起就形成了 SN 维产出向量（$SN \times 1$）。世界投入产出表的直接消耗系数矩阵 A 是一个 $SN \times SN$ 的矩阵，其中每个元素定义为 $a_{ij}(s, t) = m_{ij}(s, t)/y_j(t)$，表示 j 国 t 部门需要 i 国 s 部门生产的产品作为中间投入品来使用占 j 国 t 部门总产出的比重，那么依次计算 A 矩阵中的每个元素，形成直接消耗系数矩阵 A，通过相应的矩阵变化后为 $(E - A)^{-1}$，这就是著名

表 4-1　世界投入产出表简化架构（2 国 ×2 部门）

国家/部门		中间产品投入				最终使用				总产出
		国家 A		国家 B		国家 A		国家 B		
		部门 1	部门 2	部门 1	部门 2	部门 1	部门 2	部门 1	部门 2	
国家 A	部门 1	对本国部门 1 中间产品的使用	对本国部门 1 中间产品的使用	对 A 国部门 1 中间产品的使用	对 A 国部门 1 中间产品的使用	对本国部门 1 产出的使用	对本国部门 1 产出的使用	对 A 国部门 1 产出的使用	对 A 国部门 1 产出的使用	A 国部门 1 总产出
	部门 2	对本国部门 2 中间产品的使用	对本国部门 2 中间产品的使用	对 A 国部门 2 中间产品的使用	对 A 国部门 2 中间产品的使用	对本国部门 2 产出的使用	对本国部门 2 产出的使用	对 A 国部门 2 产出的使用	对 A 国部门 2 产出的使用	A 国部门 2 总产出
国家 B	部门 1	对 B 国部门 1 中间产品的使用	对 B 国部门 1 中间产品的使用	对本国部门 1 中间产品的使用	对本国部门 1 中间产品的使用	对 B 国部门 1 产出的使用	对 B 国部门 1 产出的使用	对本国部门 1 产出的使用	对本国部门 1 产出的使用	B 国部门 1 总产出
	部门 2	对 B 国部门 2 中间产品的使用	对 B 国部门 2 中间产品的使用	对本国部门 2 中间产品的使用	对本国部门 2 中间产品的使用	对 B 国部门 2 产出的使用	对 B 国部门 2 产出的使用	对本国部门 2 产出的使用	对本国部门 2 产出的使用	B 国部门 2 总产出
总投入		A 国部门 1 总投入	A 国部门 2 总投入	B 国部门 1 总投入	B 国部门 2 总投入	—	—	—	—	—

资料来源：根据提莫（Timmer，2012）及马风涛和李俊（2014）整理的。

的里昂惕夫逆矩阵，这为后文介绍的 MRIO 分析框架奠定了基础的计算环节，解决了直接消耗系数矩阵 A 的计算问题，通过梳理以往国内发表的文献来看，基本上大多数文献都省略了里昂惕夫逆矩阵的计算过程，使得读者无法深入了解世界投入产出表的使用方法问题。

4.3.2　中观与宏观贸易附加值测算方法改进：基于 WIOTs 架构

这一轮新型价值链国际贸易分工将原先产业间贸易分工、产品间贸易分工转变成产品内贸易分工，由于每个国家只专注于产品生产环节中其中一环，形成了国家间大量的中间产品贸易。因此，如果以海关统计的传统出口收入作为一国出口贸易收入的主要来源，无疑高估了中国贸易收入状况。再加之各国生产要素禀赋形式发生了较大的变化，即一些新型生产要素（如大数据处理技术、现代通信技术）加入，使得生产要素的国别价值量变得模糊，国际贸易分工的边界难以衡量，这些因素都会使全球价值链分工下国际贸易利得测算难度加大。因此，在分析全球价值链嵌入分工收入，本节结合库普曼等（Koopman et al.，2012）及赵素萍等（2015）相关研究，提出基于 WIOTs 的 MRIO 分析框架，具体来看：

$$\begin{bmatrix} y_1 \\ y_2 \\ \vdots \\ y_m \end{bmatrix} = \begin{bmatrix} A_{11} & A_{12} & \cdots & A_{1m} \\ A_{21} & A_{22} & \cdots & A_{2m} \\ \vdots & \vdots & \ddots & \vdots \\ A_{m1} & A_{m2} & \cdots & A_{mm} \end{bmatrix} \begin{bmatrix} y_1 \\ y_2 \\ \vdots \\ y_m \end{bmatrix} + \begin{bmatrix} x_{11} & x_{12} & \cdots & x_{1m} \\ x_{21} & x_{22} & \cdots & x_{2m} \\ \vdots & \vdots & \ddots & \vdots \\ x_{m1} & x_{m2} & \cdots & x_{mm} \end{bmatrix} \tag{4-28}$$

在公式（4-28）中，假设世界由 m 个国家组成，每个国家有很多个部门组成，$y=(y_1, y_2, \cdots, y_m)$ 是表示世界总产出向量，它是由每个国家总产出构成，矩阵 A 表示各国直接消耗系数和间接消耗系数矩阵，具体来看对角线上矩阵 A_{rr} 表示 r 国各产业直接消耗系数矩阵，而非对角线矩阵 $A_{rs}(r\neq s)$ 表示 r 国向 s 国提供中间产品，s 国中间产品投入消耗系数矩阵，因此也称为间接消耗系数矩阵，X_{rr} 表示 r 国自己生产自己消费的最终产品，$X_{rs}(r\neq s)$ 表示 r 国向 s 国出口最终产品。本书将式写成分块矩阵：

$$\left.\begin{aligned} y &= Ay + x \\ y &= (E - A)^{-1}x \end{aligned}\right\} \tag{4-29}$$

其中，E 为单位矩阵，通过上文分析可知，r 国向 s 国出口收入分为两部分，第一部分是出口中间产品所获得的收入，第二部分是出口最终产品所获得的收入，因此，r 国向 s 国出口收入测算公式为：

$$EX_{rs} = A_{rs}y_s + x_{rs} \quad (1 \leqslant s, \ r \leqslant m) \tag{4-30}$$

那么 r 国各行业总出口 $EX_r = (\sum_{s=1, s\neq r}^{m} EX_{rs})e$，其中 e 为累加的行向量，即 $e = (1, 1, \cdots, 1)$。

根据绮（Kee，2015）研究知，国内增加值率（$DVAR$）等于出口国内增加值（DVA）除以其总收入（y），因此，令 $D = (D_1, D_2, \cdots, D_m)$ 表示世界各国国内增加值向量，而 $d = (d_1, d_2, \cdots, d_m)$ 表示世界各国国内增加值率向量，其中：

$$d_r = \frac{D_r}{y_r} = \frac{D_r}{(E - \sum_s A_{sr})^{-1}x} = \frac{EX_r}{(E - \sum_s A_{sr})^{-1}(\sum_{s=1, s\neq r}^{m} EX_{rs})} = (E - \sum_s A_{sr})e \tag{4-31}$$

因此通过上述研究，各国 GVC 出口收入可以用下式表示：

$$GVC = \hat{d}(E-A)^{-1}EX = \hat{d}L(EX) = \begin{bmatrix} d_1L_{11}EX_1 & d_1L_{12}EX_2 & \cdots & d_1L_{1m}EX_m \\ d_2L_{21}EX_1 & d_2L_{22}EX_2 & \cdots & d_2L_{2m}EX_m \\ \vdots & \vdots & \ddots & \vdots \\ d_mL_{m1}EX_1 & d_mL_{m2}EX_2 & \cdots & d_mL_{mm}EX_m \end{bmatrix} \tag{4-32}$$

其中，$(E-A)^{-1}$ 为里昂惕夫逆矩阵，其计算过程参照世界投入产出表架构分析一节提出的计算方法。令其为 $L = (E-A)^{-1}$，在 GVC 表示公式（4-32）的矩阵中，我们取对角线上的方块矩阵 $D_r = d_rL_{rr}EX_r$ 表示 r 国家总出口（EX_r）中包含的国内增加值总和，第 r 列非对角线上的元素和为 $\sum_{s\neq r} d_sL_{sr}EX_s = FVA_r$ 表示 r 国总出口国外增加值总和。

下面将证明 r 国出口收入等于国内增加值加上国外增加值：

$$D_r + FVA_r = d_rL_{rr}EX_r + \sum_{s\neq r} d_sL_{sr}EX_s \tag{4-33}$$

又因为：

$$d_rL_{rr} + \sum_{s\neq r} d_sL_{sr} = dL_{sr} = e \tag{4-34}$$

因此：

$$D_r + FVA_r = EX_r \tag{4-35}$$

那么 GVC 矩阵横向来看，第 r 行非对角线上的元素和：

$$ID_r = d_r \sum_{s \neq t, r} L_{rs} EX_{st} \tag{4-36}$$

公式（4-36）表示 s 国和其他国家 t 之间出口贸易中包含 r 国国内增加值。

由于 s 国的总产出 y_s 可以由三个部分组成。第一部分 s 国总产出 y_s 被 r 国消费掉。第二部分是 s 国总产出被自己最终消费掉。第三部分是 s 国总产出由 r 国、s 国以外其他国家（以 t 表示）消费掉，因此：

$$y_s = y_{sr} + y_{ss} + \sum_{t \neq s, r} y_{st} \tag{4-37}$$

把公式（4-37）代入公式（4-30）中：

$$EX_{rs} = A_{rs} y_{sr} + A_{rs} y_{ss} + A_{rs} \sum_{t \neq s, r} A_{rs} y_{st} + x_{rs} \tag{4-38}$$

又因为 $EX_r = \sum_{s \neq r} EX_{rs}$，所以：

$$EX_r = \sum_{s \neq r} x_{rs} + \sum_{s \neq r} A_{rs} y_{sr} + \sum_{s \neq r} A_{rs} y_{ss} + \sum_{s \neq r} \sum_{t \neq s, r} A_{rs} y_{st} \tag{4-39}$$

由上文知，r 国出口额中包含的国内增加值总和为 $D_r = d_r L_{rr} EX_r$，因此把式代入得：

$$D_r = d_r L_{rr} \sum_{s \neq r} x_{rs} + d_r L_{rr} \sum_{s \neq r} A_{rs} y_{sr} + d_r L_{rr} \sum_{s \neq r} A_{rs} y_{ss} + d_r L_{rr} \sum_{s \neq r} \sum_{t \neq s, r} A_{rs} y_{st} \tag{4-40}$$

由于总出口额中可以划分为出口国内增加值和出口国外增加值两个部分。公式（4-40）中 r 国出口国内增加值是有几部分组成，$d_r L_{rr} \sum_{s \neq r} x_{rs}$ 表示最终产品在本国 r 所产生的增加值，也称为本国国内增加值，$d_r L_{rr} \sum_{s \neq r} A_{rs} y_{sr}$ 表示 r 国出口中间产品经 s 国加工后再回流到本国 r，也称为国内增加值折返。$d_r L_{rr} \sum_{s \neq r} A_{rs} y_{ss}$ 表示 r 国出口中间产品被 s 国生产加工后，这些产品被 s 国消费，因此这些产品包含 r 国出口国内增加值，称为直接国内增加值。$d_r L_{rr} \sum_{s \neq r} \sum_{t \neq s, r} A_{rs} y_{st}$ 表示 r 国生产中间产品经 s 国加工后出口到世界其他国家（t 国），这个过程所实现 r 国出口国内增加值，也称为间接国内增加值。以上部分构成本国国内增加值实现的来源构成，排除了上游价值链国家嵌入的国外中间产品价值，本节将国外嵌入 r 国的中间产品价值记为 FVA_r，表示 r 国出口中包含的国外增加值，所以本节将出口额（传统贸易收益）划分为本国收益（国内增加值）和上游发达国家中间产品收益（国外增加值）两个部分。

在之后章节具体测算，相关数据来源较为广泛，包括：

（1）本书有关产出和投入数据以及贸易相关的数据来源于世界投入产出表（WIOTs）数据库，涵盖了 1995 ~ 2011 年 41 个国家和地区，具体包括了欧盟 27 个国家、金砖国家、北美自由贸易区 3 个国家、日本、韩国、澳大利亚、土耳其、中国台湾地区和世界其他地区。包含了 19 个服务有关部门以及 16 个制造生产相关部门。

（2）本书运用《中国工业企业数据库》和《中国海关进出口数据库》。对于《中国工业企业数据库》的统计范围是指在中国（不含港澳台地区）年销售额在 500 万元人民币以上的制造类型企业，包括工业总产值、工业销售产值、工业增加值等相关指标。目前，该数据库提供年度数据最新为 2012 年。而《中国海关进出口数据库》是由海关总署负责统计的数据，统计范围涵盖进出口企业、进出口港口、进出口货物类型及价值等数据信息。由于数据源信息过于庞大，目前由相关研究机构收集汇集相关数据并收取费用。因此，目前该数据库可用的最新数据仅为 2009 年。

（3）本书部分数据也来源于各种统计年鉴，具体为《中国统计年鉴》《中国工业统计年鉴》以及《中国科技统计年鉴》，也有部分数据来源于相关文献的收集。

4.4 本章小结

本章构建了贸易附加值率测算模型，主要分为针对微观企业贸易附加值测算法以及行业及国家层面整体贸易附加值测算法。通过构建微观企业层面贸易附加值测算模型，研究发现企业异质性因素是干扰微观企业贸易附加值测算的重要影响因素。提出短期条件下，价格 - 成本边际值是重要的因素，较高的价格 - 成本边际值会有较高的企业国内增加值率，价格 - 成本边际值也是企业生产效率的关键指标，价格 - 成本边际值高显然企业生产效率就高。

因此，如果能够将价格－成本边际值统一为常数，就可以将企业生产效率所表现出的异质性对贸易附加值率的影响减小到最低程度，从而克服这种类型企业异质性对于贸易附加值的干扰。在构建行业、国家整体层面上的贸易附加值测算时，将直接消耗系数矩阵 A 的计算与世界投入产出表架构结合起来并且放到 MRIO 框架中进行分析，简化了里昂惕夫逆矩阵的计算量，提高了贸易附加值测算精确度。本章中，笔者介绍了贸易附加值率测算法，但是依据测算法而得出的测算结果没有论述。接下来第 5 章将结合 WIOD 数据库运用本章理论部分相应方法测算贸易附加值结果及相应的分解结果，并以中美贸易为例对行业贸易附加值进行分解分析。

| 第 5 章 |

基于贸易附加值测算的制造业价值链升级

5.1 基于国内增加值测算的制造业价值链升级

本章包含两大部分：第一部分是以测算结果中的“国内增加值”为基础，提出内源式全球价值链升级；第二部分“国外增加值”则需结合国外增加值的内涵及中国制造业在全球价值链中的分工地位，明确“国外增加值”包含的要素禀赋结构，提出外源式全球价值链升级。

5.1.1 基于 MRIO 分析框架的国内增加值测算

5.1.1.1 中国出口总额按价值来源分解

首先，笔者运用第 4 章提出 MRIO 分析框架对中国出口额进行分解，主要分为两类：第一类是出口产品中最终产成品所包含的国内增加值；第二类是出口产品中中间产品的国内增加值分解，包括直接国内增加值、间接国内增加值及国内增加值折返。

其次，是出口产品包含的国外增加值及出口增加值。从表 5 – 1 所示的情况来看，从 1996 年以来中国总出口额是逐年上升的，除 2008 年金融危机使总出口额下降外，其他年份总出口额都是不断上升，但是国外增加值从 1996 ~ 2002 年期间都是低于 200 亿美元，但是在中国加入世界贸易组织之后，国外增加值基本上都高于 200 亿美元。因此，加入世界贸易组织使中国出口中包含的国外增加值上升了，这至少说明了如下问题：一是中国总出口额虽然上升速度快，但包含的国外增加值也在相应的增加，总出口额反映的贸易收益不等于中国真实贸易收益率，从这一角度来说，传统以“总值”为统计口径的贸易收益核算法高估了中国真实贸易收益率。二是加入世界贸易组织后，中国制造业尤其是小型的加工制造企业快速地融入了全球价值链分工体系，这些从产业间贸易分工模式转向产品内分工模式使得中国加工贸易企业从全球价值链上游国家（地区）进口了大量的中间产品，这些中间产品包含的国外生产要素在中国出口产品中是不断上升的且对国内生产要素产生了替代作用，国内增加值的比重是不断下降的。

表 5 – 1　　　　中国出口总额及价值来源分解　　　　单位：亿美元

年份	第 1 列	第 2 列	第 3 列	第 4 列	第 5 列	第 6 列	第 7 列	第 8 列
	约定总出口额	最终产成品国内增加值	直接国内增加值	间接国内增加值	国内增加值折返	国外增加值	国内增加值	出口增加值
1996	1717	465.27	109.11	278.16	5.21	144.21	857.75	852.54
1997	2072	428.36	112.79	304.37	5.16	141.37	850.68	845.52
1998	2074	441.57	121.13	303.82	6.35	127.57	872.87	866.52
1999	2185	429.13	127.67	292.11	6.42	145.18	855.33	848.91
2000	2795	394.82	138.11	286.27	6.44	172.69	825.64	819.20
2001	2994	403.27	138.08	284.99	8.16	165.11	834.50	826.34
2002	3654	395.41	133.57	282.16	9.07	178.85	820.21	811.14
2003	4850	378.93	132.16	264.37	11.25	212.07	786.71	755.46
2004	6558	339.21	134.47	260.10	12.11	253.11	745.89	733.78
2005	8367	346.88	133.31	250.11	12.89	257.78	743.19	730.30

续表

年份	第 1 列	第 2 列	第 3 列	第 4 列	第 5 列	第 6 列	第 7 列	第 8 列
	约定总出口额	最终产成品国内增加值	直接国内增加值	间接国内增加值	国内增加值折返	国外增加值	国内增加值	出口增加值
2006	10616	345.87	134.88	251.17	11.57	254.41	743.49	731.92
2007	13420	356.75	136.10	247.95	13.14	246.69	753.94	740.80
2008	15815	359.20	141.27	258.16	13.11	228.10	771.74	758.63
2009	13332	394.78	133.35	263.31	14.28	193.33	805.72	791.44
2010	17435	366.27	138.16	262.49	16.59	214.40	783.51	766.92
2011	20862	356.51	136.97	269.16	20.07	217.71	782.71	762.64
均值	8046.63	387.64	131.32	272.42	10.74	196.85	802.12	790.13

注：国内增加值 = 最终产成品国内增加值 + 中间产品国内增加值 = 最终产成品国内增加值 + 直接国内增加值 + 间接国内增加值 + 国内增加值折返；出口增加值应排除国内增加值折返现象，因此，出口增加值 = 国内增加值 - 国内增加值折返。

资料来源：根据世界投入产出数据库（WIOD）计算得出。

从表 5 - 1 所示的产品结构上来看，第 2 列反映的是最终产成品出口的国内增加值，而第 3 ~ 5 列反映的是中间产品的出口国内增加值，从两者对出口国内增加值的贡献上来说，基本一致。例如，2009 年最终产品对国内增加值的贡献为 394.78 亿美元，中间产品对国内增加值的贡献为 410.94 亿美元，如果排除国内增加值折返现象，中间产品出口国内增加值为 396.66 亿美元和最终产品对国内增加值的贡献非常接近。但是整体上来说，中间产品国内增加值贡献是大于最终产成品，因为中国参与全球价值的分工程度是不断加深，特别是中国加入 WTO 以来，加工贸易的快速发展。第 3 列反映的是中间产品的直接国内增加值，第 4 列反映的是间接国内增加值，从大小来看，间接国内增加值是大于直接国内增加值，说明虽然中国制造业有一部分产业处于全球价值链最低端从事简单的加工组装环节，但是也有相当一部分产业处于全球价值链的中下游，出口产品仍是以中间产品的形态出口第三国，再经其加工组装后出口到世界其他国家。第 5 列反映的是国内增加值折返现象，特别是 2002 年以后国内增加值折返回到 2 位数且保持一定程度上的增长，这说明以下几方面问题：一是产品内贸易分工越来越精细化，中国制造业不能包含所有必要的加工组装环节，存在一定程度上的外包；二是国内产业及消费市场有一定程度上的增长，这些回流的中间产品要么进入生产制造流通领域，要么进入国内消费市场，表明上述两个市场存在不同程度上的发展。第 7 列反映的是国内增加值，通过与第 1 列对比发现，以国内增加值反映的贸易收入与以“总值”为统计口径的出口收入是完全不同，中国贸易收益中有相当一部分被全球价值链上游的发达国家获取，因此中国贸易威胁论不攻自破。第 8 列反映是出口增加值，该指标排除了国内增加值折返现象，因为贸易折返不能客观反映中国出口增加值的真实情况。

表 5－1 结果，说明出口总收入不能作为衡量一国贸易收益的有效工具。在全球价值链上游国家参与全球价值链获取的国内增加值较大，这是其参与主导全球价值链的动力源。中国总出口收入虽然逐年上升，但是其国外增加值也呈现一定程度上的增长，所以中国出口增加值并没有随着更深入的融入全球价值链而大幅度有所提高。因此，从广大的发展中国家角度而言，普遍处于全球价值链中下游，贸易收益及全球价值链分工地位亟待提高，制造业价值链升级势在必行。

5.1.1.2　不同生产环节下的国内增加值分解构成——以 iPhone 手机为例

为了深刻理解全球价值链产品内贸易分工的特点，本书以 iPhone 手机价值链分解为例，分析各国在手机生产过程中所处的生产环节及相应的分工地位。

在 2009 年，中国组装的一部 iPhone 手机，中国海关统计的出口价格为 178.96 美元，中国虽然是整机出口（最终消费品），但是 iPhone 手机生产却嵌入了多个国家和地区的生产要素价值，中国境内只是负责最后一个生产环节组装，加工收入只有 6.5 美元，占整部 iPhone 手机价值的 3.63%，在最终的零售环节，苹果公司将 iPhone 手机的定价设置为每部 iPhone 手机为 500 美元，而中国海关统计的出口价格仅为 178.96 美元/部，其差额项部分 321.04 美元/部（500 美元/部－178.96 美元/部）为其 iPhone 手机的设计和技术研发以及品牌价值，这部分收益被美国苹果公司赚取，因为这些设计和研发更多使用了美国生产要素中的智力要素价值，因此美国等发达国家才是全球价值链下新型国际贸易分工的最大受益者。

通过表 5－2 得知，差额部分 321.04 美元加上制造成本所获取的价值约

60 美元，一部 iPhone 手机美国一家获取了 381.04 美元，占总销售价格比重超过七成，而日本获取 59 美元/部，德国获取 30 美元/部，韩国获取 23 美元/部，分别占销售价格的比重为 12%、6% 和 4.6%，而中国大陆是所有参与 iPhone 手机生产国获利最微薄的一个国家，仅仅获取 6.5 美元/部，仅占销售价格的 1.3%，不仅仅是 iPhone 手机的生产情况如此，中国参与全球价值链分工下的大多数行业都有上述特征，我们仅以 iPhone 手机的生产价值链分解作为一个典型的代表而已。由此可见，中国并不像西方发达国家所说，通过参与全球价值链分工获取了巨大的贸易收益。

表 5-2　　iPhone 手机制造成本的全球价值链分解组成

国家	生产环节	国内增加值（美元）	国内增加值比率（%）
美国	软件许可证、专利费用	48	27.08
	蓝牙、iOS 软件、3G 技术	12	6.71
日本	高清屏幕	35	19.56
	闪存、内存	24	13.41
德国	GPS、摄像头、Wi-Fi、无线设备	30	16.76
韩国	芯片处理器	23	12.85
中国	组装	6.5	3.63

资料来源：根据邢和德特尔特（Xing & Detert，2010）相关研究整理。

5.1.1.3　中国主要行业出口中间产品国内增加值来源分解

表 5-3 是把中国总出口按照行业进行分类，把中间产品出口的国内增加值分为直接国内增加值、间接国内增加值、国内增加值折返并给出了总额和占比。正如表 5-3 中所示，我国绝大部分行业中间产品出口国内增加值主要是由直接国内增加值形成，按照第 3 章介绍的理论知识，直接国内增加值是我国出口的中间产品直接被进口国就地消费形成的我国出口增加值来源。例如，金属冶炼压延加工、化工及化学品、食品饮料烟草、纺织及服装、皮革羽毛及鞋类、木材及木制品、橡胶及塑料品、非金属品相关行业直接国内增加值占总的中间产品出口形成国内增加值比重均在 80% 以上；而造纸印刷及出版以及交通运输设备等行业间接国内增加值的贡献不容忽视，所谓的间接

国内增加值是指出口的中间产品被进口国加工后再出口到第三国形成的本国价值增值。因此，这表示我国在上述行业中全球价值链分工地位较高，处于该行业的全球价值链上游，特别是交通运输设备行业间接国内增加值占比高达 57.28% 。国内增加值折返是指出口的中间产品经进口国加工后再出口回流到本国实现的价值增加值，该值较高的行业有石油及核燃料、交通运输设备行业，在一般情况下，我国大部分行业国内增加值折返很小，基本上可以忽略。

表 5 – 3　　中国主要行业出口中间产品国内增加值来源分解

行业	国内增加值总额（亿美元）	直接国内增加值		间接国内增加值		国内增加值折返	
		总额（亿美元）	占比（%）	总额（亿美元）	占比（%）	总额（亿美元）	占比（%）
金属冶炼压延加工	596.85	441.27	73.93	133.89	22.43	21.69	3.63
化工及化学品	401.93	321.68	80.03	70.57	17.56	9.68	2.41
石油及核燃料	106.85	41.25	38.61	30.67	28.70	34.93	32.70
电气、电子及光学设备	2246.77	1583.82	70.49	650.21	28.94	12.74	0.57
食品饮料烟草	306.53	281.12	91.71	23.85	7.78	1.56	0.51
纺织及服装	1689.37	1401.25	82.95	280.37	16.60	7.75	0.46
造纸印刷及出版	46.82	29.91	63.88	16.25	34.71	0.66	1.41
皮革羽毛及鞋类	260.55	245.59	94.26	14.54	5.58	0.42	0.16
木材及木制品	70.21	68.93	98.18	1.10	1.57	0.18	0.26
橡胶及塑料品	286.62	250.57	87.42	30.21	10.54	5.84	2.04
非金属品	114.75	101.53	88.48	10.55	9.19	2.67	2.33
交通运输设备	360.57	110.83	30.74	206.55	57.28	43.19	11.98

资料来源：根据世界投入产出数据库（WIOD）计算得出。

基于“国内增加值”的我国制造业价值链升级研究，更多的是关注处于全球价值链底部的行业，这些行业主要从事的是简单的加工组装环节，能够嵌入的国内要素价值量相对有限。出口产品贸易附加值很低，表现为直接国内增加值占比很高，而间接国内增加值占比很低。因此，如果将出口产品国内增加值除以最终产成品的市场价格，得到国内增加值率指标。凡是能够提高我国制造业出口产品国内增加值率的方法，都应该纳入我国制造业价值链升级的范畴。所以，基于“国内增加值”的我国制造业内源式价值链升级研究更强调是如何采取有效手段，提高中国制造业相关行业的国内增加值率，为我国制造业攀登全球价值链高端领域提供内部动力。

5.1.1.4 双边贸易国内增加值核算——以中美贸易为例

在双边贸易收益核算过程中，本书以中美贸易为例分析中美两国相互出口实现的国内增加值及价值增加值来源分解，通过对比分析两国在贸易收益方面的差距。美国作为发达国家代表，属于全球价值链上游生产环节；而中国作为发展中国家代表，属于全球价值链下游生产环节。两国既是政治大国，又是经贸往来非常紧密的国家，所以通过双边贸易研究及测算结果研究，对于提出中国制造业价值链升级方案具有很好的启示作用。

表 5 -4 中第 1 列表示中国对美国的出口总额，第 2 列及第 3 列分别表示中国对美国出口获取的国内增加值（*DVA*）及国内增加值率（*DVAR*），其中国内增加值率 = 国内增加值/总出口额；第 4 列及第 5 列分别表示中国对美国出口产品，美国获取的国内增加值（*DVA*）及国内增加值率（*DVAR*）。其中总出口额、国内增加值单位为亿美元，而国内增加值率单位为百分比的形式。表 5 -4 中反映的情况来看，中国对美国出口总额一直保持上升势头，除 2009 年受国际金融危机的影响外，一直保持良好。中国获取的国内增加值和美国获取的国内增加值趋势也非常类似，但是从相对值情况来看，中国获取的国内增加值率是不断下降的，例如，1996 ~ 2002 年期间中国获取的国内增加值率一直保持在 73% 以上，但是加入世界贸易组织以来，中国对美出口获取的国内增加值率一直维持在 70% 以下；但是美国获取的国内增加值率截然相反，例如，1996 ~ 2002 年期间，美国获取的国内增加值率一直维持在 0.7% 左右，但是从 2003 年开始，美国获取的国内增加值率一直在 0.9% 附近徘徊，所以不能以绝对数来取代相对值的研究，为什么中国出口总额在不断增长，中国贸易收益率却在不断下降，原因在于中国制造企业大多数处于全球价值链下游，出口产品附加值较低，能够嵌入的国内要素价值量占最终产成品价格的比重很低，而中国对美国出口，美国的国内增加值率是上升，则是因为美国处于全球价值链上游，主导全球价值链分工体系，因此中国要想提升出口贸易收益，则首先需要解决的问题是中国制造业价值链升级。接

下来，笔者将计算分行业的国内增加值构成，在本节最后部分综合上述测算结果及影响因素分析结果，提出基于“国内增加值”的中国制造业价值链升级方案。

表5-4　　　　中国对美国出口总额及实现的国内增加值（率）

年份	第1列	第2列	第3列	第4列	第5列
	总出口额（亿美元）	中国国内增加值（*DVA*，亿美元）	中国国内增加值率（*DVAR*，%）	美国国内增加值（*DVA*，亿美元）	美国国内增加值率（*DVAR*，%）
1996	424.94	312.37	73.51	3.07	0.72
1997	524.65	410.61	78.26	3.89	0.74
1998	582.81	463.22	79.48	3.71	0.64
1999	598.96	461.01	76.97	4.21	0.70
2000	745.24	552.39	74.12	5.24	0.70
2001	771.29	580.11	75.21	5.33	0.69
2002	955.29	697.33	73.00	6.71	0.70
2003	1201.33	805.61	67.06	9.81	0.81
2004	1646.68	1089.17	66.14	18.66	1.13
2005	2105.93	1288.34	61.18	24.91	1.18
2006	2545.80	1591.27	62.51	28.89	1.13
2007	3007.92	1899.38	63.15	32.27	1.07
2008	3287.97	2189.61	66.59	33.06	1.01
2009	2906.25	2031.82	69.91	24.51	0.84
2010	3666.97	2489.65	67.89	32.69	0.89
2011	4128.43	2810.33	68.07	37.18	0.90

资料来源：根据世界投入产出数据库（WIOD）计算得出。

从表5-5中可以看出，中国对美国出口产品实现的国内增加值按来源可进一步分解为直接国内增加值、间接国内增加值以及国内增加值折返。本表是依据WIOD数据库中的2011年WIOTs数据按行业分布计算而得。从对美出口实现的国内增加值来看，中国贸易收益来源最大的行业主要为电气、电子及光学设备行业，其次为租赁业、纺织及服装、机械制造，国内增加值最小的行业为卫生及福利业，仅为0.21亿美元。从直接国内增加值反映的情况来看，中国对美国出口大多数行业国内增加值来源主要由直接国内增加值贡献，例如，电气、电子及光学设备行业 2011 年实现的国内增加值总额为 900.45 亿美元，其中直接国内增加值贡献率高达 93.47%，说明中国大多数行业和美国相比处于全球价值链下游，但是交通运输设备行业例外，从表 5 - 5 中反映的情况来看，2011 年中国对美国出口产品中，交通运输设备行业直接国内增加值占比为 21.47%，间接国内增加值占比为 65.51%，说明中国交通运输设备行业已经处于全球价值链上游，中国对美国出口该行业设备属于出口比较优势产品，更有利于本国贸易收益率提高。从表 5 - 5 合计的结果来看，2011 年中国对美国出口实现的国内增加值为 2810.33 亿美元，直接国内增加值为 2581.00 亿美元，占比 91.84%，间接国内增加值 207.37 亿美元，占比 7.38%，国内增加值折返为 21.96 亿美元，占比 0.78%。因此，相对于美国而言，中国制造业位于全球价值链下游，进口美国生产的高技术中间产品，出口最终产成品或接近产成品的中间产品，获取贸易收益的能力有待进一步提高。美国出口比较优势中间产品，位于全球价值链上游，获取的贸易收益较高。从分行业情况来看，交通运输设备行业全球价值链升级经验值得借鉴，特别是高铁技术的成功推广对于制造业价值链升级具有重要的启示，在本小节后续部分再深入论述。

表 5 - 5　　中国对美国出口增加值来源及行业分布情况

行业	国内增加值总额（亿美元）	直接增加值		间接增加值		增加值折返	
		总额（亿美元）	占比（%）	总额（亿美元）	占比（%）	总额（亿美元）	占比（%）
金属冶炼压延加工	116.27	104.51	89.89	9.27	7.97	2.49	2.14
化工及化学品	127.38	106.31	83.46	20.11	15.79	0.96	0.75
石油及核燃料	5.21	4.01	76.97	1.02	19.58	0.18	3.45
电气、电子及光学设备	900.45	841.62	93.47	49.31	5.48	9.52	1.06
食品饮料烟草	58.73	54.21	92.87	4.11	7.00	0.41	0.70
纺织及服装	300.11	298.21	99.37	1.81	0.60	0.09	0.03
造纸印刷及出版	19.01	13.17	69.28	5.43	28.56	0.41	2.16
皮革羽毛及鞋类	136.57	135.22	99.01	1.21	0.89	0.14	0.10

续表

行业	国内增加值总额（亿美元）	直接增加值		间接增加值		增加值折返	
		总额（亿美元）	占比（%）	总额（亿美元）	占比（%）	总额（亿美元）	占比（%）
木材及木制品	21.02	20.87	99.29	0.13	0.62	0.02	0.09
橡胶及塑料品	97.83	92.88	94.94	4.87	4.98	0.08	0.08
非金属品	40.21	39.01	97.02	1.03	2.56	0.17	0.42
交通运输设备	89.33	19.18	21.47	65.51	73.33	4.64	5.19
农、林、牧、渔	16.59	15.08	90.90	1.41	8.50	0.10	0.60
采矿业	5.01	4.01	80.04	0.91	18.16	0.09	1.80
其他制造及资源再循环	137.28	132.57	96.57	4.43	3.23	0.28	0.20
电力、燃气及水生产	1.71	1.68	98.25	0.03	1.75	0.00	0.00
零售贸易（除机动车外）	20.13	20.13	100.00	0.00	0.00	0.00	0.00
内陆和水陆运输	6.87	5.36	78.02	1.41	20.52	0.10	1.46
航空运输	50.31	49.01	97.42	0.97	1.93	0.33	0.66
租赁业	376.57	366.21	97.25	9.48	2.52	0.88	0.23
卫生及福利	0.21	0.19	90.48	0.02	9.52	0.00	0.00
机械制造	281.98	256.99	91.14	24.11	8.55	0.88	0.31
居民私人服务、其他服务	1.55	0.57	36.77	0.79	50.97	0.19	12.26
合计	2810.33	2581.00	91.84	207.37	7.38	21.96	0.78

资料来源：根据世界投入产出数据库（WIOD）计算得出。

以上部分是中国对美国出口的测算结果，那么美国对中国出口，中国实现的国内增加值以及行业分布情况如何？下面将继续研究。

表5－6反映的是美国对中国出口实现的美国国内增加值（率）以及中国国内增加值（率）。从表5－6反映的情况来看，美国对中国出口，美国获取的国内增加值和国内增加值率要远远大于中国。例如，2011年，美国对中国出口，美国实现国内增加值为1465.71亿美元，国内增加值率为83.59%，但是中国只获得了30.06亿美元，实现国内增加值率仅为1.71%。将表5－6与表5－4结合起来看，2011年中国对美国出口实现的中国国内增加值为

2810.33 亿美元，国内增加值率为 68.07%，所以美国对中国出口美方获取的国内增加值率要远远大于中国对美国出口中方获取的国内增加值率。为了深刻揭示国内增加值的行业分布特征，下表列出美国对中国出口美方国内增加值行业分布状况。

表 5-6　　美国对中国出口总额及实现的国内增加值（率）

年份	第 1 列	第 2 列	第 3 列	第 4 列	第 5 列
	总出口额（亿美元）	中国国内增加值（*DVA*，亿美元）	中国国内增加值率（*DVAR*，%）	美国国内增加值（*DVA*，亿美元）	美国国内增加值率（*DVAR*，%）
1996	138.00	0.28	0.20	112.87	81.79
1997	162.87	0.46	0.28	134.51	82.59
1998	152.72	0.46	0.30	124.88	81.77
1999	164.89	0.51	0.31	133.63	81.04
2000	192.71	0.73	0.38	152.97	79.38
2001	226.00	0.95	0.42	183.35	81.13
2002	240.94	1.11	0.46	197.61	82.02
2003	310.55	1.72	0.55	257.81	83.02
2004	421.69	3.89	0.92	336.17	79.72
2005	503.92	7.01	1.39	402.11	79.80
2006	671.84	10.51	1.56	535.86	79.76
2007	836.51	12.99	1.55	661.52	79.08
2008	1049.28	16.47	1.57	838.91	79.95
2009	1029.49	14.33	1.39	867.22	84.24
2010	1374.81	20.87	1.52	1128.10	82.05
2011	1753.40	30.06	1.71	1465.71	83.59

注：国内增加值率（DVAR）= 国内增加值（DVA）/总出口额（EX）。
资料来源：根据世界投入产出数据库（WIOD）计算得出。

表5－7计算了美国对中国出口产品，美国获取的国内增加值及来源分解，利用WIOD数据库中的WIOTs数据，以2011年数据计算而得。从表5－7反映的情况来看，美国对中国出口贸易中，国内增加值主要集中于以下行业：电气、电子及光学设备，居民私人服务及其他服务，租赁业，卫生及福利业，农、林、牧、渔，金属冶炼压延加工、化工及化学品，这些行业美国对中国出口获取的国内增加值较高。从直接国内增加值角度看，美国对中国出口获取的国内增加值大多数是由直接国内增加值贡献，例如，内陆和水路运输，航空运输，租赁业，卫生及福利业，居民私人服务、其他服务，石油及核燃料，金融业，农、林、牧、渔，采矿业，等等，这些行业直接国内增加值占比都在95%以上，卫生及福利业甚至高达99.80%，这表明中国从美国进口这些行业产品一般情况下被国内直接消耗掉，美国出口产品以及中国进口产品多表现为服务、最终产成品。而美国对中国出口需中国再加工后出口到世界其他国家以此来实现美国国内增加值的行业如下：电气、电子及光学设备，金属冶炼压延加工，橡胶及塑料品，交通运输设备，其他制造及资源再循环，等等，这些行业通过跨国公司全球经营将部分生产环节转移到中国，美国对中国出口多表现为中间产品，主要包含了美国大量的智力要素及科技要素价值，这些中间产品中的要素价值需经中国加工后美国贸易收益才能实现，因此也进一步折射出中国在这些行业融入全球价值链分工体系的程度较深。国内增加值折返测算结果中，以下行业值得关注：教育行业，邮政通信业，卫生及福利业，居民私人服务、其他服务行业中国内增加值折返为零，说明这些行业美国具有独特的巨大优势，不存在与美国相关行业加工再回流到美国的情况。

表5－7　　美国对中国出口增加值来源及行业分布情况

行业	国内增加值	直接增加值		间接增加值		增加值折返	
	总额（亿美元）	总额（亿美元）	占比（%）	总额（亿美元）	占比（%）	总额（亿美元）	占比（%）
金属冶炼压延加工	99.56	85.11	85.49	13.66	13.72	0.79	0.79
化工及化学品	99.13	91.15	91.95	6.88	6.94	1.10	1.11
石油及核燃料	6.01	5.72	95.17	0.26	4.33	0.03	0.50

续表

行业	国内增加值	直接增加值		间接增加值		增加值折返	
	总额（亿美元）	总额（亿美元）	占比（%）	总额（亿美元）	占比（%）	总额（亿美元）	占比（%）
电气、电子及光学设备	301.88	223.76	74.12	65.71	21.77	12.41	4.11
食品饮料烟草	33.57	29.64	88.29	3.02	9.00	0.91	2.71
金融业	18.91	18.81	99.47	0.09	0.48	0.01	0.05
造纸印刷及出版	32.57	29.87	91.71	2.56	7.86	0.14	0.43
教育	0.26	0.24	92.31	0.02	7.69	0.00	0.00
木材及木制品	11.02	10.21	92.65	0.67	6.08	0.14	1.27
橡胶及塑料品	16.03	9.77	60.95	5.21	32.50	1.05	6.55
非金属品	9.71	7.83	80.64	1.67	17.20	0.21	2.16
交通运输设备	72.27	66.42	91.91	5.13	7.10	0.72	1.00
农、林、牧、渔	114.51	113.98	99.54	0.45	0.39	0.08	0.07
采矿业	12.77	12.38	96.95	0.36	2.82	0.03	0.23
其他制造及资源再循环	16.23	7.86	48.43	6.51	40.11	1.86	11.46
电力、燃气及水生产	0.05	0.02	40.00	0.02	40.00	0.01	20.00
邮政通信	10.21	9.60	94.03	0.61	5.97	0.00	0.00
内陆和水陆运输	31.27	31.00	99.14	0.26	0.83	0.01	0.03
航空运输	54.51	51.80	95.03	2.18	4.00	0.53	0.97
租赁业	154.27	150.03	97.26	1.58	1.02	2.66	1.72
卫生及福利业	146.21	145.92	99.80	0.29	0.02	0.00	0.00
居民私人服务、其他服务	224.76	224.08	99.70	0.67	0.30	0.01	0.00
合计	1465.71	1325.20	90.41	117.81	8.04	22.70	1.55

资料来源：根据世界投入产出数据库（WIOD）计算得出。

表 5－8 列出了中美双边贸易汇总情况，给出了以传统统计口径和以增加值统计口径两种不同形式的核算结果。由表 5－8 可知，传统统计口径核算的中美贸易收益明显偏高，例如，2010 年中美贸易收益顺差 2292.16 亿美元，但是以增加值为统计口径的贸易收益核算中美贸易顺差仅有 1361.55 亿美元，

高估了68.35%。这一方面反映出全球价值链“产品内贸易分工”的特点；另一方面也反映出两种贸易收益核算法存在本质上的差别。全球价值链分工突出表现就是国与国之间中间产品贸易量的迅速增长，如果仍以传统统计口径来核算贸易收益，由于没有剔除进口中间产品价值，贸易收益核算的结果必然是偏高的。全球价值链升级研究一方面要准确的提出全球价值链升级方案；另一方面要精准定位一国（地区）某行业在全球价值链分工地位问题，这些都依赖于准确的贸易收益核算法。那么就我国而言，中国目前大多数行业处于全球价值链中下游，制造业价值链升级更多的是想方设法提高本国出口国内增加值，对于已经领先成熟的行业，如交通运输设备行业一方面要扩大比较优势中间产品的出口，以此提高出口国内增加值；另一方面康振宇（2015）和林忠钦（2016）认为扩大本国出口产品的影响力，树立“中国品牌”至关重要。对于全球价值链底部行业：一是要去产能、去库存，坚决淘汰落后产能；二是加快落后行业进口中间产品的国内生产配套能力建设；三是要加快制造业技术装配水平的提升，提升本国要素价值嵌入量。

表5-8　　中美双边贸易收益核算法对比汇总

年份	传统统计口径（亿美元）			增加值统计口径（亿美元）			高估程度（%）
	中美出口	美中出口	贸易差额	中国DVA	美国DVA	ΔDVA	
1996	424.94	138.00	286.94	312.37	112.87	199.50	43.83
1997	524.65	162.87	361.78	410.61	134.51	276.10	31.03
1998	582.81	152.72	430.09	463.22	124.88	338.34	27.12
1999	598.96	164.89	434.07	461.01	133.63	327.38	32.59
2000	745.24	192.71	552.53	552.39	152.97	399.42	38.33
2001	771.29	226.00	545.29	580.11	183.35	396.76	37.44
2002	955.29	240.94	714.35	697.33	197.61	499.72	42.95
2003	1201.33	310.55	890.78	805.61	257.81	547.80	62.61
2004	1646.68	421.69	1224.99	1089.17	336.17	753.00	62.68
2005	2105.93	503.92	1602.01	1288.34	402.11	886.23	80.77
2006	2545.80	671.84	1873.96	1591.27	535.86	1055.41	77.56
2007	3007.92	836.51	2171.41	1899.38	661.52	1237.86	75.42

续表

年份	传统统计口径（亿美元）			增加值统计口径（亿美元）			高估程度（%）
	中美出口	美中出口	贸易差额	中国 DVA	美国 DVA	ΔDVA	
2008	3287.97	1049.28	2238.69	2189.61	838.91	1350.70	65.74
2009	2906.25	1029.49	1876.76	2031.82	867.22	1164.60	61.15
2010	3666.97	1374.81	2292.16	2489.65	1128.10	1361.55	68.35
2011	4128.43	1753.40	2375.03	2810.33	1465.71	1344.62	76.63

资料来源：根据世界投入产出数据库（WIOD）计算得出。

5.1.2 国内增加值主要影响因素分析

本章以上部分结合的是 WIOD 数据库并运用第 4 章贸易附加值测算法给出了相应的测算结果并以表格的形式呈现，这对于准确分析中国在全球价值链定位及贸易收益核算至关重要，为全球价值链升级方案的提出指明了问题方向。但是测算研究是以测算结果的形式给出，缺乏变量间影响因素分析，基于“国内增加值”的制造业价值链升级研究须从反映哪些因素会影响国内增加值及影响方向和大小入手，结合上文提出的测算结果给出具体的中国制造业价值链升级方案。

5.1.2.1 长期企业国内增加值主要影响因素实证设计

企业国内增加值率会受到国内外进口中间投入品相对价格的影响，通过绮和唐（Kee & Tang，2015）等的研究，至少有三个主要因素影响国内外进口中间投入品相对价格分别是汇率、关税及外商直接投资，通过实证研究需判断三者对企业国内增加值影响方向。

假设本国生产的中间投入品与进口中间投入品可以相互替代。因此，汇率会直接影响国内外进口中间投入品相对价格，也会对出口产品价格产生一定的影响，从而决定各国出口产品海外市场竞争力，所以在分析企业国内增加值或利润时不可忽略汇率的重要作用（张杰，2013）。定义汇率为 E_t（间接标价法），它表示 1 个单位人民币（元）可以兑换成外国货币的数量。假定进口中间投入品外币价格不变，当 E_t 上升时，本币升值，折算成本币价格后，进口中间投入品相对价格是下降的。由于假设条件，进口中间投入品国内需求量会上升，本国生产的中间投入品需求量下降，可以嵌入的国内要素价值量也会被进一步压缩，从而对企业国内增加值率产生影响。反之，国内生产的中间投入品需求上升，国内要素嵌入量也会随之提高。

假设国内中间投入品生产厂商对进口中间投入品关税税率敏感并且国内外中间投入品可以相互替代。国内中间投入品相对价格会受到进口中间投入品关税影响，因为当关税税率上升时，进口中间投入品本币相对价格上升，由于假设国内外中间投入品可以相互代替，从而进一步影响一般贸易出口企业国内增加值率；而加工贸易出口企业按照中国税法规定不受进口中间投入品关税的影响，因为加工贸易出口企业在出口产品时，进口的中间投入品是免税的。国内外中间投入品相对价格变化也会对国内生产的中间投入品种类和质量产生影响。根据约翰逊和诺盖尔（Johnson & Noguera，2012）研究，随着关税税率降低以及贸易便利化程度提升，一般贸易出口企业进口原材料的价格会下降，由于中国产业分布特征，一般贸易出口企业位于加工贸易出口企业产业链上游，当一般贸易出口企业进口原材料的成本下降，会促进一般贸易出口企业改善其生产的中间投入品质量，增加其种类，这一过程又会让下游加工贸易出口企业国内中间投入品采购率上升。从整条价值链来看加工贸易出口企业国内增加值率会随国内中间投入品质量改进和种类增加而增加。

企业国内增加值率也会受到外商直接投资的影响。根据罗德里格斯（Rodriguez，1996）、陈和胡（Chen & Hu，2012）等的研究：制造业某部门外商直接投资增加将会增加对国内生产中间投入品的需求，导致产业链上游一般贸易出口企业生产的国内中间投入品质量改进及种类增加，那么下游产业链上的加工贸易出口企业也会因此受益，增加国内中间投入品使用，最后嵌入最终产品的国内要素价值量是提高的，改善了加工贸易出口企业的国内增加值率。例如，国产手机行业外商直接投资增加可能导致对手机零部件等中间投入品需求增加，进一步导致如处理器、屏幕等行业国内生产的中间投入品种类增加和质量改进，最后提高所有国产手机相关行业的国内增加值率。

企业国内增加值率受国内外进口中间投入品相对价格的影响。而汇率、关税及外商直接投资又会对国内外进口中间投入品相对价格产生影响，进一步影响企业国内增加值率。实证方程既要反映出影响国内外进口中间投入品相对价格影响因素，也要反映出相对价格在企业国内增加值率影响因素分析中起到的中介作用。为此，实证方程组设计如下：

$$DVAR_{it} = \alpha_0 + \beta_{it} + \beta_0 DVAR_{it-1} + \beta_x X_{it} + \eta Y + \gamma_{indus} + \gamma_{provin} + \gamma_{year} + \varepsilon_{it} \tag{5-1}$$

$$\Delta\beta_{it} = V_i^1 + V_p^1 \Delta\ln\left(\frac{P_{it}^I}{P_{it}^D}\right) + o_{it}^1 \tag{5-2}$$

$$\Delta\ln\left(\frac{P_{it}^I}{P_{it}^D}\right) = V_i^2 + V_E^2 \Delta\ln E_{it} + V_v^2 \Delta\ln V_{it}^D + o_{it}^2 \tag{5-3}$$

$$\Delta\ln V_{it}^D = V_i^3 + V_E^3 \Delta\ln E_{it} + V_T^3 \Delta T_{kt}^U + o_{it}^3 \tag{5-4}$$

在本组实证方程中，实证方程（5－1）中 $DVAR$ 是因变量，根据张杰等（2013）研究发现，企业出口国内增加值率具有延续性特征，由于具有时间等特性，因此在计量方程中加入一期滞后变量。X 是自变量，Y 表示控制变量集合，γ_{indus}、γ_{provin}、γ_{year}分别表示不同行业特征、不同省份特征，不同时间段特征的虚拟变量，并进行了约束化处理。ε_{it}表示随机误差项，其他为相应的待估参数。在实证方程（5－2）中，Δ 代表变量的波动幅度，ln 对变量进行了平滑效应处理，P^I 表示进口中间投入品本币价格，P^D 表示本国生产中间投入品市场价格，o^1 为随机误差项，方程 V^1 为待估参数。在实证方程（5－3）中，E 表示汇率，V^D 表示国内生产中间投入品种类数量，V^2 为实证方程待估参数。在实证方程（5－4）中，T^U 表示为行业内上游一般贸易企业面临的进口原材料平均关税，V^3 为实证方程待估参数。

实证方程组中，各实证方程的经济含义如下：实证方程（5－1）是反映影响企业出口国内增加值的各个影响因素。根据前文理论部分及相关文献研究可知，全球价值链主导的新型国际贸易分工最显著的特点就是“产品内贸易分工”，每个国家承担各自的生产环节，由于生产环节分散化，各国制造企业处于不同生产环节，那么获取相应的出口国内增加值率亦不同。按照传统国际贸易理论，通常将出口企业划分为一般贸易出口企业和加工贸易出口企业，但现实情况是有些企业既可能从事一般贸易也可能同时从事加工贸易，称为混合贸易出口企业。不仅如此，出口企业类型不同，在中间投入品使用及生产技术要求也会发生不同，在实证方程组设计中需要甄别出口企业贸易类型对其国内增加值率的影响。不同的贸易类型企业所处的行业也会不同，类似差异还表现为省份差异及时间差异（年份差异），因此需要对行业特征差异、省份特征差异及年份特征差异进行约束化处理，并将约束效应纳入实证方程虚拟变量之中。企业的行业特征（*indus*）、省份特征（*provin*）、年份特征（*year*）进行了固定效应处理。前文所述，进口中间投入品相对价格会影响企业出口国内增加值率。实证方程（5－2）就是反映进口中间投入品相对价格，即进口中间投入品本币价格除以国内生产的中间投入品价格的比重。实证方程（5－3）是反映汇率以及产业链上游一般贸易出口企业生产中间投入品种类数量对进口中间投入品相对价格的影响。假设 E_t（间接标价法）上升，本币升值条件下进口中间投入品相对价格下降，进口中间投入品和国内生产的中间投入品可以相互替代，所以，进口中间投入品需求上升；反之，需求下降。实证方程（5－4）主要是揭示国内生产的中间投入品种类数量受到产业链上游一般贸易出口企业进口原材料所面临的关税及汇率影响。关税和汇率变化直接影响一般贸易企业进口成本，进一步影响企业生产决策，产业链下游加工贸易出口企业国内增加值率也随之变化。

5.1.2.2 短期企业国内增加值主要影响因素实证设计

在短期条件下，企业面临价格黏性，企业间存在异质性问题，将导致由微观企业国内增加值率向行业及国家层面国内增加值率测算推演时发生偏误。然而，企业间异质性问题表现方式有多种，其中所有权类型差异是企业间异质性问题的主要类型之一。在实证分析过程中，需要判断出哪一种所有权类型的组织形式更加有利于企业国内增加值率的提高。参照张杰（2013）等的做法，本书以国有企业为参照系，将企业类型分为私人企业（*private*），法人企业（*legal*），集体企业（*collective*），非港澳台的外商企业（*foreign*），港澳台企业（*hkp*）。本小节设计实证方程重点反映三个因素对企业国内增加值率的影响，分别为企业所有权类型、企业贸易出口类型及贸易出口目的地，因此，实证方程设计如下：

$$DVAR_{it} = \alpha_0 + \beta_0 DVAR_{it-1} + \beta X_{it} + \eta Y + \gamma_{indus} + \gamma_{provin} + \gamma_{year} + \varepsilon_{it} \quad (5-5)$$

实证方程（5－5）中，下标 i 表示企业，下标 t 表示时间，X_{it} 为解释变量，Y 为控制变量集合，参数 β 是待估计参数。

实证方程（5－5）中等号右边 *DVAR* 表示企业出口国内增加值率，作为被解释变量，由于该变量具有延续性时间特征，所以在等号右边加入了滞后一期的变量。对解释变量而言，因研究对象不同而发生相应改变。根据罗德里格斯（Rodriguez，1996）、陈和胡（Chen & Hu，2012）等人的研究，企业出口国内增加值率与外商直接投资间接正相关，因为前文所述，外商直接投资会增加产业链上游一般贸易出口企业生产的国内中间投入品种类和质量（V^D），由于中间投入品种类和质量（V^D）与企业出口国内增加值率（*DVAR*）是正相关关系，所以企业出口国内增加值率（*DVAR*）与外商直接投资间接正相关。但是，在实证方程设计中，假设两者是直接正相关关系。首先外商直接投资作为解释变量，可以通过实证方程直接反映出对 *DVAR* 的影响。其次，外商直接投资（*FDI*）数据较易获得，而国内中间投入品种类和质量（V^D）改进没有办法获取相应数据并量化。最后，*FDI* 作为解释变量不会改变实证目的，降低实证数据复杂性的同时提高了实证结论的可靠性。实证方程等号右边 *Y* 为控制变量集合，相关变量：①企业规模（*scale*），该变量说明企业规模对于相关因素的影响，通常以固定资产和企业技术员工的总人数的对数表示。②企业存续时间（*age*），就是反映出企业从成立到现在所经历的时间跨度，以年表示。③面临的市场竞争环境（*competive*），企业的产品进入市场时面临相似产品竞争，竞争力大小取决于产品的竞争力。因此，一般采用赫芬达尔－赫希曼指数。④企业的贸易出口类型，按照上文分析，企业贸易出口类型与企业国内增加值率密切相关，以一般贸易出口企业为对照，包括：加工贸易出口企业（*process*），混合贸易出口企业（既从事加工贸易出口同时从事一般贸易出口企业，以 *mix* 来表示）。⑤企业所有制类型，不同类型企业的所有制安排会对企业国内增加值率造成一定的影响，本书希望通过实证模型进一步判断出口中哪一种所有权组织类型更有助于企业国内增加值率的提高。

5.1.2.3 数据来源及处理

目前学界对贸易附加值研究主要是利用非竞争型投入产出表（即 I-O 表），该表具有如下特点：首先，该表数据更新周期较长，一般每五年更新一次。其次，该表主要是运用于贸易附加值宏观测算研究，涉及微观企业层面数据，尤其是反映企业异质性问题相关数据，该表无法提供。最后，该表无法提供直接投入产出系数，需要另行估算，也没有办法反映诸如进口中间投入品相对价格变化等外生冲击因素。

基于以上原因，本节运用两个主要数据库，分别为《中国海关进出口数据库》和《中国工业企业数据库》。对于《中国海关进出口数据库》是由海关总署负责收集、整理相关数据，涵盖范围包括进出口企业、进出港口、进出口货物类型、价值等相关信息。由于数据源信息过于庞杂，相关机构提供数据使用并收取费用。目前，该数据库可用的最新数据仅为2009年。而《中国工业企业数据库》涵盖范围包括中国大陆地区年销售额在500万元人民币以上的制造企业，包括工业总产值、工业销售产值、工业增加值等相关指标。目前，该数据库可用的最新年度数据为2012年。

对于本书数据处理如下：第一，删除研究样本中赋值不合理的观测值。第二，对于研究样本中企业营业状态及性质进行审核，对于企业倒闭及非制造类型企业从研究样本中删除。第三，对于月度数据需要累加成年度数据。第四，两类样本中，涉及的企业名称必须完全一致，否则从样本中删除。第五，对于贸易代理商、从事间接贸易企业、从事贸易折返类型的企业从研究样本中删除。第六，合并样本中，《中国海关进出口数据库》最新样本期为2009年，故本书样本时期为2000～2009年。这样本书最终得到样本为173661个观测值，一般贸易企业为39782个，加工贸易企业为90221个，混合贸易企业为43658个。为了消除极端值的影响，本书也对变量进行了缩尾（Winsorze）处理。进口中间投入品中可能包含了一些最终消费品和资本品，因此必须结合中国海关数据和联合国BEC分类标准，剥离出我们所需要的数据，其中BEC产品分类是可以与中国海关数据HS-6分类产品编码对应起来。本书所用的汇率均是名义汇率，按照人民币汇率中间价进行计算，数据来源于国家外汇管理局统计数据。外商直接投资数据来源于中华人民共和国国家统计局，单位为万美元。关税税率来源于中华人民共和国海关总署。国内进出口相对价格数据来源于《中国海关进出口数据库》，单位为美元。

5.1.2.4 实证结果分析

首先对长期企业国内增加值影响因素实证部分进行分析，判断各个影响因素对企业国内增加值率的影响方向，实证结果如表5－9所示。

表5－9　　同行业内企业国内增加值率的影响因素

变量	第1列	第2列	第3列
	$\Delta DVAR_{it}$	$\Delta\ln(P^I/P^D)_{it}$	$\Delta\ln V^D_{it}$
$\Delta\ln(P^I/P^D)_{it}$	0.2450*** (0.0360)		

续表

变量	第 1 列	第 2 列	第 3 列
	$\Delta DVAR_{it}$	$\Delta\ln(P^I/P^D)_{it}$	$\Delta\ln V_{it}^D$
$\Delta\ln E_{it}$		-0.2170 (0.2550)	-0.0700*** (0.0180)
$\Delta\ln V_{it}^D$		10.6490*** (1.4890)	
ΔT_{it}^U			-0.0260*** (0.0070)
$\Delta\ln(FDI_{it})$			0.0050* (0.0020)
样本数	173661	173661	173661
R^2	0.7350	0.7880	0.8340

注：括号中数字表示相应的 p 值；*、** 和 *** 分别代表 10%、5% 和 1% 的显著性水平；E_{it} 用人民币升值来分析，表中对行业进行了固定效应处理。

资料来源：笔者计算整理。

表 5-9 中第 1 列表示进口中间投入品相对价格与行业内企业国内增加值率之间的相关关系，相关系数为正数显示出两者具有正相关关系，即进口中间投入品相对价格上升，企业出口国内增加值率也相应上升。

表 5-9 中第 2 列和第 3 列表示进口中间投入品相对价格与一般贸易企业生产国内中间投入品种类及汇率之间的关系。从相关系数可以判断，进口中间投入品相对价格与汇率负相关，与国内中间投入品种类正相关。即当国内中间投入品种类增加值，进口中间投入品相对价格上升，由于进口中间投入品与国内生产的中间投入品是替代品，那么进口中间投入品国内市场竞争力下降，本国生产的中间投入品使用量是上升，进一步提高了嵌入最终产品中的国内要素价值量。因此，企业出口国内增加值率上升。E_{it}上升，本币升值，进口中间投入品相对价格是下降的，进口中间投入品国内市场竞争力是上升的。因此，企业不断用进口中间投入品来取代国内生产的中间投入品，嵌入最终产品国内要素价值量下降，企业出口国内增加值率下降，人民币过快升值不利于企业出口国内增加值率提升。通过实证分析，产业链上游一般贸易

出口企业应加快研发投入，改善国内中间投入品质量。政府可以对一般贸易出口企业进行补贴，促进行业内企业持续健康发展，对从事一般贸易出口企业产生的技术研发投入费用进行税收抵减优惠，提高产业链上游企业技术研发投入的积极性，最终提高整个行业内生产的国内中间投入品技术复杂度。表 5-9 中第 3 列是实证方程的实证展示，通过实证结果可以判断：产业链上游一般贸易出口企业进口原材料所面临的关税与其生产的中间投入品种类之间是负相关关系。当进口原材料关税下降，一般贸易出口企业生产成本降低，促进了企业进行技术研发活动的动力，进一步提高企业出口国内增加值率，而加工贸易出口企业按照中国税法规定是免除进口关税的，因此不受影响。外商直接投资会提升对国内中间投入品的需求，刺激产业链上游一般贸易出口厂商改善生产技术，提高国内中间投入品种类和质量，从而提高加工贸易出口企业国内增加值率。外商直接投资对企业出口国内增加值率影响的进一步研究将在实证方程中重点阐述。

对简化后的实证方程进行实证分析后发现，企业的异质性因素对实证方程的检验造成了一定的影响，即使本书检验过程中对部分企业的异质性因素进行了固定效应处理，但是由于一些不可观测的因素以及企业自身原因，例如，产品质量中包含的技术创新，人力资源差异等都会对实证检验造成一定的误差。为了能够对收集的面板数据加以利用，需要将企业数据按照地理区域（包含省份、城市）进行聚类化处理，相应地把简化后实证方程的随机误差项 ε_{it} 进行分解处理，主要分为两个部分，一部分是服从独立同分布（i. i. d 分布）的剩余误差项，还有一部分是时间序列无关的企业异质性。如果对随机误差项进行上述处理，之后便会产生两个问题：首先实证方程中的自变量与实证方程中的随机误差项是相关的，从而无法运用最小二乘法来进行分析。最后，实证方程中的控制变量与因变量互为因果，产生内生性问题。

本书采用两步法 GMM 解决上述问题：第一步，明确实证方程中工具变量的合理滞后期；第二步，采用国际惯用的 Sorgan-Hansen 检验对工具变量进行约束性检验，之后对实证方程模型的二阶残差序列进行相关性 AR（2）检验，从实证结果来看，该模型方程通过了基本检验。

通过表 5-10 的研究发现，解释变量 *FDI* 会对企业出口的国内增加值率造成影响，特别是当表 5-10 第 1 列对所有的样本进行回归发现，（省的 *FDI*/省的实际 *GDP*）是以省作为聚类变量，处理后发现中国某省份吸引的外商直接投资越多，相应的企业出口国内增加值率越多，但是并不是外商直接投资越多对所有类型的企业都是有利的，外商直接投资会对企业从事的贸易出口类型造成不同方面的影响。从表 5 - 10 第 2 ~ 4 列回归结果表明，外商直接投资对从事一般贸易出口企业的 DVAR 的提高并不显著，但是对于从事加工贸易出口企业和混合贸易出口企业有着显著的影响，根据前文实证部分分析知，外商直接投资会提高上游非加工贸易出口企业生产的国内中间投入品的种类，从而为下游加工贸易出口企业国内增加值率提高打下重要的基础，但是对于混合贸易出口企业，前文的实证部分没有办法做出合理的解释，通过回归分析，表 5 - 10 的回归结论明确了外商直接投资有助于混合贸易出口企业国内增加值率的提升。

表 5 - 10　　中国企业出口国内附加值率影响因素的实证结果（一）

变量	第 1 列	第 2 列	第 3 列	第 4 列	第 5 列
	全样本	一般贸易	加工贸易	混合贸易	本土
DVAR	0.5771*** (6.7902)	0.7631*** (5.8202)	0.4611*** (4.7602)	0.4021 (1.0102)	0.3991 (0.6402)
FDI	0.5471*** (4.1899)	0.4801 (1.1799)	0.6011*** (4.4899)	0.2411** (2.3999)	-0.2801 (-1.1619)
scale	-0.0021 (-0.2301)	0.0231*** (4.5601)	0.0091** (2.8001)	0.0111** (2.5601)	0.0021 (0.3601)
age	0.0004 (0.7901)	0.0004 (0.6301)	0.0002 (1.4301)	0.0004 (0.7001)	0.0004 (0.3801)
competive	-0.1491 (-1.3201)	0.0501 (0.4101)	-0.2381 (-0.6301)	-0.1091 (-0.6901)	-0.1341 (-0.8101)
process	-0.2611*** (-15.3801)				-0.5491*** (-5.8601)
mix	-0.0711*** (-5.6201)				-0.4481*** (-6.4801)
private	0.0230** (2.2900)	0.1270*** (3.2100)	0.0389 (1.0000)	0.0120 (0.5900)	0.2019*** (5.2600)

续表

变量	第 1 列	第 2 列	第 3 列	第 4 列	第 5 列
	全样本	一般贸易	加工贸易	混合贸易	本土
legal	-0.0191 (-1.1806)	0.0351 (1.0701)	0.0171 (0.5103)	-0.0411* (-1.9702)	-0.0221 (-0.8699)
collective	-0.0331 (-1.1501)	-0.0081 (-0.1401)	0.0491 (1.2001)	-0.0601** (-2.3201)	-0.1031* (-1.6901)
foreign	-0.1321*** (-7.5511)	-0.0229 (-0.9001)	-0.0849** (-2.5303)	-0.1619*** (-6.4602)	
hkp	-0.0989*** (-6.6110)	0.0179 (0.7220)	-0.0518 (-1.1610)	-0.1260*** (-5.8011)	
Hansen-Sagan	0.3300	0.5600	0.7110	0.3110	0.4301
AR (1)	0.0000	0.0000	0.0000	0.0000	0.0000
AR (2)	0.6601	0.4502	0.5402	0.2202	0.4001
样本数	173661	39782	90221	43658	66519

注：*、** 和 *** 分表代表 10%、5% 和 1% 的显著性水平；括号中数字表示 t 值或者 z 值；回归的结果都做了聚类处理。

资料来源：笔者计算整理。

因此，加工贸易出口企业和混合贸易出口企业都有因上游一般贸易出口企业生产的国内中间投入品种类增加而获益。为此，在引进外商直接投资时，村上隆和埃尔南德斯（Murakami & Hernandez，2016）认为政府应该：一是保护外国投资利益，减少资本管制和约束，健全投资相关的法律、法规，加强知识产权保护。二是加强对资本监控管理和引导，鼓励企业技术创新，通过前面分析，只有上游一般贸易出口企业利用好外商直接投资，企业发挥出技术创新优势，那么国内中间投入品种类和质量才能不断增加和改进。三是促进要素资源跨区域流动，外商直接投资引入常伴随着企业投资需求增加，如果地区间要素资源不能合理流动，势必会影响到外商直接投资的效果。

同理表 5-10 中第 5 列和表 5-11 中第 6 列回归显示出，外商直接投资对外资企业国内增加值率提高大于本土企业，而外资企业往往以加工贸易和混合贸易类型为主，所以对引入外商直接投资并不是越多越好，要恰当、合适引入外商直接投资。过多的引入外商直接投资，不仅造成资本浪费、成本上升，还会引发人民币升值，通货膨胀率加快对中国经济带来负面影响。外商直接投资的引入必须有相应的措施保障才能更好的利用，为此，从微观企业层面来说，应该一是建立产业和行业标准，加强产品质量管理、建立严格的产品质量监管体系。二是加强产学研三方面合作，企业有市场，但往往缺乏知识人才储备，高校往往有好的科研成果，却很难转化。为此，企业提供给高校一个好的科技孵化平台，促进科技成果迅速转化为生产力，更好地利用 FDI。

表 5－11　中国企业出口国内附加值率影响因素的实证结果（二）

变量	第 6 列	第 7 列	第 8 列	第 9 列
	外资	发达国家	发展中国家	新兴国家
$DVAR_{-1}$	0. 8739 *** (7. 2399)	0. 1379 ** (2. 4503)	0. 7499 *** (6. 9602)	0. 5421 *** (5. 6702)
FDI	1. 5738 *** (3. 1001)			
export_ratio		－0. 0011 (－0. 2001)	0. 1032 *** (3. 2002)	0. 0972 * (2. 0900)
scale	－0. 0138 (－0. 3902)	－0. 0010 (－0. 0501)	－0. 0013 (－0. 0500)	－0. 0041 (－0. 8601)
age	0. 0440 ** (2. 3801)	0. 0006 (0. 8901)	0. 0004 (0. 8900)	0. 0007 (1. 2600)
competive	2. 3458 * (2. 1001)	－0. 1288 (－1. 2002)	－0. 1289 (－1. 2002)	－0. 1371 (－1. 3501)
process	－0. 4069 *** (－3. 9701)	－0. 2631 *** (－15. 8001)	－0. 2631 *** (－15. 8002)	－0. 2651 *** (－15. 7002)
mix	－1. 2341 *** (－4. 9002)	－0. 0681 *** (－5. 5802)	－0. 0681 *** (－5. 5802)	－0. 0720 *** (－5. 9501)
private		0. 0261 * (1. 7503)	0. 0261 * (1. 7501)	0. 0261 * (1. 7801)

续表

变量	第6列	第7列	第8列	第9列
	外资	发达国家	发展中国家	新兴国家
legal		-0.0169 (-1.1001)	-0.0171 (-1.1001)	-0.0171 (-1.1001)
collective		-0.0291 (-1.5101)	-0.0291 (-1.5101)	-0.0344* (-1.7501)
foreign		-0.1251*** (-7.6000)	-0.1252*** (-7.6000)	-0.1281*** (-7.6000)
hkp	-0.6481*** (-3.6001)	-0.0942*** (-6.6201)	-0.0942*** (-6.6201)	-0.0942*** (-6.5701)
Hansen-Sagan	0.3700	0.5700	0.6200	0.6501
AR (1)	0.0000	0.0000	0.0000	0.0000
AR (2)	0.4800	0.7100	0.3200	0.4700
样本数	107142	26123	92216	55322

注：*、** 和 *** 分表代表 10%、5% 和 1% 的显著性水平；括号中数字表示 t 值或者 z 值；回归的结果都做了聚类处理。

资料来源：笔者计算整理。

根据表 5-11 中第 7~9 列实证结果表明，企业出口的产品中国内增加值率与企业出口目的地相关，企业向发展中国家和新兴经济体国家回归的系数为正，而对发达国家出口回归系数为负。这表明，企业能够从向发展中国家和新兴经济体国家出口中获取更高的出口国内增加值率。邵安菊（2013）认为这主要是由于，发达国家往往在全球价值链贸易分工中占据价值链上游，中国出口的产品中国外增加值率高于国内增加值率，整个出口产品中包含国外要素价值量更高，这部分价值往往以专利、无形资产、技术等要素形态存在。而向发展中和新兴经济体国家出口更有利于中国国内增加值率提高，马涛（2016）及马红旗和陈仲常（2012）认为：这是因为中国产业相对于发展中国家具有比较优势，中国产业处于价值链上游，向发展中国家以及新兴经济体国家出口中包含了较多的国内生产要素，中国企业从出口中获取了更多的国内增加值率，并且发展中国家需要中国提供技术以及资金支持来帮助其产业发展，从这种产业布局的转移和投资加快，促进了中国扩大出口市场，适当的消化国内部分行业过剩产能，有助于中国出口国内增加值率提升。

5.1.3 基于国内增加值的制造业价值链升级方案

基于“国内增加值”的内源式制造业价值链升级方案主要是基于前文国内增加值测算结果及实证分析结果而提出的。制造业价值链升级的目的在于提高各国制造业出口产品国际竞争力，最终提升该国（地区）制造业出口国内增加值。因此，凡是能够提高“国内增加值（率）”的方案都应该纳入制造业价值链升级策略中。

5.1.3.1 基于国内增加值测算的制造业价值链升级方案

通过测算结果知，中国制造业中间产品国内增加值贡献大于最终产品，从分解结果来看，间接国内增加值大于直接国内增加值，反映出中国制造业并非所有行业都处于全球价值链下游，有一部分行业处于全球价值链中游或上游行业。因此提出国内制造业价值链升级方案。

方案 1：要尽快提升中国制造业整体在全球价值链中分工地位，需要分行业区别对待，特别要关注处于全球价值链下游的行业如何尽快地进行全球价值链升级。因此，“木桶效应”原理决定中国制造业整体价值链升级由处于全球价值链下游的行业决定，努力扩大处于“中游”和“上游”行业数量是我国制造业价值链升级有效手段之一。通过分行业测算结果来看，我国绝大部分行业中间产品出口国内增加值主要由直接国内增加值形成，但有一小部分行业间接国内增加值不容忽视，例如，交通运输设备业、造纸印刷及出版业。

方案 2：中国制造业价值链升级需要特别关注处于全球价值链“底部”的行业，努力改善直接国内增加值偏高的现状。为此，需要更深地融入全球价值链，特别要使中国制造业“底部”行业向全球价值链纵深方向发展，提高其出口中间产品间接国内增加值。通过对双边贸易测算结果的研究，可以更有效地提出分属于全球价值链两端的国家（地区）在贸易收益以及分工环节上的差距，使中国制造业价值链升级方案可以更加直观。例如，以中美双边贸易为例，虽然中国对美国出口总额一直保持持续上升的势头，但从相对值来看，中国获取的国内增加值率是不断下降的，美国获取的国内增加值率是不断上升的，因此全球价值链上游的国家在双边贸易中占据更有利的贸易地位。从对美国出口分行业测算结果来看，中国对美国出口大多数行业国内增加值来源主要由直接国内增加值贡献，例如，电气、电子及光学设备行业2011年直接国内增加值高达93.47%，但交通运输设备行业间接国内增加值占比为65.51%。

方案3：中国制造业交通运输设备业相对于美国处于全球价值链上游，特别是中国高铁技术的迅猛发展大幅度提高该行业出口国内增加值。所以，肖浩等（2015）及杨晓云（2013）认为要更多关注对进口中间产品包含的技术效应研究，尤其要对国外先进技术溢出效应进行模仿和吸收，对进口的关键中间产品进行国内生产配套来代替进口，如果能够提高本国生产的中间产品质量和技术复杂度就可以大幅度该行业在全球价值链中的分工地位。因此，中间产品的质量和技术复杂度提升是我国制造业价值链升级的重要手段之一。那么美国对中国出口过程中，美国获取的国内增加值率要远远大于中国。因此，一国（地区）占据全球价值链上游，那么扩大向全球价值链下游国家（地区）出口比较优势产品可以获取更多的贸易收益。从分行业的测算结果看，美国对中国出口过程中以下行业表现更多的是美方获取的直接国内增加值，比如航空运输、租赁业、农林牧渔业、采矿业等，这些行业中国较少的融入全球价值链，能够嵌入的国内要素价值量几乎为零。

方案4：刘书瀚等（2013）及杨辉芳（2015）认为加深中国服务业、农业、采掘业等行业融入全球价值链的程度，可以更有效的嵌入本国要素价值，有利于中国制造业价值链升级。

方案5：中国目前大多数行业处于全球价值链中下游，制造业价值链升级更多的是想方设法提高本国出口国内增加值，对于已经领先成熟的行业，如交通运输设备行业一方面要扩大比较优势中间产品的出口，以此提高出口国内增加值，另一方面扩大本国出口产品的影响力，树立“中国品牌”至关重要。对于全球价值链底部行业：一是要去产能、去库存，坚决淘汰落后产能；二是加快落后行业进口中间产品的国内生产配套能力；三是要加快制造业技术装配水平的提升，提升本国要素价值嵌入量。

5.1.3.2 基于实证结果的内源式价值链升级方案

通过实证结果知，国内中间产品的种类和质量是影响进口中间投入品相对价格的重要因素，由于本国生产的中间投入品与进口中间投入品之间具有一定程度上的替代作用。因此，提出国内制造业价值链升级方案。方案 6：本国国内生产配套能力建设是中国制造业价值链升级的重要技术基础，加快进口中间产品的国产化生产有助于中国制造业出口国内增加值上升，改善贸易收益，提高我国制造业在全球价值链中的“话语权”。同样，基于表 5 - 9 实证结果还可以进一步提出方案 7：在中国制造业价值链升级的过程中要保持人民币汇率的基本稳定，在合理区间内正常浮动，降低出口企业外汇交易风险；在进口关税方面保持稳定，尤其是对进口原材料关税应该稳中有降，降低本国制造业生产成本，提升出口产品国际竞争力，还应该关注中国海关在贸易便利化能力方面的建设，为中国制造业价值链升级提供良好的外部环境。在对实证方程进行回归发现，外商直接投资会对企业出口国内增加值造成不同方面的影响，提出方案 8：外商直接投资可以有效地提高企业出口国内增加值率，但是进一步来看外商直接投资并不是越多越好，外商直接投资对加工贸易及混合贸易类型企业出口国内增加值率提高产生了促进作用，对一般贸易却不显著。因此，外商直接投资可以有效地帮助加工贸易及混合贸易类型企业进行全球价值链升级。为此，一是建立产业和行业标准，加强产品质量管理、建立严格的产品质量监管体系。二是加强产学研三方面合作，企业有市场，但往往缺乏知识人才储备，高校往往有好的科研成果，却很难转化。企业提供给高校一个好的科技孵化平台，促进科技成果迅速转化为生产力，更好地利用外商直接投资。方案 9：制造企业出口目的地国家不同，企业出口国内附加值率亦会不同，通过实证研究发现，企业向发展中国家出口比向发达国家出口更有利于企业国内附加值率提升。

总之，本节的研究成果对于目前中国制造业价值链升级具有启示作用：首先，人民币汇率的稳定对于企业出口以及制造产业转型升级具有积极作用，从中国人民币汇率形成机制以及改革目标来看“促进国际收支基本平衡，维护宏观经济和金融市场稳定”是我国人民币汇率改革基本目标，围绕着这个目标，货币当局引导外汇市场的行为包括以市场供求为基础，参考篮子货币汇率变动，维护人民币汇率的正常浮动，保持人民币汇率在合理、均衡水平上基本稳定。其次，在关税已经很低的情况下，要更加注重通关便捷程度、海关信息化等方面作用，这些通关成本也可以近似看成是“关税”，也在影响企业的进口成本，为此要在贸易便利化等“软设施”方面加强投资、降低企业进口、出口、转口等贸易通关成本，提升企业出口国内增加值率。最后，不断优化外商直接投资在行业间的分布。对于外商直接投资在行业间资源合理配置，政府不应该伸出“有形之手”过渡干预，让市场对生产要素资源配置起决定性作用，避免要素扭曲，缩短微观企业资源错配形成的“阵痛期”。

5.2　基于国外增加值测算的制造业价值链升级

上一节，本书介绍了基于“国内增加值”的制造业价值链升级，但是根据库普曼等（Koopman et al.，2014）的研究结论，国外增加值率 = 1 - 国内增加值率。因此，国外增加值率增加，国内增加值率是减小的，所以，凡是有利于“国外增加值率”提高的方案都不应该纳入制造业价值链升级之中。这种观点从公式角度及国外增加值测算的过程上来看是没有问题，但是仔细研究发现却存在以下问题：一是仅从国外增加值率的大小来研究全球价值链升级并无意义，因为它忽略了中国制造业在全球价值链中的分工地位，忽略了国外增加值率本身包含的要素禀赋结构。二是这些包含在“国外增加值率”指标中的要素禀赋结构对制造业价值链升级会产生怎样的影响，这是国内文献目前忽略的地方，大多数学者集中于“国内增加值率”的测算方法和实证影响因素研究，没有对国内增加值率的全球价值链背景及“国外增加值率”要素禀赋含义进行深入研究，以往得出的结论并不全面。一般来说，贸易附加值包含两个部分，一是国内增加值，另一个是国外增加值，所以从“国外增加值”来研究制造业价值链升级也是题中应有之意。

从中国制造业价值链升级背景来看，目前中国制造业大部分行业处于全球价值链的下游，更多地表现为从全球价值链上游国家进口中间产品，因此这些中间产品包含了更多发达国家嵌入的技术要素价值，因此，查克拉瓦蒂（Chakravarty，2005）认为这些技术要素价值必然会对一国制造业全球价值链定位及升级产生重大的影响，而这些技术要素价值就主要凝结在“国外增加值”指标中，所以本节首先介绍国外增加值率的测算结果。其次要说明的是传统实证研究并不可行：一是制造业价值链升级指标与国外增加值率负相关；二是非常容易产生实证上的内生性问题。因此，将介绍一个基于技术要素禀赋对制造业价值链升级影响的数理模型。最后，结合测算结果及数理模型结论提出基于“国外增加值”的外源式中国制造业价值链升级方案。

5.2.1 基于 MRIO 分析框架的国外增加值测算

表 5－12 给出了中国出口实现的国外增加值来源分解，利用第 4 章介绍的测算方法并结合 WIOD 数据库 1996 年、2003 年、2008 年和 2011 年世界投入产出表进行测算。

表 5－12　中国出口总额国外增加值来源按照国别分解

国家	1996 年		2003 年		2008 年		2011 年	
	金额（亿美元）	占比（%）	金额（亿美元）	占比（%）	金额（亿美元）	占比（%）	金额（亿美元）	占比（%）
美国	38	8.94	76	6.33	427	12.99	511	12.38
日本	59	22.73	117	18.12	431	12.31	461	10.07
澳大利亚	8	3.17	16	2.45	176	5.43	313	6.81
韩国	32	11.36	58	8.82	241	6.61	307	6.35
德国	12	4.21	37	5.18	215	6.31	247	6.77
法国	7	3.21	14	3.55	121	5.87	136	5.97
巴西	2	0.81	5	0.97	81	2.45	103	2.51
俄罗斯	4	1.57	12	2.11	117	3.97	183	4.88
加拿大	6	2.21	11	1.65	79	2.01	93	2.11
意大利	4	1.61	10	1.91	63	2.05	72	2.08
印度尼西亚	7	2.83	13	2.08	57	1.61	99	2.22
其他国家	45	18.11	157	25.17	1127	40.05	1531	41.78

注：其他国家表示 WIOD 数据库中除表中所列的主要经济体以外的国家和地区。
资料来源：根据世界投入产出数据库（WIOD）计算得出。

如表 5－12 所示，中国总出口额的国外增加值按国别来源分解，给出了 1996 年、2003 年、2008 年及 2011 年各主要经济体通过中国对外出口实现的本国增加值。从中国角度来看，这些国外增加值因经济体不同而表现出较大的差异。例如，美国的国外增加值总体上是上升的，1996 年及 2003 年占比都是个位数，而2008年及2011年占比上升到两位数且从绝对量上看，国外增加值总额是上升的。日本的国外增加值占比一直是下降的，虽然日本的国外增加值总额是上升，但是到2011年美国占比12.38%超过了日本国外增加值占比10.07%，说明中国对外出口美国获取的贸易收益率是逐渐上升的，最后在2011年贸易收益率超过日本。表5－12来看，从中国总出口受益最多的当属美国和日本。而亚洲其他国家和地区，如韩国实现的国外增加值总额也较大，但是占比都存在不同程度的下降，因此，区域内贸易对中国贸易的影响作用力在不断减退，而伴随中国制造业不断融入新型全球价值链分工，中国制造业装配及技术水平有了一定程度上的发展，尽管目前中国制造业仍处于全球价值链下游，但积累的技术及资本储备可以为中国制造业价值链升级提供一定的物质基础和技术支撑。从新兴经济体来看，俄罗斯、巴西、印度尼西亚实现的国外增加值普遍较低，占比也不高，但是总的趋势来看，国外增加值占比呈现上升趋势。例如俄罗斯1996年占比1.57%一直上升到2011年4.88%，说明中国总出口中新兴经济体获取的贸易收益率逐渐上升的，中国外贸发展对于维护世界经济稳定尤其是对新兴经济体外贸健康发展至关重要，这主要由于中国制造业可以通过全球价值链升级占据到价值链高端环节，新兴经济体可以从中国进口中间产品进行加工，然后再回流到中国，由中国最终生产出产成品出口，因此中国制造业价值链升级不仅可以改善中国贸易收益率也可以帮助广大的发展中国家实现经济发展，这为摆脱发达国家造成的“低端锁定”现象提供了有益思路。德国作为发达国家在中国对外出口中，国外增加值总额及占比都呈现上升趋势，例如，1996年国外增加值12亿美元，占比4.21%上升到2011年247亿美元，占比6.77%，可能说明“德国制造”与“中国制造”存在一定程度上的互为补充，中国出口技术复杂度不断上升而伴随德国技术要素价值的比重也是不断上升的。

5.2.2 国外增加值主要影响因素分析

本节即将介绍的技术要素禀赋理论模型来看，它的思路来源于：一是中国制造业出口“国外增加值”指标中包含哪些生产要素，这个指标本身的含义是什么？二是如果传统实证模型无法揭示“国外增加值”与制造业价值链升级关系，那么如何从“国外增加值”包含的要素禀赋结构来推导出中国制造业价值链升级方案？对于上述问题的回答是我国制造业出口“国外增加值”更多的是体现进口上游发达国家生产的中间产品，这些中间产品包含了更多的发达国家智力要素价值，它们是由技术劳动力创造，而我国制造业价值链升级方案提出必须依据于这些智力要素价值（或者说是技术劳动力价值）对一国制造业价值链升级影响的分析，这也是本节理论模型提出的原因所在。

在介绍基于“国外增加值”影响因素理论模型之前，约定如下：一是该模型包含了服务、生产和消费三部门的一般均衡模型。二是在此基础上将劳动力分为技术劳动力和非技术劳动力两大类。三是模型构建包含两个国家，一个是处于全球价值链上游的发达国家，另一个是处于全球价值链下游的发展中国家。四是该模型包含两个生产部门，一个是生产传统产品，该产品生产无法将生产环节分散化，因此，必须集中于一个国家内部来完成所有生产工序，在生产过程中假设只投入劳动力，另一个是生产现代化产品，该产品符合全球价值链“产品内贸易分工”特征，生产环节可分散到不同国家协作完成，但是由于各国间缺乏协调机构，所以在模型中加入跨国公司组织来协调完成生产，跨国公司功能主要是提供专业化服务，生产制造部门从跨国公司购买相关专业服务，包括资本运营管理、营销策划、品牌保护、质量监督等，这些提供服务的跨国公司有固定成本且平均成本不断降低，根据微观经济学理论知，该跨国公司具有垄断竞争的特点，每个跨国公司面临一条向下倾斜的市场需求曲线，以此来决定其产品价格。海吉德拉和赖金德斯（Heijdra & Reijnders，2016）跨国公司一般投入技术劳动力，处于全球价值链上游的制造部门从跨国公司那里获取相应专业服务并在制造过程中投入技术劳动力。因此，全球价值链上游生产环节属于资本技术密集型，下游生产环节属于非技术劳动力生产制造环节。

5.2.2.1 跨国公司服务部门

假设跨国公司投入技术型劳动力，生产出各种服务。假设有 n 种服务产品，以 AS 代表跨国公司服务总产出，t_i 表示国家某部门可以使用第 i 种服务数量且 $i \in n$，那么总服务生产函数假定如下：

$$AS = (t_1^{\beta} + t_2^{\beta} + \cdots + t_n^{\beta})^{\frac{1}{\beta}} \tag{5-6}$$

在公式（5－6）中，$0<\beta<1$，表示在同样的生产成本情况下，多种要素

投入比单一要素投入能获取更多的产出，例如取 $\beta = 0.5$ 且 $n = 2$ 时，令 $t_1 = 4$，$t_2 = 0$ 得 $AS = 4$ 单位总产出，再令 $t_1 = 2$，$t_2 = 2$ 的 $AS = 8$ 单位总产出。因此，投入要素多样化更有利。

用 p_i 表示第 i 种服务的市场价格，那么生产 1 单位服务产出的总成本最小化可以通过构建拉格朗日函数求解，目标函数如下：

$$P_{AS} = \min \sum_{i=1}^{n} p_i t_i$$

约束条件：

$$AS = \left(\sum_{i=1}^{n} t_i^{\beta} \right)^{\frac{1}{\beta}} = 1$$

最后求解得出下式：

$$P_{AS} = \left[\sum_{i=1}^{n} p_i^{\frac{\beta}{1-\beta}} \right]^{\frac{\beta-1}{\beta}} \tag{5-7}$$

公式（5-7）可以表示为跨国公司生产 1 单位服务产出所需的最小成本，由谢泼德引理（Shephard's lemma）可以推出生产 1 单位服务产出的条件要素需求函数：

$$t_i^{D}(p,\ AS = 1) = \frac{\partial P_{AS}}{\partial p_i} = \phi p_i^{\frac{1}{\beta-1}} \tag{5-8}$$

在公式（5-8）中 $\phi = \left(\sum_{i=1}^{n} p_i^{\frac{\beta}{1-\beta}} \right)^{-\frac{1}{\beta}}$，推而广之可以求得 AS 单位服务的条件要素需求函数：

$$t_i^{D}(p,\ AS) = \phi AS p_i^{\frac{1}{\beta-1}} \tag{5-9}$$

在该模型中，跨国公司生产专业化服务，跨国公司 i 生产专业化服务 i，当市场中所有跨国公司提供 n 种专业化服务产品时就形成了专业化服务市场，由于前文约定跨国公司所处行业是垄断竞争行业，面临公式（5-9）需求曲线，当 AS 保持不变且 ϕ 也不变时，公式（5-9）可以推出另一种需求函数形式：

$$p_i = \left(\frac{t_i}{\phi AS} \right)^{\beta-1} = p_i(t_i) \tag{5-10}$$

由于行业是垄断竞争，可以求得总收入函数形式然后求导得出下式：

$$MR_i = p_i \left(1 - \frac{1}{\varepsilon} \right) = \beta p_i \tag{5-11}$$

公式（5-11）中，ε 表示需求价格弹性：

$$\varepsilon = -\frac{\mathrm{dln}t_i}{\mathrm{dln}p_i} = \frac{1}{1-\beta} > 1 \tag{5-12}$$

由于跨国公司 i 生产专业化服务 i 需要投入一定的固定成本和可变成本。假定固定成本就是技术劳动力支付费用，而可变成本为非技术劳动力支付费用，如果生产 t_i 单位专业化服务 i，那么固定成本 $FC = Q_f w^H$，可变成本为 $TVC = Q_c w^L t_i$，其中 Q_f 和 Q_c 分别表示跨国公司 i 投入的技术劳动力和非技术劳动力数量，w^H 和 w^L 分别表示技术劳动力和非技术劳动力的工资。当公司利润最大化时，有 $MR_i = MC_i$ 得：

$$p_i = \frac{Q_c w^L}{\beta} \tag{5-13}$$

公式（5－13）中 $1/\beta$ 是专业化服务生产的价格加成指数。如果行业进入成本为零，垄断竞争行业长期均衡为零利润，得：

$$p_i = \frac{Q_f w^H}{t_i} + Q_c w^L \tag{5-14}$$

结合公式（5－13）和公式（5－14）可得：

$$\frac{Q_f w^H}{t_i} = (1-\beta) p_i \tag{5-15}$$

公式（5－15）中 $(1-\beta)p_i$ 表示每单位专业化服务产出所支付的固定成本，假设跨国公司具有对称性，即 $p_i = p_j = p$，$t_i = t_j = t$，那么有：

$$t = n^{-\frac{1}{\beta}} AS \tag{5-16}$$

$$P_{AS} = n^{\frac{\beta-1}{\beta}} p \tag{5-17}$$

公式（5－17）表示如果专业化服务市场 n 越大，那么总服务的价格 P_{AS} 越低，由公式（5－13）、公式（5－14）及公式（5－17）可得跨国公司数量：

$$n = \left(\frac{1-\beta}{\beta}\right)^{\beta} \left(\frac{Q_f w^H}{Q_c w^L}\right)^{-\frac{1}{\beta}} AS^{\beta} \tag{5-18}$$

从公式（5－18）可知，当熟练工人支付费用（$Q_f w^H$）下降时，跨国公司数量将会增加且市场专业化服务种类也会因此增加。

5.2.2.2 制造部门

假设一个国家生产 X 和 Y 两种产品，Y 是传统产品且生产阶段不可分割，那么生产 1 单位 Y 所需投入 Q_Y 单位非技术劳动力，如果该行业自由进入，那么传统产品制造部门零利润条件为：

$$P_Y = Q_Y w^L \tag{5-19}$$

假定该国生产现代化产品 X 且制造过程符合全球价值链“产品内贸易分工”基本特征，X 生产需要 k 个零部件组装完成，这些零部件生产分散到全球价值链不同环节国家的协作完成。假设生产 1 单位零部件 j 需要投入 1 单位非技术劳动和 η_i 单位的专业化服务（跨国公司 i 提供），则 j 阶段零利润条件为：

$$\tau_j = w^L + \eta_i P_{AS} \tag{5-20}$$

公式（5-20）中 τ_j 是零部件 j 的价格。假设生产产品 X 的组装费用为 Q_L 单位非技术劳动力及 η_x 单位专业化服务支出，因此生产 1 单位 X 的价格等于投入 k 个环节零部件价格加上组装费用：

$$P_X = \tau_1 + \tau_2 + \cdots + \tau_k + Q_L w^L + \eta_X P_{AS} = \sum_{i=1}^{k} \tau_i + Q_L w^L + \eta_X P_{AS} \tag{5-21}$$

5.2.2.3 消费者

一国劳动力按照前文假设分为技术劳动力和非技术劳动力两大类，劳动者在劳动力市场上提供劳动服务，同时也在产品市场上消费产品以此满足自身需求，一国生产的总产出最终归属为劳动者获取的劳动收入，效用最大化函数为：

$$\max U(X, Y)$$

约束条件：

$$P_X \times X + P_Y \times Y = w^L \times L + w^H \times H$$

其中，H、L 分别表示技术劳动数量和非技术劳动数量。假设消费者效用函数为 Cobb-Douglas 效用函数形式：

$$U(X, Y) = X^{\alpha} Y^{1-\alpha}$$

利用拉格朗日函数可以求得 X 和 Y 需求函数：

$$X = \frac{\alpha}{P_X}(w^L \times L + w^H \times H) \tag{5-22}$$

$$Y = \frac{1-\alpha}{P_Y}(w^L \times L + w^H \times H) \tag{5-23}$$

5.2.2.4 均衡条件

为了揭示 X 生产的全球价值链特征，假设它的生产是连续不间断的，因此生产环节区间为［0，k］，其中 $j\in$［0，k］。假设 j 越大，这个生产环节 j 越靠近全球价值链上游。同时生产零部件 j 需要投入专业化服务 η_j 且服从函数形式 $\eta_j=j\lambda$ 且进一步假设 X 生产环节不存在组装费用，那么公式（5－20）和公式（5－21）可进一步简化为：

$$\tau_j = w^L + \lambda j P_{AS} \tag{5-24}$$

$$P_X = \int_0^k (w^L + \lambda j P_{AS})\,\mathrm{d}j \tag{5-25}$$

（1）跨国公司服务部门市场均衡。

从公式（5－25）可知，生产 X 需要投入的专业型服务为：

$$X\int_0^k \lambda j P_s\,\mathrm{d}j = \left(\frac{\lambda k^2}{2}\right)X \tag{5-26}$$

跨国公司服务部门均衡时专业型服务总供给等于专业型服务总需求：

$$AS = \left(\frac{\lambda k^2}{2}\right)X \tag{5-27}$$

将公式（5－27）代入公式（5－18）可以得出跨国公司提供专业型服务数量：

$$n = \frac{1-\beta^{\alpha}}{\beta} \times \frac{w^L Q_c \lambda k^2}{2Q_f w^H} X^{\beta} \tag{5-28}$$

将公式（5－27）和公式（5－28）代入公式（5－16）和公式（5－17）得到均衡时专业型服务数量和总服务的价格：

$$t = \frac{1-\beta}{\beta} \times \frac{Q_f w^H}{Q_c w^L} \tag{5-29}$$

$$P_{AS} = \frac{(1-\beta)^{\beta-1}}{\beta^{\beta}} \times \left(\frac{Q_f w^H}{X}\right)^{1-\beta} \times \left(\frac{2}{\lambda k^2}\right)^{1-\beta} \times (Q_c w^L)^{\beta} \tag{5-30}$$

从公式（5－30）知，跨国公司单位固定成本$\left(\frac{Q_f w^H}{X}\right)$下降时，总服务价格 P_{AS} 是下降的。

（2）制造部门市场均衡。

将公式（5－30）代入公式（5－25），可以得出制造业部门市场均衡时

产品 X 的市场价格：

$$P_X = kw^L + \left[\frac{(1-\beta)^{\beta-1}}{\beta^\beta}\right] \times \left(\frac{Q_f w^H}{X}\right)^{1-\beta} \times \left(\frac{Q_c \lambda k^2 w^L}{2}\right)^\beta \quad (5-31)$$

（3）劳动力市场均衡。

前文将劳动力分为技术劳动力和非技术劳动力两大类，因此劳动力市场均衡是指这两大类劳动力市场出清，有：

$$nQ_f = H \quad (5-32)$$

$$k \times X + Q_c nt + Q_Y Y = L \quad (5-33)$$

由公式（5－32）可以得到跨国公司数量：

$$n = \frac{H}{Q_f} \quad (5-34)$$

将公式（5－28）、公式（5－29）代入公式（5－32）、公式（5－33）可进一步得出：

$$\left(\frac{1-\beta}{\beta}\right)^\beta \times \left(\frac{w^L Q_c \lambda k^2 X}{2w^H}\right)^\beta \times Q_f^{1-\beta} = H \quad (5-35)$$

$$kx + \left(\frac{1-\beta}{\beta}\right)^{\beta-1} \times \left(\frac{w^L}{Q_f w^H}\right)^{\beta-1} \times \left(\frac{Q_c \lambda k^2 X}{2}\right)^{1-\beta} + Q_Y Y = L \quad (5-36)$$

将公式（5－13）和公式（5－34）代入公式（5－17），可以得出总服务价格与技术劳动力之间的关系：

$$P_{AS} = \frac{1}{\beta}\left(\frac{Q_f}{H}\right)^{\frac{1-\beta}{\beta}} \times Q_c w^L \quad (5-37)$$

将公式（5－19）和公式（5－37）代入公式（5－25），可得：

$$\frac{P_X}{P_Y} = \frac{1}{Q_Y}\left[k + \left(\frac{1}{\beta}\right)\left(\frac{Q_f}{H}\right)^{\frac{1-\beta}{\beta}}\left(\frac{Q_c \lambda k^2}{2}\right)\right] \quad (5-38)$$

于是可以推导出 X 和 Y 产品均衡产量：

$$X = \frac{\alpha L}{k + \left(\frac{1}{\beta}\right)\left(\frac{Q_f}{H}\right)^{\frac{1-\beta}{\beta}}\left(\frac{Q_c \lambda k^2}{2}\right)[1-\alpha(1-\beta)]} \quad (5-39)$$

$$Y = \frac{(1-\alpha)L}{Q_Y} + \frac{\alpha L(1-\alpha)\left[\frac{(1-\beta)}{\beta}\right]}{Q_Y \times \left\{\left(\frac{2}{Q_c \lambda k}\right)\left(\frac{H}{Q_f}\right)^{\frac{1-\alpha}{\alpha}} + \left(\frac{1}{\beta}\right)[1-\alpha(1-\beta)]\right\}} \quad (5-40)$$

$$\frac{w^H}{w^L}=\frac{\alpha L\left[\frac{(1-\beta)}{\beta}\right]}{H\left\{\left(\frac{2}{Q_c\lambda k}\right)\left(\frac{H}{Q_f}\right)^{\frac{1-\beta}{\beta}}+\left(\frac{1}{\beta}\right)[1-\alpha(1-\beta)]\right\}} \tag{5-41}$$

再将公式（5－39）代入公式（5－27），得：

$$AS=\frac{\alpha L}{\left(\frac{2}{\lambda k}\right)+\left(\frac{1}{\beta}\right)\left(\frac{Q_f}{H}\right)^{\frac{1-\beta}{\beta}}Q_c[1-\alpha(1-\beta)]} \tag{5-42}$$

本书假设发达国家和发展中国家都奉行自由贸易，Y 是传统产品需在一个国家内部完成全部生产，X 符合全球价值链下“产品内贸易分工”的特点，由不同国家协作完成，X 分工条件及临界点选择策略如下：

用＊表示发达国家相关变量，假设发达国家跨国公司数量 n^* 大于发展中国家跨国公司数量 n 且专业化服务数量也是发达国家更多，因此有 $n^*>n$。根据式可知，相关国家生产 ξ 号产品时零部件面临的价格曲线为：

$$\tau^*(\xi)=w^{L^*}+\lambda^*P_{AS}^*\xi \tag{5-43}$$

$$\tau(\xi)=w^L+\lambda P_{AS}\xi \tag{5-44}$$

一般情况下，发达国家劳动生产率更高，因此单位产品所需投入的劳动力更少，所以有 $0<Q_Y^*<Q_Y$，假设 Y 产品是可以进行国际贸易交换，那么有 $PY=Q_Yw^L=Q_Y^*w_*^L=P_Y^*$，于是有：

$$w^{L^*}>w^L>0 \tag{5-45}$$

由于发达国家生产更富效率，因此生产相同零部件，发达国家投入的专业型服务更少，有 $\eta(\xi)=\lambda\xi>\eta^*(\xi)=\lambda^*\xi$，进一步推出 $\lambda>\lambda^*$，所以发达国家在劳动投入、专业型服务投入及总产量方面更有优势。因此，总服务价格也较低（$P_{AS}^*<P_{AS}$），可得：

$$\lambda^*P_{AS}^*<\lambda P_{AS} \tag{5-46}$$

于是联立方程组公式（5－43）及公式（5－44），得出焦点 φ，当［0，φ］区间内，发展中国家生产成本小于发达国家。因此，发展中国家专注于非技术劳动生产环节产品生产，而发达国家专注于技术劳动生产环节产品生产，当各国奉行自由贸易政策及开放经济条件下，发达国家将劳动密集型生产环节外包于发展中国家完成生产，发达国家只保留技术劳动生产环节。取 $\xi=1$，用［0，1］表示 X 的全部生产过程，根据公式（5－37）知 $\frac{P_{AS}^*}{w^{L^*}}<\frac{P_{AS}}{w^L}$。

设 X 生产由发达国家和发展中国家协作完成产品生产，各国分别承担各自分工环节的生产成本，假设 $\lambda=\lambda^*$，零利润条件为：

$$P_X=\int_0^{\varphi}(w^L+\lambda jP_{AS})\mathrm{d}j+\int_{\varphi}^{1}(w^{L^*}+\lambda^* jP_{AS}^*)\mathrm{d}j \tag{5-47}$$

将公式（5－31）、公式（5－37）、公式（5－39）及公式（5－41）整理得出如下隐函数形式：

$$Z_1\varphi^2+Z_2\varphi+Z_3=0 \tag{5-48}$$

其中：

$$Z_1=\frac{1}{\beta}\times\frac{Q_c\lambda}{2}\times\left(\frac{Q_f}{H}\right)^{\frac{1-\beta}{\beta}}+\frac{\lambda}{2}\times P_{AS}^*$$

$$Z_2=w^{L^*}-\frac{Q_c\lambda w^{L^*}}{\beta}\times\left(\frac{Q_f}{H}\right)^{\frac{1-\beta}{\beta}}-\frac{Q_c\lambda^2}{2\beta}\times P_{AS}^*\times\left(\frac{Q_f}{H}\right)^{\frac{1-\beta}{\beta}}+\frac{\lambda}{\beta}\times P_{AS}^*\times\left(\frac{Q_f}{H}\right)^{1-\beta}$$

$$Z_3=-w^{L^*}-\frac{\lambda}{2}\times P_{AS}^*+\frac{w^{L^*}}{\beta}\times\left(\frac{Q_f}{H}\right)^{1-\beta}$$

对相应隐函数求导可得如下函数关系：

$$\varphi\equiv\varphi(\overset{+}{H},\ \overset{-}{Q_f},\ \overset{-}{Q_c},\ \overset{+}{\lambda},\ \overset{+}{w^{L^*}},\ \overset{+}{P_{AS}^*}) \tag{5-49}$$

5.2.3　基于国外增加值的制造业价值链升级方案

将国外增加值测算结果与上节介绍的理论模型结合起来可以提出基于“国外增加值”的中国制造业价值链升级方案。表 5－12 所示中国出口总额国外增加值来源分解的测算结果可知，中国出口总额中美国获取的国外增加值比重一直是在上升的，在 2011 年超过日本，中国对外出口中全球价值链上游发达国家获取的国外增加值较多，我国真实贸易收益状况不容乐观。全球价值链贸易模式作用力已经超过区域内贸易动力。因此，提出价值链升级方案：方案 1，中国制造业出口总额中，全球价值链上游发达国家获取的国外增加值逐渐上升且超过了区域内贸易的影响力。为此，必须提高本国制造业出口附加值，提升出口产品质量和技术水平，降低出口制造业产品对进口中间产品的路径依赖，改善出口产品中“国外增加值”偏高的局面。方案 2，通过测算结果也可以看出，中国经济稳定健康发展对新兴经济发展至关重要，反过来可以进一步反哺中国制造业价值链升级。可以通过“一带一路”建设和推广，提升中国制造业在新兴经济体中的全球价值链地位，可以促使本国企业进行技术研发以及向丝绸之路经济带下游国家出口技术密集型中间产品，改善中国传统贸易发展模式，有利于中国制造业价值链升级。

从“国外增加值”包含的要素禀赋结构及模型推导过程，可以得的如下结论和启示：根据公式，发展中国家在全球价值链分工地位受到劳动力要素禀赋结构的影响，当技术劳动力 H 增加时，发展中国家实现了价值链升级（φ）。技术劳动力和非技术劳动力的比例关系是发达国家与发展中国家劳动生产率差异的主要因素，当技术劳动力比重上升时，发达国家与发展中国家劳动生产率差异就会减少，因此，提出中国制造业价值链升级方案：方案3，提高和储备高端人力资本，特别要发挥技术劳动力在生产过程中作用，形成某个生产环节的比较优势，激发发展中国家在价值链高端领域中人才和技术方面的“后发优势”，从而实现我国制造业价值链升级。当跨国公司提供专业化服务的质量和效率增加时（λ 增加），根据公式（5－49），φ 也会增加，表明制造业价值链实现升级。进一步来看，跨国公司提供的专业型服务涉及生产咨询、会计服务、ISO 质量认证服务、法律问题、金融服务、售后服务等，这些专业化服务的质量和效率依赖于专业型知识，即专业型人才储备，据此制造业价值链升级方案：方案4，我国制造业价值链升级必须高度重视专业化服务对制造业价值链升级的拉动作用，特别是高端服务业的发展对生产制造环节生产效率及要素禀赋质量提高产生了积极作用，为我国制造业价值链升级提供良好的外部环境。Q_f 和 Q_c 分别代表单位服务产出技术劳动成本和非技术劳动成本，当技术劳动力相对成本下降时，跨国公司的专业化服务程度会加深（n 增加）。同时，非技术劳动力成本下降说明企业制造技术水平得到很大的提升，用资本积累投入代替粗放型劳动力投入，劳动生产率进一步提高，资本相对密集度增加，提出制造业价值链升级方案：方案5，跨国公司单位服务所需的技术劳动力成本及非技术劳动力成本下降有助于提高其专业化服务的质量和种类，因此进一步提高生产制造领域劳动生产率，有助于资本密集度提升，从而实现我国制造业价值链升级。当发达国家非技术劳动力工资（w^{L*}）上升时，发达国家更倾向于将劳动密集型环节外包于发展中国家，这就为发展中国家承接价值链转移提供了便利条件，进而为发展中国家学习和吸收发达国家先进的生产制造技术提供了良好的外部环境。同理，发达国家生产1单位专业化服务所需成本（P_{AS}^{*}）上升时，φ 也会增加，据此提出我国制造业价值链升级方案：方案6，非技术劳动力工资上升，发达国家在劳动密集型生产制造环节会逐步丧失比较优势，这为我国融入全球价值链并利用跨国公司承接的产业转移，实现生产技术溢出效应，从而拉动我国制造业价值链升级。同理，发达国家专业化服务成本上升时，发展中国家便有机会利用本国良好的人力资源储备吸引大型跨国公司，这为我国制造业生产技术改善创造了有利的外部条件。综上所述，基于“国外增加值”我国制造业价值链升级应该将研究和关注的焦点集中于“国外增加值”指标所包含的要素禀赋结构，这些要素禀赋结构的甄别需结合我国制造业全球价值链分工的背景进一步考察并着重分析这些要素禀赋结构对制造业价值链升级的影响，从而提出有针对性的制造业价值链升级方案。

5.3 本章小结

本章主要是利用第4章介绍的贸易附加值测算法，结合WIOD数据库测算“国内增加值”与“国外增加值”并以表格的形式呈现测算结果。基于“国内增加值”内源式制造业价值链升级方案主要是通过提高中国制造业出口国内增加值，提升出口产品国际竞争力，实现我国制造业价值链升级。因此，凡是能够提高我国制造业出口“国内增加值（率）”的方案都应该纳入制造业价值链升级策略中；而基于“国外增加值”外源式制造业价值链升级主要是分析该指标包含的要素禀赋类型及其对制造业价值链升级的影响。中国制造业出口“国外增加值”更多地表现为从全球价值链上游发达国家进口中间产品，这些中间产品主要凝结了发达国家技术要素价值。因此，基于“国外增加值”的中国制造业价值链升级方案提出必须依据于技术要素价值在一国制造业价值链升级中的作用。本章“国内增加值”的我国制造业价值链升级方案提出主要是依据于测算结果和实证分析得出；而“国外增加值”则是利用相应测算结果和一个理论模型推导分析得出，具体相应的升级方案已在文中表述，这里不再累述。

第6章 基于中间产品贸易附加值优化度指数的制造业价值链升级

6.1 制造企业价值链升级动力源：基于中间产品结构视角

各国出口中间产品结构差异是由全球价值链下产品内贸易分工的结果，全球价值链定位不同，各国出口中间产品结构差异就会较大，因此，中间产品结构差异一方面由全球价值链分工所产生；另一方面也反映出各国中间产品结构差异与其出口企业全要素生产率是联系在一起的，生产效率高的企业往往处于全球价值链的上游环节，出口中间产品的国内增加值率较高。反之，处于全球价值链的下游，能够嵌入的国内要素价值也相对有限。从微观企业层面来看，生产企业基于中间产品结构价值链升级的动力源是什么？从微观企业层面来看，制造生产企业之所以愿意进行全球价值链升级是因为其参与制造业价值链升级有助于其出口中间产品结构持续改善，贸易附加值可以进一步提高。那么中间产品结构改善如何影响微观企业全要素生产率，或者说中间产品结构如何影响企业生产效率，进而影响企业市场竞争力。

6.1.1 不考虑中间产品结构差异的企业TFP分析

为了进一步展示出中间产品结构与企业生产效率的理论关系，本章借鉴赵曜和柯善咨（2015）、陈勇兵等（2012）、岳和云龙（Yue & Yunlong，2016）的方法，提出以下理论模型。

设生产函数如下：

$$Y_{it} = e^{w_{it}} K_{it}^{\beta k} L_{it}^{\beta l} X_{it}^{\beta x} \left[\int_0^{N(d_{it})} x(j)^{\frac{\theta-1}{\theta}} \mathrm{d}j \right]^{\frac{\beta x \theta}{\theta-1}} \tag{6-1}$$

公式（6-1）中，i 表示企业，t 表示时间，w_{it} 表示企业 i 第 t 期的生产效率，类似有 K_{it} 表示企业 i 第 t 期投入的资本，L_{it} 表示企业 i 第 t 期投入的劳动力，假定任何两种产品替代弹性为 θ 且 $\theta>1$，$N(d_{it})$ 表示企业 i 第 t 期在生产过程中投入的中间产品种类数量，d_{it} 表示企业 i 第 t 期进口的虚拟变量，$d_{it} \in \{0, 1\}$。

$$N(d_{it}) = (1-d_{it}) N_{h,t} + d_{it} N_{f,t} \tag{6-2}$$

公式（6-2）中，$N_{h,t}$ 表示企业 i 第 t 期可以从本国国内获得的中间产品种类数量；$N_{f,t}$ 表示企业 i 第 t 期可以从国外获得的中间产品种类数量，且 $N_{h,t} \subset N_{f,t}$。

企业生产效率主要是由全要素生产率（total factor productivity，TFP）反映出来，通常所述的中间产品结构差异主要是由两种方法来测度反映。第一种方法是水平差异测度法，该方法强调中间投入品种类数量差异；第二种方法是垂直差异测度法，该方法强调中间投入品质量方面差异。由于我们关注的是生产中间产品结构差异与生产效率之间的关系问题，为了简化模型，暂时不考虑进口中间产品结构差异的影响。

假设市场处于均衡状态，所有投入的中间产品在最优水平上生产（$\bar{x}$），令 $X_j \neq \bar{x}$，则公式（6-1）可以进一步写成：

$$Y_{it} = e^{w_{it}} N(d_{it})^{\frac{\beta x}{\theta-1}} K_{it}^{\beta k} L_{it}^{\beta l} X_{it}^{\beta x} \tag{6-3}$$

在公式（6-3）中，$N(d_{it}) \times X_{it}^{\beta x} = \bar{x}$，全要素生产率为 $A_{it} = \frac{Y_{it}}{K_{it}^{\beta k} L_{it}^{\beta l} X_{it}^{\beta x}}$，

进一步可得：

$$\ln A(d_{it},\ w)=\frac{\beta x}{\theta-1}\ln[N(d_{it})]+w_{it} \tag{6-4}$$

从公式（6-4）可知，企业生产效率 w_{it} 的确会影响全要素生产率，而且可以将 w_{it} 看成是企业间生产效率异质性，那么企业间异质性因素会对全要素生产率造成一定的影响。如果令 $w_{it}=0$，即不存在企业间生产效率异质性问题，全要素生产率变化就取决于企业 i 第 t 期投入的中间产品种类数目，如果一国生产过程中投入的中间产品种类的数目越多，全要素生产率提高就越大，换句话说，中间产品结构差异（水平测度法）是影响企业生产效率的关键因素。因此，中间产品结构差异变化将导致企业生产效率变化，从而影响一国制造业在全球价值链中的地位问题。

方案1：本国市场需要尽可能增加国内配套，提高本国中间产品市场种类数量。

6.1.2　考虑中间产品结构差异的企业全要素生产率分析

当考虑进口中间产品时，进口企业的全要素生产率如下：

$$\ln A(1,\ w)-\ln A(0,\ w)=\frac{\beta x}{\theta-1}\ln\left(\frac{N(1)}{N(0)}\right)>0 \tag{6-5}$$

公式（6-5）可知，如果企业进口更多的中间产品，那么国内中间产品种类就会增加，中间产品结构差异增大，全要素生产率就会增加。

为了更加深入揭示进口中间产品对企业全要素生产率的影响，采用两种方法的结合。第一种方法是采用通行的OP测度法；第二种方法引入虚拟变量，如果企业进口中间产品 $d_{it}=1$，否则 $d_{it}=0$，将虚拟变量引入到投资方程I。假设一个风险中性的企业会追寻企业当期利润最大化，那么在已经掌握当期充分信息（J_t）后，利用动态规划方程（dynamic programming equation）：

$$V_t(w_t,\ k_t,\ d_{t-1})=\max\left(\varphi_t,\ \max\left\{\begin{array}{l}\pi_t(w_t,\ k_t,\ d_t)-c(i_t,\ k_t)-\Gamma(d_{t-1},\ d_t)\\+\beta E[V_{t+1}(w_{t+1},\ k_{t+1},\ d_t)\mid J_t]\end{array}\right\}\right) \tag{6-6}$$

公式（6-6）知，φ_t 表示企业目前假如破产倒闭，可以获得最大的资产清算收益值；$\pi_t(w_t,\ k_t,\ d_t)$ 表示当期企业利润，$c(i_t,\ k_t)$ 表示当期投

资成本，$\Gamma(d_{t-1}, d_t)$ 表示进口成本包含以前的进口成本和目前的进口成本，$E[V_{t+1}(w_{t+1}, k_{t+1}, d_t) | J_t]$ 表示依据现有信息预计下一期的期望利润，β 表示期望利润率折现率。

按照动态规划方程，制造企业是按照生产效率来决定进入或退出市场，设临界值为$\overline{w_{it}}$，那么当 $w_{it} \geqslant \overline{w_{it}(k_{it}, d_{it-1})}$时企业进入市场，这是设虚拟变量为 $Ex_{it}=1$；若 $w_{it} < \overline{w_{it}(k_{it}, d_{it-1})}$时企业退出市场 $Ex_{it}=0$。

$$Ex_{it} = \begin{cases} 1, & w_{it} \geqslant \overline{w_{it}(k_{it}, d_{it-1})} \\ 0, & \text{其他} \end{cases} \tag{6-7}$$

若企业决定进入市场，那么企业会充分利用已有信息 J_t，然后抉择是否进口中间产品 d_{it}，假定投资水平 I，δ 代表固定资产折旧率：

$$\Delta I_{it} = K_{it} - (1-\delta) K_{it-1} \tag{6-8}$$

公式（6-8）反映本期企业进入市场需要追加投资的数量，投资成本与进口抉择密切相关，那么将进口抉择函数 d_{it}写成如下形式：

$$d_{it} = d_{it}^{*}(w_{it}, k_{it}, d_{it-1})$$

$$I_{it} = I_{it}^{*}(w_{it}, k_{it}, d_{it-1}) \tag{6-9}$$

由公式（6-9）知，企业是否进口中间产品不仅取决于资本存量的影响，也受制于上一期是否进口中间产品的影响。换句话，进口中间产品抉择具有惯性；同样本期投资不仅受制于现有资本存量的影响，也受制于上一期进口中间产品抉择影响。

方案2：从事制造企业一般将是否进口中间产品作为企业决策考虑的重要因素，进口中间产品能否增加企业TFP至关重要，如果通过上一期进口中间产品发现，中间产品结构差异化能够带来企业全要素生产率的提高，那么本期决策更倾向于继续进口中间产品。

6.1.3 考虑中间产品结构和贸易规模的企业全要素生产率分析

上一部分分析出了中间产品结构差异对制造企业全要素生产率的影响，但是忽略了贸易规模、中间产品结构这两者共同作用对企业生产率的影响，特别是全球价值链分工下产品内贸易分工，形成了各国间巨大的贸易量，忽略贸易规模的影响是不能完美诠释现实制造企业间生产效率差异的。为此，接下来借鉴新经济地理（NEG）经济学来介绍中间产品结构、贸易规模与异质性厂商的内生模型。

6.1.3.1 忽略中间产品价格的内生模型

假设制造业厂商生产产品为 y，其边际成本由以下三个因素构成，分别为：中间产品 x、劳动力支出（该模型为了简化忽略了资本等其他要素支出，将其全部纳入控制变量）、中间产品结构差异（以中间产品的比重 μ 来反映）。由于微观厂商之间具有异质性，因此对中间产品投入及劳动力使用方面均有所差异，针对制造厂商 i，生产 y 的边际成本为：

$$MC_y(i) = \frac{w^{1-\mu_i} G_x^{\mu_i}}{\rho_i} \tag{6-10}$$

公式（6－10）中，G_x 是投入中间产品的价格指数；w 为投入劳动力支付的报酬比率；ρ_i 为反映厂商生产效率的参数，其概率密度为 $\varphi(\rho)$、累积分布函数为 $\Phi(\rho)$，ρ_i 越大反映出厂商的生产效率越高，单位产品的边际成本越低，由于厂商间具有异质性因素，因此生产出的产品也各不相同具体表现为价格不再是统一的常数。为了推导出价格差异化下的需求函数，引用准线性效用函数（quasi-linear utility）来推导，代表性消费者效用函数为：

$$U = q_0 + \alpha\int_{i\in\Omega} q_i \mathrm{d}i - \frac{1}{2}\beta\int_{i\in\Omega} q_i^2 \mathrm{d}i - \frac{1}{2}\gamma\left(\int_{i\in\Omega} q_i \mathrm{d}i\right)^2 \tag{6-11}$$

为了反映商品间的异质性，在等式中以 q_0 为参照系代表同质商品，以 q_i 代表异质性商品；参数 α 和 γ 都是大于0，反映制造产品与计价的代表性产品之间的替代性；同理，$\beta>0$，β 反映出消费者对异质性商品的偏好程度。

假设消费者拥有更多的同质性商品且初始拥有计价商品禀赋也很大，那么公式（6－11）消费者效用函数就始终为正，利用拉格朗日函数以及效用最大化的一阶条件，可以求得代表性消费者的需求函数：

$$p_{y,i} = \alpha - \beta q_i - \gamma Q \tag{6-12}$$

在公式（6－12）中 $Q = \int_{i\in\Omega} q_i \mathrm{d}i$ 代表消费者对制造业产品的总需求，假设制造业商品种类为 ω，因此，制造业平均价格 $P_y = \frac{1}{\omega}\int_{i\in\Omega} p_{y,i}\mathrm{d}i$，将其代入公式（6－12）中移项整理，代表性消费者对制造业产品 i 的需求函数为：

$$q_i = \frac{1}{\beta}\left(\frac{\alpha\beta + \omega\gamma P_y}{\beta + \omega\gamma} - p_{y,i}\right), \ i \in \Omega \tag{6-13}$$

在公式（6－13）中，由于$\beta>0$，$q_i \geqslant 0$可以进一步推导出下式：

$$p_{y,i} \leqslant \frac{\alpha\beta + \omega\gamma P_y}{\beta + \omega\gamma} = p_{\max} \tag{6-14}$$

公式（6－14）反映出具有异质性因素的厂商生产效率水平差异较大，在边际成本一定的条件下，制造企业产品定价不能超过最高限价$p_{\max}$；否则，厂商退出市场。假定企业按照需求函数来决定其利润最大化产量和价格，设同类型、功能相近的制造业产品数量为N，边际成本（MC）由公式（6－10）反映，利润最大化的产量$y(c)$及$p_i(c)$需满足下式条件：

$$y(c) = \begin{cases} \frac{N}{\beta}[p_y(c) - c], \ p_y(c) \leqslant p_{\max} \\ 0, \ p_y(c) > p_{\max} \end{cases} \tag{6-15}$$

公式（6－15）中，c_x表示制造企业参与市场竞争面临的最大边际成本，当制造企业利润最大化时，有$p_y(c_e) = c_e = MC_e$，$y(c_e) = 0$推导出$c_e = p_{\max} = MC_e$，有：

$$MC_e = c_e = \frac{\alpha\beta + \omega\gamma P_y}{\beta + \omega\gamma} \tag{6-16}$$

由公式（6－14）、公式（6－15）和公式（6－16）可以推导出厂商利润最大化价格及利润最大化的产量：

$$p_y(c) = \frac{c_e + c}{2} = \frac{MC_e + MC}{2}$$

$$y(c) = \frac{N(c_e - c)}{2\beta} \tag{6-17}$$

由公式（6－17）可以进一步推导出制造企业利润最大化为：

$$\pi_y(c) = \frac{N}{4\beta}(c_e - c)^2 \tag{6-18}$$

前文所述各制造厂商生产效率的参数为ρ_e，制造厂商间的异质性最终由企业生产效率差异反映出来，故该异质性因素可由生产参数ρ定义。那么厂商在生产过程中投入的中间产品（以中间产品结构差异μ来反映）记为$\mu(\rho)$，于是根据公式（6－10），厂商面临的市场临界边际成本为：

$$c_e = \frac{w^{1-\mu(\rho_e)} G_x^{\mu(\rho_e)}}{\rho_e} \tag{6-19}$$

市场外制造厂商要想进入该市场参与竞争，必须首先支付 F_y 个单位计价商品作为制造生产的固定成本，那么厂商进入市场的预期利润等于进入成本：

$$\frac{N}{4\beta}\int_{\rho_e}^{+\infty}[c_e - c(\rho)]^2\varphi(\rho)\mathrm{d}\rho = F_y \tag{6-20}$$

公式（6－20）反映出，制造企业进入市场必须先期投资的固定成本为 F_y、制造企业异质性程度 β 以及制造企业生产效率参数服从分布 $\varphi(\rho)$。同类型、功能相近的制造业产品数量为 N，可以将其近似地看成整个制造业的市场规模或贸易规模的近似反映。如果 N 越大，那么企业面临的临界（最大）边际成本 c_e 降低。

6.1.3.2 考虑中间产品价格的内生模型

在以上模型中，我们仅关注了中间产品结构，即 μ 的影响，实际上投入的中间产品价格也是影响企业边际成本的重要因素，因此在实际均衡中必须考虑生产过程中投入的中间产品。假如中间产品的制造企业也是按照 NEG 的模式组织生产，那么生产制造中间产品 x 需要先期投入的固定成本为 f_x，单位产品的劳动投入成本为 c_x，那么中间产品制造企业面临的成本函数为：

$$c_x(i) = w(c_x x + f_x) \tag{6-21}$$

在公式（6－21）中，先期投入的固定成本 f_x 以劳动力的形式反映出来，所以它在括号内。假设中间产品具有不变替代弹性，故 $\sigma_x > 1$，其价格为边际成本上的一个加成：

$$p_x = \frac{\sigma_x}{\sigma_x - 1}c_x w \tag{6-22}$$

继续设中间产品制造企业（厂商）的数量为 n，那么市场均衡时中间产品的价格指数为：

$$G_x = \left\{\int_0^n [p_x(i)]^{1-\sigma_x}\mathrm{d}i\right\}^{\frac{1}{1-\sigma_x}} = \frac{\sigma_x c_x w}{\sigma_x - 1} \times n^{\frac{1}{1-\sigma_x}} \tag{6-23}$$

由于前文假设 $\sigma_x > 1$，所以 $1 - \sigma_x < 0$。当 n 越大时，由公式（6－23）反映出中间产品价格指数越低，假设中间产品市场处于垄断竞争，因此长期市场均衡时，每个企业都获得零利润。

零利润的条件决定了单个垄断竞争厂商生产的中间产品为 $x = \frac{(\sigma_x - 1)f_x}{c_x}$，

整个行业总的产出为 $n\sigma_x f_x$。在均衡时，整个中间产品制造行业总产出等于总需求。因此，制造业劳动需求为：

$$n\sigma_x f_x \frac{\int_{\rho_e}^{+\infty}\{[1-\mu(\rho)]/\mu(\rho)\}\varphi(\rho)\mathrm{d}\rho}{[1-\phi(\rho_e)]} \tag{6-24}$$

假如城市中劳动力充分就业，总的劳动供给为 N'，中间产品生产部门的厂商数目为：

$$n = \frac{N'}{\sigma_x f_x \int_{\rho_e}^{+\infty}\{[1-\mu(\rho)]/\mu(\rho)\}\varphi(\rho)\mathrm{d}\rho/[1-\phi(\rho_e)]} \tag{6-25}$$

在公式（6－25）中，定积分可以近似地看成是 $1/\mu(\rho)$ 的均值，记为 $\mathrm{avg}(1/\mu)$。当中间产品结构差异增大，即 $\mu(\rho)$ 增加，根据公式（6－25）相当于分母减小，在总的劳动力供给 N' 不变的情况下，那么中间产品生产制造部门厂商的数量增加，根据公式（6－23），中间产品价格指数是下降的；当临界边际成本 c_e 不变时，相当于中间产品生产的企业利润增加，这会进一步吸引市场外的企业进入到市场之中，根据公式（6－20），中间产品制造企业会调整相应的期望收益。我们选择均衡时 w 作为标准计价单位，那么将公式（6－25）代入到公式（6－23）之中，移项整理，然后再代入公式（6－20）中，最终得下式：

$$\frac{N}{4\beta}\int_{\rho_e}^{+\infty}\left\{\theta^{\mu(\rho_e)}\left[\frac{N}{\mathrm{avg}(1/\mu)}\right]^{\frac{\mu(\rho_e)}{1-\sigma_x}}\rho_e^{-1}-\theta^{\mu(\rho)}\left[\frac{N}{\mathrm{avg}(1/\mu)}\right]^{\frac{\mu(\rho)}{1-\sigma_x}}\rho^{-1}\right\}^2\varphi(\rho)\mathrm{d}\rho = F_y \tag{6-26}$$

在公式（6－26）中，$\theta=\sigma_x c_x(\sigma_x f_x)^{\frac{1}{\sigma_x-1}}/(\sigma_x-1)$，这是一个常数项，而且中间产品贸易规模（或中间产品市场规模）N 通过不同的渠道对均衡效率产生影响。一是积分符号外的 N 从消费者需求方对制造企业临界效率产生影响，较大的 N 可以吸收更多的潜在厂商进入市场。市场中间产品结构差异就会增加，厂商进行价格战的能力就会增强，市场竞争会更加激烈，从而将生产效率低下的制造企业驱逐出市场。二是积分符号内的 N 通过供给层面对均衡效率产生影响，更大的市场规模（或贸易规模）可以容纳规模更大的产业链，进一步获取相应的规模经济。由于公式（6－26）较为复杂，让 $\mu(\rho)$ 取均值，可进一步简化为：

$$\int_{\rho_e}^{+\infty}(\rho_e^{-1}-\rho^{-1})^2\varphi(\rho)\mathrm{d}\rho = 4\beta F_y\theta^{-\mu}N^{-1}(\mu N)^{\frac{\mu}{\sigma_x-1}} \quad (6-27)$$

根据公式（6－27）可知，当中间产品贸易规模 N 增加时，等号右侧值是减小的，这就要求等号左侧值也需要减小，因此效率参数 ρ_e 需增大。同时，$(\mu N)^{\frac{\mu}{\sigma_x-1}}$ 增加表明中间产品贸易规模增加，ρ_e 参数减小使生产效率较低的制造企业边际成本降低，使得他们可以在激烈的市场竞争中得以维系。单希彦（2014）、何新群（2016）认为中间产品结构差异所起的作用如下：当市场中其他类型制造企业生产的中间产品结构差异保持不变时，某一类中间产品厂商提高上下游企业的关联度，那么其边际成本不断降低，可能低于初始效率较高的但上下游关联度低的制造类型企业，所以生产效率并不是决定企业边际成本的唯一重要因素，上下游企业关联度（或者理解为全球价值链形成的产品内贸易分工下各国生产产品的关联度），尤其是全球价值链进一步加强了中间产品企业上下游关联度。

方案3：在中间产品结构差异不大的情况下，融入全球价值链产品内分工体系可以有效地降低制造企业的边际成本。

方案4：如果本国制造企业能够进行全球价值链升级，进入市场规模或贸易规模更大的中间产品领域生产，那么处于较大贸易规模的中间产品生产环节上将使自身效率较低的企业具备一定的竞争优势。

6.2 基于行业层面中间产品贸易附加值优化度指数的制造业价值链升级

基于行业及国家的出口产品竞争力指数该如何构建，这些指数如何反映其出口中间产品结构特征？那么基于中间产品结构的制造业价值链升级又有哪些建议？本书第3章介绍了全球价值链定位，有着不同价值链定位的国家其出口贸易收益也千差万别，处于全球价值链定位有利的发达国家，往往掌控着全球价值链的主导权，因此出口产品获取的单位产品国内增加值较高；相反，处于全球价值链定位不利的发展中国家，往往附属于全球价值链，缺乏全球价值链控制权、话语权，那么出口产品中单位产品的国内增加值普遍较低。

各国由于从事不同的价值链生产环节，其出口中间产品结构差异较大，因此王维薇和李荣林（2014）认为，国与国贸易由过去产成品贸易逐步转向中间产品贸易，中间产品结构及种类已经成为国际贸易领域研究的重点课题。中间产品结构特点与每个国家参与全球价值链分工密切相关。全球价值链研究本身就应该包含中间产品结构研究，而且它也是影响各国贸易收益重要因素。目前，通过相关研究，中间产品结构的传统统计方法主要分为两种：第一种是按照国际贸易标准分类（standard international trade classification，SITC）将各国产业部门出口的中间产品按照其生产来源及制造生产的程度依次划分初级中间产品、一般中间产品、机械类产品，分别对应 SITC（0～4）、SITC（5、6、8、9）、SITC（7）；第二种是生产过程中投入的要素结构及比例关系，将出口中间产品进一步分为劳动密集型中间产品、资本密集型中间产品及技术密集型中间产品。

传统统计方法有以下缺陷：一是传统统计方法重点关注的是产业间贸易分工，但是全球价值链主导下贸易分工是以“产品内贸易分工”为前提，因此传统统计方法不能很好地适应全球价值链分工的特点；二是中间产品结构变化越大，传统国际贸易标准分类（SITC）很难完整描述现实国际贸易领域中间产品种类及结构差异；三是依据要素投入比例将中间产品进行划分不能描述新型生产要素在产品生产过程中所起的作用。例如，人工智能设备是属于技术密集型产品还是资本密集型产品，其实两者的界限比较模糊。因此，目前该领域学者主要是通过构建出口相似度指数、出口技术复杂度指数、出口高度化指数来研究出口中间产品结构。

上述指标是国内外文献研究出口中间产品结构很好的方法，但是全球价值链分工下进口中间产品结构也对出口中间产品结构产生重要影响，如果仅以出口中间产品结构来衡量一国制造业全球价值链地位及出口能力可能并不够。例如，将出口技术复杂度提升认为是一国出口产品竞争力提升以及制造业升级的结果可能是错误的，因为其进口中间产品包含的技术要素价值没有被剔除，它属于全球价值链上游国家创造的技术价值。因此，有必要从出口和进口两方面来衡量中间产品结构，如何剔除进口中间产品价值成为关键，那么本书提出基于贸易附加值为基础的出口中间产品优化度指数的构建，因为贸易附加值指标本身就已经剔除了进口中间产品价值，所以以它为基础的出口中间产品贸易附加值优化度指数能够更全面地反映一国出口中间产品结构及特点，能客观衡量一国在全球价值链地位及相应的贸易利得，提出具有针对性制造业价值链升级方案。

具体来看，一国出口中间产品结构能获取贸易附加值多寡取决于全球价值链定位，假如一国出口中间产品相对于进口国而言，该出口国位于全球价值链的下游环节，那么出口中间产品属于比较劣势中间产品，获取的国内增加值就比较低；反之，一国出口中间产品相对于进口国而言，该出口国位于全球价值链的上游，那么出口中间产品属于比较优势中间产品。例如，假设中国制造业在全球价值链中的分工地位高于印度在全球价值链中的地位，那么当中国向印度出口中间产品时，中国出口的中间产品就属于比较优势中间产品。再假设美国制造业在全球价值链中的分工地位高于中国，那么当中国向美国出口中间产品时就属于比较劣势中间产品。因此，可以得出以下结论：

结论1：进口国相对于出口国而言，处于全球价值链的下游，那么出口国出口的中间产品属于比较优势中间产品。

结论2：进口国相对于出口国而言，处于全球价值链的上游，那么出口国出口的中间产品属于比较劣势中间产品。

从国内增加值的角度来看，一国某行业出口中间产品由比较劣势中间产品转向比较优势中间产品的过程，属于出口结构拟优化过程。因此，通过构建相应指标来反映一国（地区）某行业出口中间产品结构主要是反映出中间产品属于比较优势中间产品还是属于比较劣势中间产品。同时，一国出口比较优势中间产品获取的贸易收益大还是出口比较劣势中间产品获取贸易收益大？基于国内增加值指标构建的中间产品贸易附加值优化度指数，按照研究对象不同分为行业出口中间产品贸易附加值优化度指数和国家出口中间产品贸易附加值优化度指数，那么基于行业出口中间产品贸易附加值优化度指数如何设计方案提升行业出口产品竞争力，即微观价值链升级；同理，基于国家出口中间产品贸易附加值优化度指数如何设计方案提升国家出口产品竞争力，即宏观价值链升级，上述问题将在本章后续重点介绍。

6.2.1 行业出口中间产品贸易附加值优化度指数构建与测算

全球价值链“产品内贸易分工”使各国处于产品内不同的生产环节，因此全球价值链定位是不同的，处于全球价值链较高的生产环节国家出口中间产品结构与处于全球价值链地位较低的国家中间产品结构差异较大。通过构建中间产品贸易附加值优化度（MO）指数来反映一国出口中间产品结构特点，通过相应的测算分析旨在提出改善不利的贸易分工地位，从而进行制造业价值链升级。

反映行业出口产品竞争力指数，首先必须以国内增加值为基础构建指数，否则进口中间产品势必会对行业出口中间产品结构产生影响，因此，本书拟构建行业出口 MO 指数，该指数能够反映一国（地区）制造业某行业出口中间产品结构，具体公式如下：

$$MO_{it} = \frac{DVA_{it1}}{DVA_{it}} - \frac{DVA_{it2}}{DVA_{it}} \tag{6-28}$$

公式（6－28）中，MO_{it}表示 i 国 t 行业出口中间产品贸易附加值优化度指数，DVA_{it1}表示 i 国 t 行业对全球价值链下游的某一国家出口比较优势中间产品的净出口总额，即该进口国相对于出口国该行业位于更低的全球价值链生产环节；DVA_{it2}表示 i 国 t 行业对全球价值链上游的某一国家出口比较劣势中间产品的净出口总额，即该进口国相对于出口国该行业位于更高的全球价值链生产环节。DVA_{it}表示 i 国 t 行业的总净出口额。

假设，某国总净出口全部为比较优势中间产品，不含有比较劣势中间产品，那么 $DVA_{it1} = DVA_{it}$ 且 $DVA_{it2} = 0$，因此 $MO_{it} = 1$。同理，某国总净出口全部为比较劣势中间产品，不含有比较优势中间产品，那么 $DVA_{it2} = DVA_{it}$ 且 $DVA_{it1} = 0$，因此 $MO_{it} = -1$。上述是两种极端的情况，一般情况下 MO_{it} 介于 -1 与 1 之间。当 $MO_{it} > 0$ 说明 i 国 t 行业比较优势中间产品净出口份额大于比较劣势中间产品净出口份额；当 $MO_{it} < 0$ 说明 i 国 t 行业比较优势中间产品净出口份额小于比较劣势中间产品净出口份额；当 $MO_{it} = 0$ 说明 i 国 t 行业比较优势中间产品净出口份额等于比较劣势中间产品净出口份额。

公式（6－28）的构建思路主要是基于国内增加值的角度来构建反映一国出口中间产品结构的公式，假如 $MO_{it} > 0$ 且数值不断增大，说明该国制造业某部门向全球价值链下游的国家出口了更多的比较优势中间产品，其出口产品获取的国内增加值也逐渐增加，贸易收益更大。

结论 3：出口更多的比较优势中间产品更有助于该国出口贸易收益的增加。

制造业价值链升级的优势在于可以提高该国制造业某部门在全球价值链中的分工地位，这样就会有更多的进口国位于该国的全球价值链下游，其出口比较优势中间产品的份额以及种类都会增加，获取的出口贸易收益也会持续增长。相反，$MO_{it}<0$ 且数值不断减小，说明该国制造业某部门出口了更多的比较劣势中间产品，其出口获取的贸易收益也在不断降低。从另一个侧面也反映出该国某行业在全球价值链中的分工地位是不断下降的，有更多的进口国处于其上游环节。

6.2.2 基于行业优化度指数测算结果的制造业价值链升级方案

世界投入产出数据库（WIOD）提供了各国主要行业双边的投入产出数据。因此，为计算行业出口 MO 指数提供了良好的数据源。考虑到 2008 年金融危机以及随后几年各国普遍采用扩展的货币政策以及鼓励出口政策和贸易保护主义的抬头，将样本时间定于 2011 年，采用截面数据计算各国各行业出口部门 MO 指数。

从表 6 - 1 可以看出相关国家（地区）分行业中间产品贸易附加值优化度指数的测算结果，仍以全球价值链融入较深的电气、电子及光学设备行业为例，MO 指数较大的有美国、日本、意大利、韩国等国家，较小的有中国、加拿大、墨西哥，通过行业中间产品贸易附加值优化度指数反映的美国、日本、韩国、意大利处于全球价值链的上游国家，它们对世界其他国家出口该行业中间产品属于出口比较优势中间产品，获取的贸易收益较高，单位出口产品的国内增加值较大；

而中国等国家位于全球价值链下游环节，进口了大量上游国家出口的中间产品，其加工后的总出口量也较大，表现为国际贸易方面的“大进大出”，但是单位出口产品的国内增加值却非常低，根据生产环节判断，大多数发展中国家处于产品生产工序的最后一道环节，即加工组装环节，因此出口产品往往是最终产成品，所以中国向世界其他国家出口产品属于比较劣势中间产品或比较劣势产成品，中间产品贸易附加值优化度指数提高以及制造业价值链升级迫在眉睫。

从表 6 - 1 的所示结果得出，中国出口的比较优势中间产品主要集中于如下行业，金属冶炼压延加工、食品饮料烟草、纺织及服装、造纸印刷及出版以及交通运输设备等行业，这些行业突出的标志都是初级加工行业，这些行业大多都是技术成熟度较高，技术变革的速度较慢，更多地为世界其他国家

表 6-1 相关国家分行业 MO 指数

国家	金属冶炼压延加工	化工及化学品	石油及核燃料	电气电子光学设备	食品饮料烟草	纺织及服装	造纸印刷及出版	皮革羽毛及鞋类	木材及木制品	橡胶及塑料品	非金属品	交通运输设备
中国	0.1891	0.0621	-0.2367	-0.6657	0.1862	0.1253	0.7131	-0.5351	-0.2857	-0.4382	0.0557	1.0611
美国	1.2653	0.8837	-0.5661	1.0213	0.7531	0.8748	0.6752	0.5869	0.6061	0.7667	0.3891	0.2353
德国	-0.1421	0.1665	-0.6227	0.1671	-0.6761	-0.2764	-0.8997	-0.5751	-0.1021	-0.3859	0.0366	0.3881
日本	0.8159	1.2133	-0.7357	1.6775	1.0021	1.0603	1.0057	1.0038	0.8771	1.0631	0.2214	0.8557
法国	0.7221	-1.1156	-0.5271	-0.1776	0.4655	0.0451	-0.4231	-0.3887	0.4967	-0.1633	0.2512	-0.6561
英国	0.5671	0.4227	0.7376	0.3869	0.8021	0.1859	1.0257	0.2897	1.0625	0.8001	0.3981	-0.8061
意大利	0.2131	-0.1176	-0.3871	0.5671	-0.3971	0.1142	-0.4895	-0.5967	0.1031	-0.6279	-0.3471	0.6125
荷兰	0.9765	-1.211	0.3351	-0.6621	-0.8273	0.9573	-0.1347	0.5866	0.8261	0.2181	0.6211	0.535
加拿大	-0.7156	-0.9765	-1.2173	-0.8757	-0.7757	-0.6357	-0.8471	-0.8961	-0.6763	-0.7791	1.0259	-1.2134
墨西哥	-0.4253	-0.0657	0.9778	-1.1631	-0.3441	-1.2155	-0.4621	-0.6531	1.2351	-1.0661	-0.6771	-0.8783
韩国	-0.3671	-0.4451	-1.162	0.6681	-0.5753	0.3897	-0.1895	0.5375	0.6771	-0.0557	0.6861	-0.4134

资料来源：根据世界投入产出数据库（WIOD）计算得出。

提供初级的中间产品，因此全球价值链定位处于有利地位。但是石油及核燃料、电气电子光学设备、皮革羽毛及鞋类、木材及木制品、橡胶及塑料品行业出口 MO 指数很低，相关行业要么是开放程度较低的石油核燃料行业；要么是资源初级加工行业，木材及木制品、橡胶及塑料品行业；还有就是全球价值链嵌入的程度较高，但是处于全球价值链下游的电气、电子及光学设备行业、皮革羽毛及鞋类行业。

工业制造业大国，德国出口 MO 指数较高的行业主要集中于化工及化学品、电气电子及光学设备、交通运输设备等，而金属冶炼压延加工、石油及核燃料、食品饮料及烟草、纺织及服装、造纸印刷及出版、皮革羽毛及鞋类、木材及木制品等行业，出口中间产品贸易附加值优化度指数较低，由此可以得出德国制造业优势主要集中于电子、工业制造品等方面，在资源开发、加工及劳动密集型行业处于劣势地位，类似的还有欧盟其他成员国家，如法国、意大利、荷兰。

然而从北美自由贸易区（NAFTA）的情况来看，美国产业链处于其他成员国的上游，并向加拿大、墨西哥出口了大量的比较优势中间产品，自由贸易区内形成了独有的小区域的全球价值链贸易模式。以美国和墨西哥为例，美 - 墨边界主要分布于美国的北部和西北部以及墨西哥城的周围，这些区域成为美国大型跨国公司首选地点，为了充分利用墨西哥粗放型劳动力资源的比较优势，美国将产品内劳动密集型生产环节的装配线直接投资到墨西哥，形成了大量的区域内资本贸易投资，有的生产环节甚至直接外包给墨西哥当地的加工企业，然后再将加工后的商品出口回流到美国，这些行业遍布于汽车、纺织品以及电气、电子及光学设备等行业，相关的跨国公司包括通用、克莱斯勒、IBM、苹果等。但是有以下问题值得思考，北美自由贸易区形成了小区域内的全球价值链贸易模式，该模式对拉动墨西哥经济增长是否有帮助？墨西哥制造业能否通过北美自由贸易区的成立来实现其全球价值链升级？不幸的是，墨西哥参与北美自由贸易区对拉动本国经济增长并无益处，其加工贸易中本国生产的中间产品采购率很低，例如，当地加工贸易企业本土采购率仅为 2.51%，外资型加工企业在墨西哥的当地采购率也仅为 10.19%，主要原因在于，区域内全球价值链产品内贸易分工，中间产品的需求主要是来源于全球价值链上游的美国，即墨西哥中间产品国内生产配套能力很差。出口的中间产品绝大多数是比较劣势中间产品，贸易收益率很低，区域内贸易总量增长不能掩盖墨西哥真实贸易收益偏低的现状，加深了墨西哥制造产业全球价值链“低端锁定”的程度，墨西哥产业实现全球价值链升级困难重重。区域内贸易转移程度比贸易创造程度更深，对墨西哥制造业而言，笔者认为首先要做的是国内生产配套能力的增强，尤其是从美国和加拿大进口的中间产品类型要尽快国产化。其次，墨西哥政府为此可以进一步出台一些产业扶持政策予以配套，鼓励国内企业积极参与国内生产配套能力方面的建设，对于关键零部件生产实施技术攻关，尽量国产化。最后，在“低端锁定”程度减轻之前，墨西哥政府应该积极发展本国制造优势产业，实现国内产业价值链体内循环，培养国内消费增长潜力。

通过上述分析，北美自由贸易区中美国处于区域内的价值链上游环节，加拿大处于价值链的中游环节，而墨西哥则处于价值链的下游环节。北美自由贸易区的成立虽然使区域内的贸易得到了长足发展，贸易总量上升的速度较快，但是对区域内价值链下游的墨西哥产业链造成了更严重的“低端锁定”，墨西哥对美贸易依赖度很大，贸易收益率很低，单位出口产品的国内增加值较低，墨西哥制造产业链受到美国、加拿大双重压力升级过程困难重重。只有通过国内生产配套能力的增强，国内中间产品的差异化程度增加，美国跨国公司对墨西哥本土生产的中间产品的采购度和认可度提升后，墨西哥产业链全球价值链升级才具备坚实的物质基础。

如表6－1所示，行业出口MO指数对应的是该国某特定行业全球价值链分工地位的体现，通过样本国家研究，包含了北美自由贸易区以及东亚主要国家，以日本、中国、韩国为例。丘兆逸和李树娟（2014）认为日本在绝大多数行业MO指数较高，例如，金属冶炼压延加工、化工及化学品、电气电子及光学设备、食品饮料及烟草、纺织及服装、造纸印刷及出版、皮革羽毛及鞋类等行业，说明日本制造业在全球价值链分工中处于上游环节，出口中间产品结构往往以核心零部件及关键技术等形式出口，相对于东亚其他国家，日本出口的中间产品属于比较优势中间产品，单位出口产品的国内增加值很大，而与之产业链相关的韩国、中国则属于全球价值链的下游环节，和日本绝大多数行业相比出口MO指数较低，这些国家和地区从日本进口中间产品经加工组装后再出口到日本，属于出口比较劣势中间产品，获取的贸易收益率偏低。

具体来看，以电气电子及光学设备行业为例，日本的MO指数值为

1.6775，韩国的 MO 指数值为 0.6681，而中国 MO 指数值只有 -0.6657。因此形成如下的梯度关系日本→韩国→中国。在主要的东亚国家（地区）中，中国该行业处于整个东亚全球价值链的底部生产环节，中国往往从事该行业的最后一道生产环节，即加工组装环节，成为日本、韩国的生产加工基地。

但是在交通运输设备行业，中国的 MO 指数高于日本、韩国，中国处于该行业的全球价值链上游。为什么中国交通运输设备行业成功实现了其全球价值链升级。主要原因在于，该行业成功实现了国内生产配套能力的提升。以中国高铁为例，中国高铁技术已经实现了引进技术→中国制造→中国创造，攻克了许多高铁技术方面难题，特别是高速转向架、受电弓等核心技术问题。如果这些核心技术问题无法攻克，中国高铁是没有办法实现国内生产配套能力的提升。例如，以往高速转向架主要是从发达国家进口，如果能国产化就能大幅度提高中国交通运输设备行业出口 MO 指数并且中国已经将高铁技术及装配进行出口，取得了举世瞩目的成就。第二个例子是国内汽车产业，由于中国具有广阔的汽车市场销售空间，外国汽车跨国公司为了抓住市场机遇期，纷纷将汽车生产线投放到中国市场，由此带动一批中国汽车配套产业的繁荣，如滤清器产业、橡胶轮胎等行业。国内生产配套能力的提升大幅度提高了该行业的中间产品贸易附加值优化度指数，由于处于东亚全球价值链的上游环节，进一步吸引了宝马、大众、奥迪等知名汽车品牌厂商将核心生产环节投放到中国市场，因此中国对日本、韩国出口汽车相关部件属于出口比较优势中间产品，有利于本国该行业单位出口产品国内增加值提升。

因此，从制造业整体情况来看，美国、日本处于全球价值链分工的上游环节，而中国、墨西哥则处于全球价值链的下游环节。周鹏等（2010）认为如果要突围发达国家对中国制造业造成的“低端锁定”，只有依靠中国制造业价值链升级。中国制造业在交通运输设备行业价值链升级的成功经验可以为其他行业全球价值链升级提供有益借鉴。

方案 5：相关行业必须要提高国内生产配套能力，尤其是进口关键零部件国产化能力。

方案 6：要加强技术攻关，加强无形资产保护。例如，中国高铁项目成功解决了高速转向架、受电弓等核心技术问题，实现了该行业技术装配能力的升级。

方案7：要扩大优势行业出口，加强宣传工作。全球价值链升级后要充分利用该行业在全球价值链的有利地位，加强宣传，使周边国家认可并进口相关的中间产品，使中国出口的比较优势中间产品的种类和数量扩大，提升本国贸易收益。

作为国家整体，一国出口中间产品贸易附加值优化度指数如何构建？如何提出基于国家整体出口的MO指数的制造业价值链升级方案？这些都是本章下一小节关注的重点问题。

6.3 基于国家层面中间产品贸易附加值优化度指数的制造业价值链升级

国家出口MO指数与行业出口中间产品贸易附加值优化度指数不同在于行业MO指数主要关注于各行业出口中间产品，但国家MO指数是以国家出口国内增加值为基础，以国家制造业整体出口为研究对象，反映一国（地区）出口中间产品竞争力以及出口中间产品结构及特点。为了与总出口贸易区分开来，本节以双边贸易出口MO指数和多边贸易出口MO指数来反映一国出口情况。

6.3.1 双边贸易出口中间产品贸易附加值优化度指数构建及测算

双边贸易往往强调的是国与国之间的双向贸易关系，该指数主要是反映双边贸易中某国出口中间产品结构情况，同样可以利用WIOD数据库中WIOTs各国中间产品情况加以研究，具体公式约定如下：

$$MO_{ij} = \frac{DVA_{ij1}}{DVA_{ij}} - \frac{DVA_{ij2}}{DVA_{ij}} \tag{6-29}$$

根据公式（6－29），各变量含义如下：MO_{ij}表示i国对j国总净出口中，i国净出口MO指数；$DVA_{ij1} = \sum_{t=1}^{n} DVA_{ijt1}$表示$i$国与$j$国双边贸易中，$i$国相对于$j$国所有出口的比较优势中间产品净出口总额。也就是说，比j国类似行业全球价值链定位更高的所有 i 国行业净出口比较优势中间产品的累加和。同理 $DVA_{ij2} = \sum_{i=1}^{n} DVA_{ijt2}$ 表示 i 国与 j 国双边贸易出口中，i 国相对于 j 国所有行业比较劣势中间产品的净出口总额。EX_{ij} 表示 i 国与 j 国双边贸易净出口总额。

当 i 国制造业所有行业全球价值链定位均处于 j 国的上游，没有出口任何比较劣势中间产品，那么 $MO_{ij}=1$ 且 $DVA_{ij1}=DVA_{ij}$，$DVA_{ij2}=0$；当 i 国制造业所有行业全球价值链定位均处于 j 的下游，没有出口任何比较优势中间产品，那么 $MO_{ij}=-1$ 且 $DVA_{ij2}=DVA_{ij}$，$DVA_{ij1}=0$。一般情况下，MO_{ij} 值介于 -1 与 1 之间。当 $MO_{ij}>0$ 时，表示 i 国与 j 国双边贸易中，i 国净出口比较优势中间产品份额大于净出口比较劣势中间产品份额，i 国与 j 国双边贸易更有利于 i 国出口国内增加值提高，贸易收益也将增长。当 $MO_{ij}<0$ 时，表示 i 国与 j 国双边贸易中，i 国净出口比较优势中间产品份额小于净出口比较劣势中间产品份额，i 国与 j 国双边贸易更有利于 j 国出口国内增加值提高，不利于 i 国贸易增长。通过对比发现，MO_{ij} 值增大表示 i 国相对于 j 国净出口比较优势中间产品的比重在提高，因此，i 国全球价值链升级旨在提高双边贸易中 i 国各行业相对于 j 国的比较优势中间产品行业数量，所以提高双边贸易 MO_{ij} 有利于 i 国制造业价值链升级。当 $MO_{ij}=0$ 时，表示 i 国与 j 国双边贸易出口中 i 国净出口的比较优势中间产品完全等于 i 国净出口的比较劣势中间产品。

上述指标的构建可以有两个重要作用：一是反映双边贸易中各国出口中间产品结构情况。二是通过双边贸易出口 MO 指数的建立可以反映出两国制造行业的全球价值链分工地位，特别是处于双边贸易中全球价值链下游的国家，如果要提高双边贸易收益及贸易增长对本国经济的拉动作用，只能依赖于提升该国在全球价值链中的分工地位，即制造业价值链升级。同样，MO 指数也可以从另一个侧面折射出两国的贸易交往情况，具有较高的 MO 指数的国家说明双边贸易中更倾向于出口比较优势中间产品，而较低 MO 指数的国家说明双边贸易中更倾向于进口中间产品，因此可以通过国家 MO 指数来反映双边贸易分工合作的关系。

6.3.2 基于双边贸易优化度指数测算结果的制造业价值链升级方案

从表6-2所示的结果来看，美国、日本等国家出口MO指数值较高，处于全球价值链上游，尤其是日本基本上对表6-2中的国家都表现为出口大量中间产品，而中国只对墨西哥、加拿大、意大利出口MO值为正数，反映出中国对这些国家出口了更多的比较优势中间产品；而德国、英国、法国等国家处于全球价值链中游生产环节。

中国、墨西哥等国家处于全球价值链下游，因此当全球价值链下游的国家对上游国家出口中间产品时，绝大多数行业表现为出口比较劣势中间产品，贸易附加值的比重较低，贸易收益亟待提高。

方案8：基于国家出口比较优势指数的制造业价值链升级侧重点在于避免陷入“比较优势陷阱”，对全球价值链产生的技术溢出效应进行很好的吸收与利用。

“比较优势陷阱”是指一些国家（地区）为了实现出口导向型经济，提高本国出口对经济增长的拉动作用，在国内基础产业及制造装配能力较为薄弱之时，融入全球价值链低端生产环节，进行简单的加工、组装，但是在关键零部件及核心技术只能依赖于进口上游国家生产的进口中间投入品，李方静（2016）虽然利用了本国粗放型资源的比较优势，但其行业易陷入价值链“低端锁定”，从而落入到“比较优势陷阱”。

方案9：基于国家出口MO指数值的制造业价值链升级，强调摒弃“静态贸易收益”转向“动态贸易收益”循环，实现在关键零部件及核心生产技术上的突破。

发达国家在核心技术方面的知识产权保护力度是逐渐加强，以“市场换技术”手段很难奏效。发展中国家，尤其是处于全球价值链下游国家要重点关注对进口中间产品所包含的关键技术进行攻关，实现技术溢出效应的同时要加强对技术吸收与转化能力方面的建设，打破产业结构刚性的现状。

表 6－2　国家与国家之间双边贸易 MO 指数值

国家	中国	美国	德国	日本	法国	荷兰	英国	意大利	加拿大	韩国	墨西哥
中国	—	-0. 812	-0. 0482	-0. 8823	-0. 0691	-0. 2341	-0. 4125	0. 5671	0. 1875	-0. 2167	0. 7211
美国	0. 6521	—	1	-0. 8563	1. 0021	0. 6841	0. 6511	0. 6789	1. 0267	0. 7148	0. 7143
德国	-0. 518	-1. 0235	—	-1. 0086	0. 3217	-0. 0876	-0. 2867	-0. 4156	-0. 0076	-0. 5188	0. 0025
日本	0. 9071	0. 9086	1. 0237	—	0. 9122	0. 8671	0. 8678	1. 0867	0. 6915	0. 9125	0. 684
法国	-0. 2971	-1	-0. 2157	-0. 8878	—	0. 1431	-1. 0061	-0. 2133	-0. 0097	-0. 6621	-0. 5183
荷兰	-0. 6721	-1. 0861	-0. 0215	-0. 9067	-0. 4215	—	-0. 6191	-0. 6988	-0. 411	-0. 8122	-0. 8258
英国	0. 5113	-0. 5166	0. 5761	-0. 7123	1	0. 5861	—	0. 3428	0. 9952	-0. 6091	-0. 2813
意大利	-0. 5175	-0. 9138	0. 3126	-1	-0. 0271	0. 2396	-0. 6147	—	-0. 3821	-0. 2237	-0. 6617
加拿大	-0. 6861	-1. 0161	0. 1985	-1. 0456	0. 2281	-0. 7011	-1. 0207	-0. 4147	—	0. 0049	-0. 5515
韩国	0. 0865	-0. 5157	0. 8166	-1. 003	1. 0611	-0. 0082	-0. 4244	-0. 6774	0. 6268	—	0. 5007
墨西哥	-0. 6108	-0. 8961	-0. 6431	-0. 7857	-0. 221	-0. 0018	-0. 603	0. 4214	0. 2911	0. 0057	—

资料来源：根据世界投入产出数据库（WIOD）计算得出。

6.3.3 多边贸易出口中间产品贸易附加值优化度指数构建及测算

多边贸易出口和双边贸易出口最大的不同在于多边贸易强调一个国家（地区）对世界其他所有国家（地区）贸易出口。因此，多边贸易出口中间产品贸易附加值优化度指数强调一国（地区）对世界其他所有国家（地区）出口中间产品结构情况，具体公式为：

$$MO_i = \frac{DVA_1}{DVA_i} - \frac{DVA_2}{DVA_i} \qquad (6-30)$$

公式（6－30）中，MO_i 表示 i 国的多边贸易出口中间产品贸易附加值优化度指数，反映处于全球价值链上游国家出口中间产品结构情况，$DVA_1 = \sum_{j=1}^{n}\sum_{t=1}^{n} DVA_{ijt1}$ 表示 i 国所有多边贸易出口中比较优势中间产品的净出口总额；而 $DVA_2 = \sum_{j=1}^{n}\sum_{t=1}^{n} DVA_{ijt2}$ 表示 i 国所有多边贸易出口中比较劣势中间产品的净出口总额；DVA_i 表示 i 国净出口总额。

当 i 国所有净出口产品中全部都是比较优势中间产品，那么 $DVA_1 = DVA_i$ 且 $DVA_2 = 0$，因此 MO_i 等于1；当 i 国所有净出口产品中全部是比较劣势中间产品，那么 $DVA_2 = DVA_i$ 且 $DVA_1 = 0$，因此 MO_i 等于 -1。一般情况下，MO_i 值介于 $-1 \sim 1$ 之间，当 $MO_i > 0$ 时，i 国净出口中间产品中绝大多数是比较优势中间产品；当 $MO_i = 0$ 时，i 国净出口的比较优势中间产品比重与比较劣势中间产品的比重是相等的；当 $MO_i < 0$ 时，i 国净出口中间产品绝大多数是比较劣势中间产品。

较高的 MO_i 意味着该国在多边贸易出口中处于全球价值链上游生产环节，出口中间产品绝大多数是比较优势中间产品，贸易附加值大，本国贸易收益处于有利地位；较低的 MO_i 意味着该国在多边贸易出口中处于全球价值链的下游环节，出口绝大多数是比较劣势中间产品，国内增加值较低，贸易收益亟待提高。基于多边贸易出口的 MO 指数值的制造业价值链升级着重关注 MO 指数值较低的国家，特别是贸易出口总额较高但 MO 指数值较低的国家，进行制造业价值链升级是有效解决多边贸易出口 MO 指数值较低的重要手段。

6.3.4 基于多边贸易优化度指数测算结果的制造业价值链升级方案

根据表 6－3 所示的结果来看，美国、日本、英国处于全球价值链的上游环节，多边贸易出口中间产品贸易附加值优化度指数较大且为正数，主要向全球价值链下游国家及全球价值链中游国家出口比较优势中间产品，产品贸易附加值大，处于全球价值链的有利地位。而全球价值链中游的国家主要有法国、意大利、韩国，这些国家多边贸易出口 MO 指数值大部分为负数且相对较大，说明上述国家从全球价值链上游国家进口了较多的比较优势中间产品，然后经本国加工后嵌入了一定程度上本国生产的中间产品再出口到全球价值链下游国家。最后中国、荷兰、加拿大、墨西哥多边贸易出口 MO 指数值为负数且较小，说明这些国家从全球价值链上游和中游国家进口了大量的中间产品经本国简单的加工组装后再出口到世界其他国家，由于能够嵌入产品中的国内要素价值量很低，因此这类国家基本上有很低的贸易附加值，制造业价值链升级势在必行。

表 6－3　多边贸易出口国家的中间产品贸易附加值优化度 MO 指数值

国家	多边贸易 MO 指数值	国家	多边贸易 MO 指数值
中国	－0.2867	荷兰	－0.4153
美国	0.5641	英国	0.2661
日本	0.8121	意大利	0.0025
韩国	－0.4871	加拿大	－0.5191
法国	－0.0397	墨西哥	－0.7803

资料来源：根据世界投入产出数据库（WIOD）计算得出。

多边贸易出口 MO 指数在一定程度上也反映出区域经济结构特点。例如，在东亚地区，电气、电子及光学设备行业中，日本处于区域内全球价值链的上游生产环节，生产了高附加值的关键零部件和半成品，然后韩国根据本国产业结构特征有选择的融入全球价值链部分生产环节并在一定程度上尽可能地嵌入本国生产中间投入品，这些经日本、韩国生产加工后的零部件已经非常接近最终产成品，最后经中国加工组装后再出口到世界其他国家。从上述过程可以得出，产品内生产环节分工使得每个国家能够嵌入产品中的国内要素价值量是不一样的，处于全球价值链上游和中游的国家普遍获取较高的贸易附加值，而区域内下游国家只能获取较低的贸易收益，所以地理位置非常接近的国家更容易形成区域内价值链的梯度关系，而且也相对能够吸引大型跨国公司进行产业分工布局。反之，如果在某一地区或区域内这种价值链梯度关系无法形成，那么出于交易成本以及其他成本考虑，融入全球价值链分工的机会就会减少，相应的生产订单数量也会大幅度下降。类似的还有北美自由贸易区形成的区域内价值链分工，显然美国处于自由贸易区域内全球价值链上游国家并出口大量的比较优势中间产品，而墨西哥、加拿大则进口美国生产的中间产品经加工组装后在出口到美国及区域内其他国家，因此北美自由贸易区这种价值链梯度关系依然成立，所以区域内产品内贸易分工可能是由于跨国公司基于降低交易成本及其他相关成本综合布局的结果。

上述分析可以得出，在全球价值链主导下产品内贸易分工，一个国家（地区）贸易分工地位（全球价值链定位）很大程度上由其出口 MO 指数决定，或者简单说是由其出口中间产品结构决定。处于全球价值链上游的国家凭借其有利的地位更容易形成区域内产品生产分工并主导区域内其他国家从事相应的产品生产。因此，各国贸易收益也就由其所处于的贸易分工地位所决定，处于全球价值链下游的国家有动力进行制造业价值链升级。

方案 10：要尽快改善其单一的出口中间产品结构，尽量将进口的高附加值中间产品国产化，用本国生产的中间产品来取代进口中间产品可以较快地升级不利的贸易分工地位。

方案 11：要加快淘汰落后产能，由于落后的产能可能在一定程度上决定了只能从事价值链低端生产环节，而这些落后的产能耗费了大量的国内资源，妨碍本国制造业价值链升级。

方案 12：要充分重视“大数据”和现代化信息产业的发展，不仅可以提升本国制造业装配生产效率，也可以更好的分析产业数据，为进一步厘清问题提供了广阔的思路。

方案 13：利用好“一带一路”倡议平台，在“一带一路”经贸往来中完全可以形成“以我为主”的价值链分工模式，这为本国制造业价值链升级提供了良好的外部环境。

6.4 本章小结

本章开始部分介绍了新经济地理（NEG）经济学模型来研究中间产品结构、贸易规模与厂商的异质性内生模型，通过模型的研究得出：融入全球价值链分工体系可以有效地降低企业的边际成本。如果本国制造企业能够进行全球价值链升级，进入市场规模或贸易规模更大的中间产品生产领域内可以使最初自身效率较低的企业在该中间产品生产环节上具备一定程度上的比较优势。该模型很好地解释了微观主体企业参与全球价值链的动力源，但是行业及国家层面中间产品结构特点以及其对贸易收益的影响则无法揭示。为此，本章后续构建中间产品贸易附加值优化度（MO）指数提出基于中间产品结构下的制造业价值链升级策略，从两个方面着手：一是行业出口中间产品竞争力研究，提出中观价值链升级；二是国家出口中间产品竞争力研究，提出宏观价值链升级。

| 第 7 章 |
结论与展望

7.1 主要结论

本书通过建立中间产品结构与贸易附加值测算的制造业价值链升级研究框架，对贸易附加值测算理论进行拓展与改进，提出基于贸易附加值测算的制造业价值链升级方案；构建中间产品贸易附加值优化度（MO）指数反映一国制造业出口中间产品结构特点和其制造业在全球价值链中的分工地位，提出基于中间产品结构的制造业价值链升级方案。通过对上述两个维度的研究扩展了国内文献关于制造业价值链升级的内涵和外延，本书得出主要结论如下：

（1）从中间产品结构与贸易附加值、制造业价值链升级的实证研究来看：第一，中间产品包含的要素禀赋，中间产品结构与全球价值链定位和贸易收益联系密切，中国制造业价值链升级需要构建反映中间产品结构特点和贸易收益的相关指数。第二，从具体出口中间产品结构特点来看：出口比较优势中间产品比出口比较劣势中间产品可以获取更多的贸易收益。第三，比较优势中间产品与比较劣势中间产品出口的比例关系、国内增加值率及中间产品优化度指数决定了出口产品获取的贸易附加值。

（2）贸易附加值测算方法的改进可以从宏观和微观两个层面来进行：第一，通过对 Cobb-Douglas 生产函数贸易附加值测算方法的改进，提出了将企业价格 - 成本边际值统一为常数，以克服企业生产效率异质性对贸易附加值测算的干扰。第二，将直接消耗系数矩阵 A 与世界投入产出表架构结合起来放到 MRIO 框架进行分析，并将直接消耗系数矩阵进行 n 维扩展，简化了里昂惕夫逆矩阵的计算量，得出直接国内增加值、间接国内增加值及国内增加值折返和国外增加值的改进方法。

（3）从中国制造业贸易附加值测算结果及贸易附加值来源、行业分布来看，中国制造业国内增加值较低，行业贸易收益不平衡问题较为突出。第一，从国内增加值总体测算结果来看，中国出口总额较大，但是出口获取的真实贸易收益率却不高，贸易强国之路任重道远。例如，2010 年中美贸易收益顺差 2292.16 亿美元，但是以增加值为统计口径核算的中美贸易收益却只有 1361.55 亿美元，高估了 68.35%。因此，只有国内增加值率才能更好地反映一国真实的出口贸易收益。第二，从制造业贸易附加值来源及行业分布来看，中国制造业贸易附加值来源最大的行业主要为电气、电子及光学设备行业，其次为租赁业、纺织及服装业、机械制造业，最小的行业为卫生及福利业。其价值链分布特征是交通运输行业处于全球价值链上游，而其他行业处于全球价值链中下游。第三，从贸易收益测算结果和中国制造业价值链分布特征来看，必须对制造业进口的关键中间产品实施国产化替代策略，以提高中国制造业出口贸易附加值。

（4）从中国出口国外增加值测算结果来看，我国出口国外增加值因经济体不同而表现出较大的差异。中国出口总额中美国的国外增加值总额及占比均是上升的；而日本国外增加值总额上升，占比却是下降；韩国占比均是下降的。这也反映出价值链分布特征呈现一定的特点：区域内贸易对中国贸易的影响在不断减退，中国制造业装配和技术有了一定程度发展，更加深入地融入全球价值链分工中，其积累的技术及资本储备为国内价值链局部升级提供了一定的物质基础和技术支撑。

（5）从国外增加值影响因素模型得出，技术劳动力和非技术劳动力的比例关系是发达国家与发展中国家劳动生产率差异的主要原因。提高中国制造业技术劳动力（H），就可以实现价值链升级（φ）。

（6）从制造企业中间产品结构价值链升级模型的结果来看：第一，在贸易规模和中间产品结构共同作用下，当市场中其他类型制造企业生产的中间产品结构差异保持不变时，某一类中间产品厂商提高上下游企业的关联度，那么其边际成本不断降低，可能低于初始效率较高的但上下游关联度低的制造类型企业。第二，上下游企业关联度，尤其是全球价值链进一步加强了中间产品企业上下游关联度，在中间产品结构差异不大的情况下，融入全球价值链产品内分工体系可以有效地降低制造企业的边际成本，那么处于较大贸易规模的中间产品生产环节上将使自身效率较低的企业具备一定的竞争优势。

（7）从行业 MO 指数的测算结果来看，中国出口的比较优势中间产品主要集中于初级加工行业，这些行业的标志是技术成熟度高、技术变革慢，嵌入产品的技术要素价值较低，相关行业处于全球价值链下游。对比工业制造大国的 MO 指数，我国制造业需不断推动技术变革、提高嵌入出口中间产品的技术要素价值，提高弱势行业 MO 指数。

（8）从国家 MO 指数测算结果来看：发达国家仍处于全球价值链上游环节，多边贸易出口中间产品贸易附加值优化度指数较大且为正数，主要向全球价值链下游的发展中国家出口比较优势中间产品，产品贸易附加值大、贸易收益高，处于全球价值链有利地位。

7.2 对策启示

根据本书研究结论，可以得到如下对策启示：

（1）制造业产品生产应该以全球价值链分工特征为基础，从部分及特定行业政策支持转向对整条生产价值链的整体支持，提高部分关键进口中间产品的国产化程度。从本书微观企业贸易附加值研究来看，我国制造企业无论是以加工贸易为主还是以一般贸易为主，企业间的生产效率异质性差异较大，如果以企业生产规模作为产业扶持对象，政策的“发力点”可能没有用到关键位置，陷入“荆轮效应”。一些小型加工贸易出口企业长期享受政府补贴，没有根据世界市场环境及时调整产量和生产规模，导致一些行业资源过度集中，产业分工格局亟待提高。本书建议，应该以产品生产的全球价值链分工特征为基础，从部分及特定行业政策支持转向对整条生产价值链的整体支持，适当淘汰部分落后行业生产能力，将资源集中投放到价值链上游的部分环节，实现部分关键进口中间产品的国产化程度，以提高出口企业贸易附加值，实现微观制造企业价值链升级。

（2）传统生产成本理论关注企业生产产品的边际成本，但从全球价值链分工的角度来看应该更加重视上下游企业间关联度。微观企业中间产品结构研究一节中，在贸易规模和中间产品共同作用下，投入生产的中间产品价格会影响企业生产的边际成本，当市场中其他类型制造企业生产的中间产品结构差异保持不变时，某一类中间产品厂商提高上下游企业关联度可以有效地降低制造企业边际成本。本书建议，生产要素价格虽然会影响企业生产的边际成本，但是当生产要素价格已经很低的情况下要更加关注利用这些生产要素的组织及制度安排，有效率的组织及制度安排可以更加有效率的利用生产要素，降低边际成本。为此，制造企业要特别关注全球价值链上下游关联度，不仅要积极融入全球价值链，更要争取全球价值链治理权。制造企业也要关注国内价值链的重塑，特别是以国内价值链为基础的供应链合作伙伴关系的形成，这对于降低企业原材料及产品库存，加快资金周转起到了重要作用。

（3）突围发达国家技术封锁，对关键零部件及进口中间产品实现国产化，摆脱“低端锁定”。美国、日本处于全球价值链分工的上游环节，而中国、墨西哥则处于全球价值链的下游环节。如果要突围发达国家对中国制造业造成的“低端锁定”，只有依靠中国制造业全球价值链升级。中国制造业在交通运输设备行业价值链升级的成功经验可以为其他行业全球价值链升级提供有益借鉴。首先，相关行业必须要提高国内生产配套能力，尤其是进口关键零部件国产化能力；其次，要加强技术攻关，加强无形资产保护，例如，中国高铁项目成功解决了高速转向架、受电弓等核心技术问题，实现了该行业技术装配能力的升级；最后，要扩大优势行业出口，加强宣传工作，全球价值链升级后要充分利用该行业在全球价值链的有利地位，加强宣传，使周边国家认可并进口相关的中间产品，使中国出口的比较优势中间产品的种类和数量扩大，提升本国贸易收益。从国家层面上来看，中国等发展中国家在全球价值链中处于下游国家，全球价值链升级的重点在于避免“比较优势陷阱”。发达国家在核心技术方面的知识产权保护力度是逐渐加强，以“市场换技术”手段很难奏效。发展中国家，尤其是处于全球价值链下游国家要重点关注对进口中间产品所包含的关键技术进行攻关，实现技术溢出效应的同时要加强对技术吸收与转化能力方面的建设，打破产业结构刚性的现状。

（4）提高技术劳动力比重有助于缩小发达国家和发展中国家劳动生产率差距。从贸易附加值研究来看，国内文献对“国外增加值”的要素禀赋结构研究明显不足。因此，必须将“国外增加值”包含的要素禀赋结构与一国制造业在全球价值链中的分工地位结合起来，通过研究发现：技术劳动力和非技术劳动力比例关系是发达国家与发展中国家劳动生产率差异的主要原因，提高技术劳动力比重有助于实现我国制造业升级。为此，一是要注重培养专业技术型人才，而不仅仅是传统高等教育，要将人才培养与传统制造业转型升级紧密联系；二是要加大对技工等职业技术学校的经费投入，形成“知识面宽浅而不陋，实用性强学以致用”的教学氛围；三是制造型企业“学徒制”要实现规范化，鼓励“干中学”的精神。对于传统制造企业的经验性研究以及动作技能的传授，相关制造业协会应组织专家学者进行相应研究，并尽量出版规范化后的书籍及论文，以便形成制造业技能的传承和改良，提高企业生产效率。

7.3 研究展望

中国制造业价值链升级问题是目前中国制造业亟待解决的现实问题，如何避免中国经济“脱实向虚”，本书可以进一步结合中共十九大报告，对以下问题进一步研究和思考。

（1）本书对于中国制造业供给端调整以及产业结构优化没有论述，相关内容值得进一步研究。目前，王和林（Wang & Lin，2015）、周等（Zhou et al.，2014）认为必须抓住当前劳动力成本上升这一关键时期，淘汰落后产能，谋划产业布局开篇，充分利用市场规律，推动产品出口升级。在国际市场上改变廉价销售，从“世界加工厂”向“世界制造大国”转型，从“以量取胜”向“以质取胜”转型，从“低附加值产品出口”向“高附加值产品出口”转型。为此，奥卡斯和索克（O’Cass & Sok，2013）认为中国政府需要高度关注本国消费市场，加强产业扶持力度，增加消费者收入，增强国民对本国生产的技术密集型产品的认同，在国内技术成熟时，可以向国际市场推广，改善本国制造产品贸易收益。周（Zhou，2016）认为应优化出口结构，淘汰落后产能。中国部分制造出口企业生产过程中资源消耗大，环境污染严重，市场需求和其产量不相匹配，导致产能严重过剩。针对这些“僵尸”企业，中国制造业应采取如下措施：一要消化过剩产能，提高劳动生产效率，降低生产成本；二要加快中小型企业兼并重组，获取规模经济。大批中小型企业相互恶性竞争，严重制约了企业技术研发投入和制造装备升级，严重阻碍了中国制造企业向全球价值链纵深方向发展。

（2）发展中国家制造业往往处于全球价值链下游，但是这是从整体上来看，其实有部分行业已经处于全球价值链上游，这些行业的全球价值链升级路径值得进一步研究和推敲，对中国制造业价值链升级具有重要的启发意义。例如，我国高铁技术的快速发展经历了引进吸收、自主攻关、全面升级几个步骤，打破了“以市场换技术”，通过市场潜力带动高铁技术的发展。例如，日本目前高铁里程是2674公里、法国目前高铁里程是2036公里，而中国目前高铁大约是1.9万公里。再从高铁列车来看，在2004～2006年期间，我国是从国外进口高铁列车，但在2008年以后，中国再未全套引进过国外车型，技术溢出效应推动我国高铁技术迅猛发展中，国内配套产业代替了原先进口中间产品，国内增加值率迅速提高。在郑西线动车组中，全面采用了我国自主研发的新型车型CRH2C(Ⅱ)，该车型突出改进的部分就是牵引电机，总功率可达到8760千瓦。高铁技术的国内配套产业形成了具有我国特色的“国内价值链”。例如，牵引电机株洲生产、制动系统南京生产等，这种国内价值链形成取代了我国高铁行业从日本川崎长期进口的现状。高铁技术本身就是一系列庞大的系统工程，包括高铁站建设、铺轨、信号系统、运营维护等各环节，这些环节基本上都实现了国产化，突破了众多的技术难题，特别是哈大高铁建设，全年温差居全国之首，如何保证钢轨在极寒气候条件下减少裂伤的发生这需要突破多项材料方面技术难题。

（3）“一带一路”倡议对我国制造业出口贸易增长及全球价值链升级的影响在本书中论述不多，但不可否认的是“一带一路”是中国制造业转型升级的重要契机和战略抓手（孙慧和李建军，2016；孙理军和严良，2016）。中国制造企业长期被发达国家锁定在技术低端，在国际贸易规则的话语权以及国际产品定价上始终处于被动状态，中国加工制造企业可以利用“一带一路”提供的市场机遇，将一些高技术含量、高质量的产品出口到相关国家，从而对树立“中国品牌”起到至关重要的作用。“中国品牌”是提升中国全球价值链分工地位的关键一步，在向全球价值链纵深发展时发挥重大作用，只有通过获取国际认可的“中国品牌”后，中国智力要素价值才能在国内增加值指标中不断攀升，从而在国际贸易交换中改善中国贸易收益，使得中国制造业出口技术复杂度提升更多反映国内生产要素收益，增加了中国主导全球价值链的能力（卢秉恒，2016）。培养国际化人才，加强人才储备，东道国人才结构分布状况可能和中国完全不同。因此，李惠娟和蔡伟宏（2016）认为走出去的企业要制定个性化的人才储备方案，提高走出去的企业全球治理水平。皮凯蒂等（Piketty et al.，2017）中国制造企业最大的问题在于：一是处于全球价值链低端；二是部分行业产能严重过剩。在“一带一路”倡议实施后，中国政府可以通过与域内国家协商，在贸易便利化等指标方面做出改进，提高中国制造企业在“一带一路”相关国家的销售量，消化产能。蒋雪梅（2013）认为这对于加快货物周转流通、提高贸易效率至关重要，降低报关的烦琐程度，节约报关时间。王喜文（2015）、王玉辉和原毅军（2016）认为中国制造产业在向价值链高端转型期间必须保证制造企业生产利润，保证创新收益得以实现，因此，制造企业必须高度重视技术价值在“一带一路”国家产业间分布问题。

附录　制造业部分贸易产品 BEC 分类标准

基本类别	亚类	代码	备注
初级产品	—	111	用于工业的初级食品饮料
	—	21	未另归类的初级工业品
	—	34	初级燃料、润滑剂
中间产品	半成品	121	用于工业的加工食品饮料
		22	为另归类的加工工业品
		322	不包括汽油的加工燃料、润滑剂
	零部件	42	不包括交通运输设备的资本货物零部件
		53	不包括载客汽车的其他运输设备零部件
最终产成品	资本品	41	不包括交通运输设备的资本货物
		521	不包括载客汽车的其他工业运输设备
	消费品	112	主要用于家庭消费的初级食品饮料
		122	主要用于家庭消费的加工食品饮料
		51	载客汽车
		522	不包括载客汽车的其他非工业交通运输设备
		61	耐用消费品
		62	半耐用消费品
		63	非耐用消费品

注：表中货物类别只涵盖了 BEC 中 19 个分类中的 17 个大类，像无类型 321*（汽油）和 7*（未另归类货物）。类型 321* 在工业和家庭中都可以广泛使用，无法划分基本类型；类型 7* 还应该包括军用设施及邮政包裹以及特殊交易类商品。

资料来源：笔者根据国际贸易 BEC 分类标准整理得到。

参考文献

[1] 安礼伟. 中国出口产品技术结构变迁及其成因：基于国际比较的研究 [J]. 产业经济研究，2014 (2)：83 –92.

[2] 保罗·克鲁格曼. 战略性贸易政策与新国际经济学 [M]. 海闻，等译. 北京：中信出版社，2010.

[3] 陈勇兵，仉荣，曹亮. 中间品进口会促进企业生产率增长吗：基于中国企业微观数据的分析 [J]. 财贸经济，2012 (3)：76 –86.

[4] 程大中，程卓. 中国出口贸易中的服务含量分析 [J]. 统计研究，2015，32 (3)：46 –53.

[5] 程大中，李韬，姜彬. 要素价格差异与要素跨国流向：对 HOV 模型的检验 [J]. 世界经济，2015 (3)：95 –122.

[6] 程大中. 中国参与全球价值链分工的程度及演变趋势：基于跨国投入 – 产出分析 [J]. 经济研究，2015 (9)：4 –16.

[7] 邓晶，张文倩. 生产性服务贸易自由化对制造业升级的影响：基于全球价值链视角 [J]. 云南财经大学学报，2015 (6)：45 –49.

[8] 丁永健. 面向全球产业价值链的中国制造业升级 [M]. 北京：科学出版社，2010.

[9] 樊秀峰，程文先. 中国制造业出口附加值估算与影响机制分析 [J]. 中国工业经济，2015 (6)：81 –93.

[10] 付子墨. 全球价值链下我国制造业转型升级战略研究 [D]. 北京：对外经济贸易大学，2012.

[11] 郭晶，赵越．高技术产业国际分工地位的影响因素：基于完全国内增加值率视角的跨国实证［J］．国际商务：对外经济贸易大学学报，2012（2）：87－95.

[12] 何新群．中国中间产品进口技术复杂度对全要素生产率影响的实证研究［D］．长沙：湖南大学，2016.

[13] 贺正楚，潘红玉．德国“工业4.0”与“中国制造2025”［J］．长沙理工大学学报（社会科学版），2015（3）：103－110.

[14] 洪银兴．以创新的经济发展理论阐释中国经济发展［J］．中国社会科学，2016（11）：28－35.

[15] 洪银兴．中国特色社会主义政治经济学的创新发展［J］．红旗文稿，2016（7）：4－9.

[16] 洪银兴．准确认识供给侧结构性改革的目标和任务［J］．中国工业经济，2016（6）：14－21.

[17] 胡迟．加快制造业转型升级的战略举措［J］．经济纵横，2013（1）：86－89.

[18] 胡迟．制造业转型升级的“十二五”成效与“十三五”发展对策［J］．经济纵横，2016（10）：64－69.

[19] 胡大立．我国产业集群全球价值链“低端锁定”战略风险及转型升级路径研究［J］．科技进步与对策，2016（3）：66－71.

[20] 胡大立，彭永昌，王宏．区域创新能力与产业结构升级的灰色关联分析［J］．江西社会科学，2012（11）：70－74.

[21] 胡大立，伍亮．技术势力、市场势力与战略性新兴产业高端化发展研究［J］．科技进步与对策，2016，33（22）：50－55.

[22] 胡小娟，陈彬彬．我国制造业中间产品进口技术溢出效应实证研究［J］．商业研究，2015，57（5）：54－60.

[23] 胡小娟，何新群．中国中间产品进口技术复杂度对技术进步影响的实证研究［J］．时代金融，2016，32（1）：117－120.

[24] 胡小娟，龙敏捷．中间产品进口是否促进了我国技术进步?：基于工业行业面板数据的分析［J］．商业研究，2016，62（2）：108－116.

[25] 胡雪娇．中间产品进口对我国高技术产品出口技术复杂度的影响研究［D］．沈阳：辽宁大学，2016.

[26] 胡昭玲，宋佳．基于出口价格的中国国际分工地位研究［J］．国际贸易问题，2013（3）：15－25.

[27] 胡昭玲，张咏华．中国制造业国际分工地位研究：基于增加值贸易的视角［J］．南开学报（哲学社会科学版），2015（3）：149－160.

[28] 黄群慧，霍景东．《中国制造2025》战略下制造业服务化的发展思路［J］．中国工业评论，2015（11）：46－55.

[29] 黄先海，杨高举．中国高技术产业的国际分工地位研究：基于非竞争型投入占用产出模型的跨国分析［J］．世界经济，2010（5）：82－100.

[30] 黄先海，周俊子．中国出口广化中的地理广化、产品广化及其结构优化［J］．管理世界，2011（10）：20－31.

[31] 蒋雪梅．全球价值链下中国通信制造业升级的实证分析：基于知识创新的视角［J］．商业经济，2013（1）：27－30.

[32] 康振宇．中国出口中间产品市场集中度：质量竞争还是价格竞争？［J］．世界经济研究，2015（2）：78－87.

[33] 黎峰．全球价值链分工下的双边贸易收益核算：以中美贸易为例［J］．南方经济，2015，33（8）：77－91.

[34] 黎峰．全球价值链下的出口产品结构与贸易收益：基于增加值视角［J］．世界经济研究，2016（3）：86－96.

[35] 黎峰．全球生产网络下的贸易收益及核算：基于中国的实证［J］．国际贸易问题，2014（6）：14－22.

[36] 黎峰．增加值视角下的中国国家价值链分工：基于改进的区域投入产出模型［J］．中国工业经济，2016（3）：52－67.

[37] 黎峰．中国国内价值链是怎样形成的？［J］．数量经济技术经济研究，2016（9）：76－94.

[38] 李方静．中间产品进口与企业出口质量［J］．世界经济研究，2016，(10)：76－88.

[39] 李惠娟，蔡伟宏．中国服务业在全球价值链的国际分工地位评估［J］．国际商务：对外经济贸易大学学报，2016（5）：28－40.

[40] 李昕，徐滇庆．中国外贸依存度和失衡度的重新估算：全球生产链中的增加值贸易［J］．中国社会科学，2013（1）：29－55.

[41] 林忠钦．中国制造2025与提升制造业质量品牌战略［J］．国家行政学

院学报，2016（4）：4－9.

[42] 刘川．基于全球价值链的区域制造业升级评价研究：机制、能力与绩效［J］．当代财经，2015（5）：97－105.

[43] 刘奇凯．中国出口产品结构变迁研究［J］．商业经济，2013（17）：81－82.

[44] 刘书瀚，席芳沁，刘立霞．价值链下我国生产性服务业对制造业升级影响的实证分析［J］．天津商业大学学报，2013，33（2）：3－6.

[45] 刘维林．中国式出口的价值创造之谜：基于全球价值链的解析［J］．世界经济，2015（3）：3－28.

[46] 卢秉恒．互联网＋智能制造是中国制造2025的抓手［J］．汽车工艺师，2016（1）：15－18.

[47] 卢锋．产品内分工［J］．经济学：季刊，2004（4）：55－82.

[48] 马风涛，李俊．中国制造业产品全球价值链的解构分析：基于世界投入产出表的方法［J］．国际商务：对外经济贸易大学学报，2014（1）：101－109.

[49] 马红旗，陈仲常．我国制造业垂直专业化生产与全球价值链升级的关系：基于全球价值链治理视角［J］．南方经济，2012，30（9）：83－91.

[50] 马涛．全球价值链背景下我国经贸强国战略研究［J］．国际贸易，2016（1）：26－32.

[51] 毛加强．产业集群嵌入全球价值链方式与升级路径［J］．现代经济探讨，2008（10）：17－20.

[52] 丘兆逸，李树娟．CAFTA对中国－东盟中间产品和最终产品贸易的影响［J］．商业研究，2014，56（4）：86－90.

[53] 任金玲．价值链分工、产业不完全转移与我国制造业价值链攀升研究［J］．商业经济研究，2014（25）：126－127.

[54] 邵安菊．基于“产品内分工视角”的上海制造业价值链重构与产业升级研究［J］．经济体制改革，2013（4）：106－109.

[55] 单希彦．中间产品进口与工资差距：以进口关税为工具变量的实证分析［J］．国际贸易问题，2014（10）：155－165.

[56] 沈于，王宇．中间产品“品牌化”与最终产品“山寨化”［J］．产业经济研究，2015（2）：68－78.

[57] 斯考特·肯尼迪，沈仲凯．中国制造2025更适应于中国现在的处境[J]．国际经济评论，2015（5）：157－159.

[58] 苏庆义．中国国际分工地位的再评估：基于出口技术复杂度与国内增加值双重视角的分析［J］．财经研究，2016，42（6）：40－51.

[59] 孙慧，李建军．"一带一路"国际物流绩效对中国中间产品出口影响分析［J］．社会科学研究，2016（2）：16－24.

[60] 孙理军，严良．全球价值链上中国制造业转型升级绩效的国际比较[J]．宏观经济研究，2016（1）：73－85.

[61] 孙治宇．全球价值链分工与价值链升级研究［M］．北京：经济科学出版社，2013.

[62] 汤二子，刘海洋．中国出口企业的"生产率悖论"与"生产率陷阱"：基于2008年中国制造业企业数据实证分析［J］．国际贸易问题，2011(9)：34－47.

[63] 唐海燕，张会清．产品内国际分工与发展中国家的价值链提升［J］．经济研究，2009（9）：81－93.

[64] 田文．产品内贸易的定义、计量及比较分析［J］．财贸经济，2005(5)：77－79.

[65] 涂颖清．全球价值链下我国制造业升级研究［D］．上海：复旦大学，2010.

[66] 王岚，李宏艳．中国制造业融入全球价值链路径研究：嵌入位置和增值能力的视角［J］．中国工业经济，2015（2）：76－88.

[67] 王岚，盛斌．全球价值链分工背景下的中美增加值贸易与双边贸易利益［J］．财经研究，2014，40（9）：97－108.

[68] 王岚．全球价值链分工背景下的附加值贸易：框架、测度和应用［J］．经济评论，2013（3）：150－160.

[69] 王明益，毕红毅，张洪．外商直接投资、技术进步与东道国出口产品结构［J］．世界经济文汇，2015（4）：61－76.

[70] 王维薇，李荣林．全球生产网络背景下中间产品进口对出口的促进作用：基于对中国电子行业的考察［J］．南开经济研究，2014（6）：74－90.

[71] 王喜文．中国制造2025：从工业大国到工业强国［M］．北京：机械工业出版社，2015.

[72] 王玉辉，原毅军．服务型制造带动制造业转型升级的阶段性特征及其

效应［J］. 经济学家，2016（11）：37－44.

［73］王址道，丁晓权，蒋常均. 出口产品结构与当地资源禀赋相关性研究［J］. 企业经济，2008（10）：148－150.

［74］吴博文. 金砖国家出口贸易和全球价值链地位比较研究［D］. 广州：华南理工大学，2016.

［75］吴国松，邵双双. 基于中间产品的垂直专业化对中国与东亚贸易逆差影响机制研究［J］. 天津商业大学学报，2013，33（1）：24－31.

［76］肖浩，胡小娟，辛丽萍. 中间产品进口对中国高技术产品出口技术含量的影响［J］. 首都经济贸易大学学报，2015（3）：50－57.

［77］辛娜. 我国外贸企业突破 GVC 低端锁定的路径分析［J］. 宜春学院学报，2012，34（9）：41－44.

［78］杨辉芳. 我国服务业全球价值链利益分配：基于增加值贸易的视角［J］. 经贸实践，2015（15）：342－343.

［79］杨晓云. 进口中间产品多样性与企业产品创新能力：基于中国制造业微观数据的分析［J］. 国际贸易问题，2013（10）：23－33.

［80］易先忠，欧阳峣，傅晓岚. 国内市场规模与出口产品结构多元化：制度环境的门槛效应［J］. 经济研究，2014（6）：18－29.

［81］于瑞夏. 生产性服务业集聚对制造业价值链升级的影响［D］. 南京：南京大学，2016.

［82］余娟娟，佘群芝. 中国出口技术进步的内在机制及行业异质性考察：剔除进口中间产品技术贡献的基础之上［J］. 财贸研究，2014（6）：68－79.

［83］曾繁华，侯晓东，吴阳芬. "双创四众"驱动制造业转型升级机理及创新模式研究［J］. 科技进步与对策，2016（23）：44－50.

［84］曾繁华，杨馥华，侯晓东. 创新驱动制造业转型升级演化路径研究：基于全球价值链治理视角［J］. 贵州社会科学，2016（11）：113－120.

［85］曾卫锋. 垄断竞争、范围不经济与中间产品的国际贸易［J］. 兰州学刊，2014（7）：164－170.

［86］曾铮，张亚斌. 价值链的经济学分析及其政策借鉴［J］. 中国工业经济，2005（5）：104－111.

［87］张彬，桑百川. 中国中间产品出口与产业升级研究［J］. 亚太经济，

2013 (6): 105 – 111.

[88] 张杰，陈志远，刘元春．中国出口国内附加值的测算与变化机制 [J]. 经济研究，2013 (10): 124 – 137.

[89] 张杰，刘志彪．全球化背景下国家价值链的构建与中国企业升级 [J]. 经济管理，2009 (2): 21 – 25.

[90] 张杰，吴润生，杨连星．中国出口增长的二元边际分解与区域差异 [J]. 数量经济技术经济研究，2013 (10): 3 – 18.

[91] 张向晨，徐清军．国内外贸易增加值问题研究的进展 [J]. 国际经济评论，2013 (4): 128 – 138.

[92] 张旭波．公司行为与竞争优势：评迈克尔・波特的价值链理论 [J]. 国际经贸探索，1997 (3): 68 – 77.

[93] 张咏华．中国制造业增加值出口与中美贸易失衡 [J]. 财经研究，2013 (2): 15 – 25.

[94] 赵素萍，葛明，林玲．全球价值链分工背景下中国出口价值来源分析 [J]. 国际商务：对外经济贸易大学学报，2015 (5): 14 – 23.

[95] 赵伟，钟建军．劳动成本与进口中间产品质量：来自多国（地区）产品 – 行业层面的证据 [J]. 经济理论与经济管理，2013，V33 (11): 30 – 41.

[96] 赵曜，柯善咨．城市规模、中间产品与异质厂商生产率 [J]. 管理世界，2015 (3): 51 – 65.

[97] 赵玉焕，常润岭．全球价值链和增加值视角下国际贸易统计方法研究 [J]. 国际贸易，2012 (12): 25 – 27.

[98] 郑丹青，于津平．增加值贸易视角下双边贸易利益再分解：以中美贸易为例 [J]. 世界经济研究，2016 (5): 52 – 63.

[99] 郑丹青，于津平．中国出口贸易增加值的微观核算及影响因素研究 [J]. 国际贸易问题，2014 (8): 3 – 13.

[100] 郑琼娥，林峰．跨国公司在华价值链调整与我国制造业转型升级 [J]. 改革，2012 (12): 109 – 116.

[101] 钟建军．工资与进口中间产品质量：异质性视角的机理分析与实证检验 [D]. 杭州：浙江大学，2014.

[102] 周鹏，余珊萍，韩剑．生产性服务业与制造业价值链升级间相关性的

研究［J］. 上海经济研究，2010（9）：55－62.

［103］周昕，郑妍妍. 制造业的国外中间服务投入能否代替中间产品进口?：基于WIOD数据的实证研究［J］. 经济评论，2015（2）：126－137.

［104］朱有为，张向阳. 价值链模块化、国际分工与制造业升级［J］. 国际贸易问题，2005（9）：98－103.

［105］祝合良，石娜娜. 流通业在我国制造业价值链升级中的作用与提升路径［J］. 商业经济与管理，2017（3）：5－11.

［106］祝坤福，陈锡康，杨翠红. 中国出口的国内增加值及其影响因素分析［J］. 国际经济评论，2013（4）：116－127.

［107］Abraham K G，Taylor S K. Firms Use of Outside Contractors［J］. NBER Working Papers，1993（3）：235－244.

［108］Aller R A，Ubillos J B，Beldarrain V C，et al. New Tendencies in Inter-Firm Relations in the Automotive Industry and Their Impact on European Periphery Suppliers Lessons from Spain［J］. European Urban and Regional Studies，1999，6（3）：255－264.

［109］Andrews M J，Gill L，Schank T，et al. High Wage Workers Match with High Wage Firms：Clear Evidence of the Effects of Limited Mobility Bias［J］. Economics Letters，2012，117（3）：824－827.

［110］Angelopoulos K，Malley J，Philippopoulos A. Human Capital Accumulation and Transition to Skilled Employment［J］. Journal of Human Capital，2017（11）：148－166.

［111］Antràs P，Chor D，Fally T，et al. Measuring the Upstreamness of Production and Trade Flows［J］. American Economic Review，2012，102（3）：412－416.

［112］Antras P，Costinot A. Intermediated Trade［J］. Social Science Electronic Publishing，2010，126（3）：1319－1374.

［113］Antras P. International Trade and Organizations［J］. NBER Reporter，2010，248（3）：896－898.

［114］Arndt S W. Globalization and the Open Economy［J］. North American Journal of Economics & Finance，1997，8（1）：71－79.

［115］Baird S，Mcintosh C，Ozler B. When the Money Runs Out：Do Cash

Transfers Have Sustained Effects on Human Capital Accumulation? [R]. Policy Research Working Paper, 2016 (2): 10 - 56.

[116] Brander J, Krugman P. A 'Reciprocal Dumping' Model of International Trade [J]. Journal of International Economics, 1980, 15 (3): 313 - 321.

[117] Camagni R. Innovation Networks [J]. North American Journal of Economics & Finance, 1991, 8 (1): 22 - 39.

[118] Carluccio J, Fally T. Foreign Entry and Spillovers with Technological Incompatibilities in the Supply Chain [J]. Journal of International Economics, 2010, 90 (1): 123 - 135.

[119] Chakravarty A K. Collaboration in E-Business: Technology and Strategy [M]. Managing Business Interfaces, 2005.

[120] Chen X, Hu P. Joint Pricing and Inventory Management with Deterministic Demand and Costly Price Adjustment [J]. Operations Research Letters, 2012, 40 (5): 385 - 389.

[121] Daudin G, Rifflart C, Schweisguth D. Who Produces for Whom in the World Economy? [J]. Canadian Journal of Economics/Revue canadienne d'économique, 2011, 44 (4): 1403 - 1437.

[122] Dean J A. Chapter 9-Eruption of the Teeth: Local, Systemic, and Congenital Factors That Influence the Process [M]//Dean J A, Avery D R, McDonald R. McDonald and Avery Dentistry for the Child and Adolescent. Elsevier Inc., 2011.

[123] Deardorff A V. Rich and Poor Countries In Neoclassical Trade and Growth [J]. The Economic Journal, 2010 (470): 277 - 294.

[124] Dhiaf M M, Benabdelhafid A, Jaoua F. Supply Chain Flexibility and Balanced Scorecard: Conceptual Model and Empirical Study in Tunisian Companies Launched Upgrading Program [J]. Polish Journal of Management Studies, 2012, 5 (1): 34 - 59.

[125] Dixit A K, Grossman G M. Trade and Protection with Multistage Production [J]. Review of Economic Studies, 1982, 49 (4): 583 - 594.

[126] Duval R, Li N, Saraf R, et al. Value-Added Trade and Business Cycle Synchronization [J]. Journal of International Economics, 2016, 99: 251 - 262.

[127] Esfandiari M, Keikha G. Changing Priority of Industrial Activities in Sistan and Baluchestan Province (Application of Input-Output Table) [J]. International Journal of Economics & Financial Issues, 2017, 7 (1): 22-39.

[128] Evers B J, Amoding F, Krishnan A. Social and Economic Upgrading in Floriculture Global Value Chains: Flowers and Cuttings GVCs in Uganda [J]. Ssrn Electronic Journal, 2014 (8): 89-101.

[129] Fostermcgregor N, Holzner M, Landesmann M, et al. A 'Manufacturing Imperative' in the EU—Europe's Position in Global Manufacturing and the Role of Industrial Policy [J]. Wiiw Research Reports, 2013 (6): 101-109.

[130] Frederick S, Bair J, Gereffi G. Regional Trade Agreements and Export Competitiveness: The Uncertain Path of Nicaragua's Apparel Exports Under CAFTA [J]. Cambridge Journal of Regions, Economy and Society, 2015, 8 (3): 15-27.

[131] Gao Y, Zhen C, Zheng L, et al. The Decomposition Research on the Added Value of China's Manufactured Exports to EU [J]. Journal of Quantitative & Technical Economics, 2015 (1): 22-41.

[132] Geng L. Research on the Issue of Chinese Trade Division under the New Situation [J]. Modern Industrial Economy & Informationization, 2015 (5): 122-134.

[133] Gereffi G, Humphrey J, Kaplinsky R, et al. Introduction: Globalisation, Value Chains and Development [J]. Ids Bulletin, 2010, 32 (3): 1-8.

[134] Gereffi G. International Trade and Industrial Upgrading in the Apparel Commodity Chain [J]. Journal of International Economics, 1999, 48 (1): 37-70.

[135] Griffin A. What Constitutes Good Reviewing [J]. Journal of Product Innovation Management, 2001, 18 (1): 1-2.

[136] Ha D T T, Kiyota K. Misallocation, Productivity, and Trade Liberalization: The Case of Vietnamese Manufacturing [J]. Keio-IES Discussion Paper Series, 2015 (3): 91-107.

[137] Hagemejer J, Ghodsi M. Up or Down the Value Chain? The Comparative

Analysis of the GVC Position of the Economies of the New EU Member States [J]. Central European Economic Journal, 2016 (1): 28 -44.

[138] Hakimipoor N, Akbarian H, et al. Identifying Key Sectors in Iranian Economy using Eigenvector Method Based on Input-Output Table for Year 2011 [J]. Quarterly Journal of Applied Theories of Economics, 2016, 3 (1): 139 -160.

[139] Hallaky J C, Schottz P K. Technical Appendix for "Estimating Cross-Country Differences in Product Quality" [R]. NBER Working Papers, 2017.

[140] Heijdra B J, Reijnders L S M. Human Capital Accumulation and the Macroeconomy in an Ageing Society [J]. De Economist, 2016, 164 (3): 297 -334.

[141] Hisano R. A New Approach to Building the Input-Output Table [J]. Social Science Electronic Publishing, 2016 (6): 115 -122.

[142] Hummels D L, Munch J R, Xiang C. No Pain, No Gain: The Effects of Exports on Effort, Injury, and Illness [J]. IZA Discussion Papers, 2016 (3): 54 -77.

[143] Hummels D, Ishii J, Yi K M. The Nature and Growth of Vertical Specialization in World Trade [J]. Journal of International Economics, 1999, 54 (1): 75 -96.

[144] Humphrey J, Schmitz H. Governance and Upgrading: Linking Industrial Cluster and Global Value Chain Research [M]. Institute of Development Studies Brighton, 2000.

[145] Israilevich P R, Hewings G J D, Schindler G R, et al. The Choice of An Input-Output Table Embedded in Regional Econometric Input-Output Models [J]. Papers in Regional Science, 1996, 75 (2): 103 -119.

[146] Johnson R C, Noguera G. Accounting for Intermediates: Production Sharing and Trade in Value Added [J]. Journal of International Economics, 2012, 86 (2): 224 -236.

[147] Johnson R C, Noguera G. Proximity and Production Fragmentation [J]. American Economic Review, 2012, 102 (3): 407 -411.

[148] Johnson R C, Noguera G. The Value-Added Content of Trade [J]. Voxeu

Org, 2011 (10): 108 – 123.

[149] Jones R W, Kierzkowski H. The Role of Services in Production and International Trade: A Theoretical Framework [J]. American Journal of Roentgenology, 1988, 165 (6): 1485 – 1486.

[150] Kaplinsky R, Morris M. A Handbook for Value Chain Research [J]. International Development Research Centre, 2012, 30 (4): 82 – 110.

[151] Kee H L, Tang H. Domestic Value Added in Exports: Theory and Firm Evidence from China [J]. American Economic Review, 2015, 106 (6): 122 – 131.

[152] Kee M S. An Old Dragon in a Changing Safari: An Investigation of Chinese Foreign Direct Investment in Africa and Its Implications for Beijing's Foreign Policy Goals of Non-Intervention [R]. NBER Working Papers, 2013 (4): 109 – 131.

[153] Kierzkowski H. Fragmentation: New Production Patterns in World Economy [J]. Oup Catalogue, 2001, 92 (17): 17 – 34.

[154] Knorringa P, Schmitz H. Learning from Global Buyers (Globalisation analysis) [J]. Journal of Development Studies, 2000, 7 (12): 189 – 210.

[155] Kogut T, Kessler W B. Habitat Orientations of Forest Birds in Southeastern Alaska [J]. Biochemistry, 1985, 12 (24): 254 – 254.

[156] Koopman D, Martino C, Poirier M. Properties Important to Mixing for WTP Large Scale Integrated Testing [J]. Office of Scientific & Technical Information Technical Reports, 2012 (1): 100 – 109.

[157] Koopman R, Powers W, Wang Z. Give Credit Where Credit Is Due: Tracing Value Added in Global Production Chains [R]. NBER Working Papers, 2010.

[158] Koopman R, Wang Z, Wei S J. Tracing Value-Added and Double Counting in Gross Exports [J]. Social Science Electronic Publishing, 2014, 104 (2): 459 – 494.

[159] Koopman R, Wang Z, Wei S J. Estimating Domestic Content in Exports when Processing Trade is Pervasive [J]. Journal of Development Economics, 2012, 99 (1): 178 – 189.

[160] Koopman R, Wang Z, Wei S J. How Much of Chinese Exports is Really Made In China? Assessing Domestic Value-Added When Processing Trade is Pervasive [R]. NBER Working Papers, 2008 (3): 116 - 139.

[161] Lall S, Albaladejo M. China's Competitive Performance: A Threat to East Asian Manufactured Exports? [J]. World Development, 2004, 32 (9): 1441 - 1466.

[162] Lamy P, L'Omc D G D. "Made in the World", a New Cartography of International Trade [J]. General Information, 2013 (4): 100 - 116.

[163] Lau A K W, Yam R C M, Tang E P Y. Supply Chain Product Co-Development, Product Modularity and Product Performance: Empirical Evidence from Hong Kong Manufacturers [J]. Industrial Management & Data Systems, 2007, 107 (7): 1036 - 1065.

[164] Leamer E E, Storper M. The Economic Geography of the Internet Age [J]. Journal of International Business Studies, 2001, 32 (4): 641 - 665.

[165] Miller R E, Temurshoev U. Output Upstreamness and Input Downstreamness of Industries/Countries in World Production [J]. Social Science Electronic Publishing, 2015 (2): 100 - 111.

[166] Montalbano P, Nenci S, Pietrobelli C. International Linkages, Value-Added Trade, and Firm Productivity in Latin America and the Caribbean [M]. Palgrave Macmillan US, 2016.

[167] Motoki H, Borowski A G, Shrestha K, et al. Right Ventricular Global Longitudinal Strain Provides Prognostic Value Incremental to Left Ventricular Ejection Fraction in Patients with Heart Failure [J]. Journal of the American Society of Echocardiography, 2014, 27 (7): 726 - 732.

[168] Murakami Y, Hernɑ́ndez R A. Revealing the Spillover Effects of Foreign Direct Investment on Offshore Services in Costa Rica [M]. Coediciones, 2016.

[169] O'Cass A, Sok P. Exploring Innovation Driven Value Creation in B2B Service Firms: The Roles of the Manager, Employees, and Customers in Value Creation [J]. Journal of Business Research, 2013, 66 (8): 1074 - 1084.

[170] Piketty T, Yang L, Zucman G. Capital Accumulation, Private Property and Rising Inequality in China, 1978 - 2015 [R]. NBER Working Pa-

pers, 2017 (2): 99 – 112.

[171] Ricardo D, Hartwell R M. On the Principles of Political Economy and Taxation [M]. Foreign Language Teaching and Research Press, 2008.

[172] Rodriguez-Clare A. The Division of Labour and Economic Development [J]. Journal of Development Economics, 1996, 49 (1): 3 – 32.

[173] Rowe F, Corcoran J, Bell M. The Rreturns to Migration and Human Capital Accumulation Pathways: Non-Metropolitan Youth in the School-to-Work Transition [J]. The Annals of Regional Science, 2017, 59 (3): 819 – 845.

[174] Rui B, Swann P. Do Firms in Clusters Innovate More? [J]. Research Policy, 1998, 27 (5): 525 – 540.

[175] Rui B. Geographical Clusters and Innovation Diffusion [J]. Technological Forecasting & Social Change, 2001, 66 (1): 31 – 46.

[176] Sanyal K K, Jones R W. The Theory of Trade in Middle Products [J]. American Economic Review, 1982, 72 (1): 16 – 31.

[177] Schott P K. The Relative Sophistication of Chinese Export [J]. Economic Policy, 2010, 23 (53): 5 – 49.

[178] Shen C M. The Effect of Vertical Specialization on Skill-Based Technical Progress: An Empirical Analysis of China's Manufacturing Industry [J]. Journal of International Trade, 2016 (5): 9 – 33.

[179] Steenolsen K, Owen A, Barrett J, et al. Accounting for Value Added Embodied in Trade and Consumption: An Intercomparison of Global Multiregional Input-Output Databases [J]. Economic Systems Research, 2016, 28 (1): 78 – 94.

[180] Stehrer R, Borowiecki M, Dachs B, et al. Global Value Chains and the EU Industry [J]. Wiiw Research Reports, 2012 (1): 18 – 30.

[181] Taglioni D, Winkler D. Turning GVC Participation Into Sustainable Development [M]. Making Global Value Chain Work for Development, 2016.

[182] Tang H, Fei W, Wang Z. The Domestic Segment of Global Supply Chains in China Under State Capitalism [J]. Social Science Electronic Publishing, 2014 (4): 134 – 145.

[183] Tang H, Zhang Y. Exchange Rates and the Margins of Trade: Evidence from Chinese Exporters [J]. CESifo Economic Studies, 2012, 58 (4): 671 – 702.

[184] Temurshoev U, Miller R E, Bouwmeester M C. A Note on the GRAS Method [J]. Economic Systems Research, 2013, 25 (3): 361 – 367.

[185] Tijaja J, Faisal M. Industrial Policy in Indonesia: A Global Value Chain Perspective [J]. Adb Economics Working Paper, 2015 (4): 56 – 88.

[186] Timmer M P, Ye X. Offshoring, Biased Technical Change and the Increasing Capital Share: An Analysis of Global Manufacturing Production [J]. Journal Contribution, 2015, 32 (5): 99 – 118.

[187] Timmer M P. The World Input-Output Database (WIOD): Contents, Sources and Methods [J]. Iide Discussion Papers, 2012 (4): 45 – 56.

[188] Wang Y Y, Lin H C. Effects of Global Value Chain Embeddedness on Industrial Transformation and Upgrading: An Empirical Study on China's Industrial Panel Data [J]. Journal of International Trade, 2015 (3): 33 – 45.

[189] Xing Y, Detert N C. How the iPhone Widens the United States Trade Deficit with the People's Republic of China [J]. Ssrn Electronic Journal, 2010 (2): 67 – 81.

[190] Yue L V, Yunlong L V. Does GVC Embedment Affect Manufacturing Enterprises' Productivity?: Based on the Doubly Robust Propensity Score Reweighted Regressions [J]. Finance & Trade Economics, 2016 (118): 321 – 373.

[191] Zheng G J, Yang L K. Review on International Benefit Distribution and Risk Sharing: From Perspective of Global Value Chains [J]. Technoeconomics & Management Research, 2016 (4): 82 – 97.

[192] Zhou S Q, Lan Z X, Hua F U. Division Status of China's Manufacturing Industry in Global Value Chains: A Study Based on Koopman's GVC Position Indices [J]. Journal of International Trade, 2014 (2): 167 – 183.

[193] Zhou W Y. Research on the Situations and Treads about Industrial Cluster Professional Town of Anhui Under GVC [J]. Journal of Tongling University, 2016 (21): 221 – 229.

致　谢

时光荏苒，博士学术生涯一晃而过，一路走来，心中倍感充实！首先，要感谢我的导师樊秀峰教授在我求学期间给予的帮助。樊老师不仅注重传道、授业，更加关注解惑，使我受益良多，正所谓经师易遇，良师难得！心中感激之情，无以言表。其次，在本书选题方面倾注了樊老师大量精力。樊老师长期对全球价值链有着深入的研究和思考，使我备受启发，从贸易附加值的视角关注中国制造业全球价值链升级。

樊秀峰教授培养了多位优秀的博士生和硕士生，分布在政府、国企的各个部门。樊老师不仅将我引入了学术殿堂，更擅长于“思想启蒙”，我个人理解这是樊老师培养优秀学生的秘籍所在，何为“思想启蒙”？主要包含两个方面：一是治学态度；二是人格魅力。从治学态度来说，樊老师要求学生对于学术追求要一丝不苟，脚踏实地。静下心来，专注于一个前沿的学术理论方向，能吃苦，敢拼搏，大量广泛地阅读相关文献和书籍，主动动手写作，锤炼语言。从人格魅力上来说，樊秀峰老师完美地诠释了一个学者真正的内涵，“修身养德”！修身就是要求学生首先要守规矩，无规矩不成方圆，按程序、按流程办事，不可走捷径，要“平静如水，正直如绳”！养德就是要求我们做人要向“水”学习，避高趋下是一种谦逊，奔流到海是一种追求，刚柔相济是一种能力，海纳百川是一种大度，滴水穿石是一种毅力，洗涤污淖是一种奉献。

其次，我要感谢西安交通大学，这所老牌名校至成立之日起就与国家民族的命运血脉相连，坚守“实学固国本、民族得中兴”，以“起点高、基础厚、要求严、重实践”为特点，实现工文并重，执中国高等教育之牛耳！我非常荣幸能够在这样一所文化气息浓、办学严谨的高校求学。

我也要感谢经济与金融学院的各位老师和博士生同学的指导和帮助。没有学院各位老师高水平的指点，我不可能顺利完成博士期间的各项学习任务，在此衷心表示感谢！同时我也要感谢博士同学，包括吴智华博士、李铮博士、徐远华博士、王炳权博士，是你们陪伴我走完这美好的四年博士生活，使得单调的学术生涯变得丰富多彩。另外，我也非常感谢我的师门给予的帮助，每次师门的学术研讨会都带给我很大的启示和启发，在几近山穷水尽之时，又突然茅塞顿开、拨云见日。特别要感谢师兄韩亚峰博士、师姐余姗博士、师兄刘伯龙博士、师妹魏昀妍博士给予我的帮助，非常感谢！

感谢父母的鼎力支持，你们给予我的爱是一份默默地忍耐与坚守，是对我最诚挚的信赖。

学术研究绝对是一项有意义的工作，它需要学者长期的努力和付出。学术研究虽不会带来各种丰裕的生活，但却使我们心灵纯净、清澈、恬美，使得各类型社会精英趋之若鹜，正所谓“问渠哪得清如许，为有源头活水来”！

程文先

2020 年 10 月 22 日